浙江省普通高校"十三五"新形态教材

新编21世纪高等职业教育精品教材·金融类

理财规划
实务（第2版）

Financial Planning
Practice

主　编　叶梦琪

副主编　王琳玲　马杰妮　孟佳凡　贺佳丹

中国人民大学出版社
·北京·

第2版前言

《理财规划实务（第2版）》是在第1版教材基础上按照"浙江省普通高校'十三五'新形态教材"建设要求修订的，并在超星尔雅平台上配套建有"理财规划"在线开放课程，以供广大读者配合使用，此次教材修订主要围绕以下三方面进行：

1. 融入中国特色课程思政理念

西方国家的理财规划职业发展早于我国，我国的理财规划教材编写与修订要始终坚持马克思主义政治经济学的立场和原则，通过不断注入思政元素，将思想政治教育有机渗透于理财理论中。

本教材坚持马克思主义政治经济学的立场和原则，立足我国国情和发展实践，把投资、消费、教育、保险等规划内容和我国的社会服务体系建设联系起来，突出中国特色社会主义制度的优越性，培养学生更好地认识经济规律，掌握利用经济规律改造世界，坚定为人民大众谋利益、谋福祉的初心。

2. 嵌套数字资源和在线教育平台资源

教育信息化的发展，带来了教育形式和学习方式的重大变革，要利用信息化推进教育变革，路径之一就是推进教材的信息化变革，建立数字教育资源共建共享机制，实现规模化教育与个性化培养的有机结合。如果说之前的"纸质教材＋数字资源"的新形态教材模式是1.0版本的话，那么"纸质教材＋数字资源＋在线教育平台"的新形态教材模式就是2.0版本。

教材必须为课堂服务，我们致力于以学生为中心的课堂革命，在第1版教材的基础上，加入深度嵌套的"资源＋平台"化的升级改造，让学生可以更立体地学习。基于本课程在超星尔雅平台上运行的"理财规划"在线开放课程，以及计划新建的数字资源、教学软件，通过二维码技术，关联包括课程视频、重难点评析、推荐阅读的论文、可供讨论的案例等，节省纸面空间的同时，为课堂教学、自主学习、个性化教学等预留了可供选择的空间。教师既可以利用在线讲解的课程视频进行翻转式教学，也可以安排学生自学非重点内容，达到延展课堂的效果。

3. 更新智慧理财，灵活拓展政策法规

随着经济社会的发展，各类家庭的收入、消费不断增长，所呈现的资产负债结构、收入支出水平也发生了变化。为适应行业本身发展及政策法规的及时更新，本次修订将更新生命周期各阶段家庭的案例背景和相关数据，增加互联网理财、智能投顾等内容，更新政策法规，供教材使用者根据当地的实际情况自行选择，灵活运用。

本教材的编写承蒙浙江农业商贸职业学院、浙江台州科技职业学院、中国工商银行绍兴分行、浙江核新同花顺股份有限公司的领导和专家的大力指导，由叶梦琪任主编并设计教材大纲，其余分工为：副主编王琳玲、马杰妮、贺佳丹、孟佳凡，参编姜仁荣、李方超、吴欣阳。各章执笔者分别为：项目一，贺佳丹；项目二，孟佳凡；项目三，王琳玲；项目四、项目五，叶梦琪；项目六，马杰妮；此外，姜仁荣、李方超、吴欣阳三位老师提供部分案例，并参与统稿工作。

编者

2022 年 6 月

第1版前言

　　"理财规划实务"是高职金融类专业的核心课程，教学目标是使学生树立正确的理财观念，掌握理财经理为客户理财的基本工作流程，能够胜任投资顾问、理财经理等岗位。

　　"理财规划实务"是浙江农业商贸职业学院教学方法改革试点课程。根据课程项目化教学方法的特点，本教材采用了大项目下设小任务的编排体例，教材编写特色明显。本教材具体参照理财经理"一问二测三配置四服务"的工作流程设计教学内容，配合教学过程对接生产实践过程的需求，编入最新互联网金融理财知识，体现行业最新发展的趋势，并运用移动互联技术将部分资源编成二维码，为延展课堂、翻转课堂的实施提供便利。

　　本教材具有以下特色：

　　（1）基于项目化设计全新教材框架。本教材打破传统理财单项规划到综合规划的学科体系，以就业为导向，以金融机构的理财经理工作过程的"一问二测三配置四服务"流程为引导，根据生命周期理论设计了六大类家庭的理财项目，共计 19 个任务，每一个任务都由具体的理财工作步骤展开，有效配合了项目教学的教学方法改革要求。

　　（2）配合现代移动互联教学手段。本教材运用现代移动互联信息技术，将相关教学资源以二维码的形式编入，为翻转课堂、智慧课堂的实施提供便利。此外，在每一个任务结束后，通过思维导图将本任务中的知识点进行梳理，便于学生有效掌握。

　　（3）符合行业最新发展趋势。当前是体验经济时代，金融行业越来越重视自身的服务质量，高职金融类专业的人才培养计划也将提供高质量的金融服务作为重要目标。根据人才"懂理财，善服务，能营销"的培养定位，本教材在内容选取上，对理财规划内容进行合理取舍，并加入部分理财服务的内容，突出理财规划和理财服务能力并重的课程目标，符合高职人才培养的基础性和应用性相统一的特点。此外，教材引入最新的互联网金融理财产品，以及一些实用的移动端App，体现了理财行业的"互联网＋"时代特征。

本教材通俗易懂、案例丰富，既可以作为高职高专财经类专业教材，也可以作为广大投资理财爱好者的入门读物。

本教材由叶梦琪任主编，马杰妮、孟佳凡、贺佳丹任副主编，王琳玲、王羡参编。具体分工如下：项目一、三由孟佳凡编写，项目二由贺佳丹编写，项目四、五由叶梦琪编写，项目六由马杰妮编写，全书审稿工作由王琳玲和王羡共同完成，部分案例及有关理财产品由中国工商银行绍兴分行提供。

尽管本教材特色显著，也在校内使用上取得了一定效果，但不足之处在所难免，恳请各相关高职院校和读者在使用本教材的过程中给予关注，对不当之处请反馈，以便我们加以完善。

编者

2018 年 8 月

目 录
Contents

项目一　岗前准备 ·· 1

　　任务 1　树立正确理财观 ··· 1

　　任务 2　理财规划步骤 ··· 9

　　任务 3　生命周期理财 ·· 19

项目二　单身期理财 ··· 29

　　任务 1　理财职业道德 ·· 31

　　任务 2　现金消费规划 ·· 53

　　任务 3　单身期理财规划 ··· 79

项目三　家庭形成期理财 ··· 86

　　任务 1　住房规划 ·· 89

　　任务 2　保障规划 ··· 103

　　任务 3　家庭形成期理财规划 ·· 113

项目四　家庭成长期理财 ·· 120

　　任务 1　教育规划 ··· 124

　　任务 2　理财增值服务 ·· 131

　　任务 3　家庭成长期理财规划 ·· 140

项目五　家庭成熟期理财 ·· 154

　　任务 1　投资规划 ·· 156

　　任务 2　养老规划 ·· 173

　　任务 3　家庭成熟期理财规划 ·· 183

项目六　退休期理财 ·· 190

　　任务 1　遗产分配和传承规划 ·· 191

　　任务 2　理财效果预测 ·· 203

　　任务 3　退休期理财规划 ·· 214

参考文献 ·· 223

◀ 任务 1　树立正确理财观 ▶

 示范案例

　　小安今年 26 岁，毕业于浙江一所高校，毕业后在一家外企工作了两年，月薪 7 000 元，每个月的房租 2 500 元。小安是典型的"月光族"。小安喜欢购物，每周末都到银泰百货逛街买衣服。每当她看到折扣消息时，总是忍不住在淘宝网或海淘网站上"剁手"，并囤大量的折扣商品。此外，她每周还会约上朋友去吃大餐，每月会安排一次短途旅游。偶尔，小安还会收到来自朋友们的"红色炸弹"。一个月下来，她的工资往往不够用，有时甚至要通过"借呗"、互联网"现金贷"等方式借钱。其实，小安比起很多同龄人来说，已经比较幸运，毕竟她毕业后顺利找到了满意的高薪工作。但即使这样，小安依然抱怨："每到月底，我就两手空空，总是等着发薪水的那一天。"朋友劝小安进行理财规划，小安却总说："理财是中老年人的事，我年纪轻不需要理财。"

　　请你帮助小安分析她的理财观念，并给出合理的理财建议。

　　案例要求：

　　1. 认识理财；

　　2. 树立正确的理财价值观；

　　3. 培养理财习惯。

 技能目标

　　理解理财的概念和重要性，能够根据客户的理财价值观为客户服务，养成良好的理财习惯。

理财测一测

请扫描二维码查看测试。你的理财观是什么？

理财故事

适度消费，合理理财

在某次大学校园演讲完毕后，有一位学生问巴菲特上大学时该怎样通过理财来实现"钱赚钱"。巴菲特给出的建议是，如非必要，就尽量少用信用卡，避免让自己陷入信用债务中，"如果我在 18 岁或者 20 岁时就借了钱，那我可能已经破产"。巴菲特还说，自己经常会收到陷入债务危机的人的求救信，他将这些人分成三类，一是失业者，二是患重病的人，三就是因为信用卡透支而欠下债务的年轻人。

从巴菲特"远离信用卡"的建议中可以看出，在理财上，巴菲特主张的是一种适度消费的理念，这种理念对许多人尤其是年轻人来说，是非常值得学习的。

步骤一 认识理财

一、理财的概念

理财是指对财务（财产和债务）进行管理，以实现财务保值或增值为目的。理财是对于财产（包含有形财产和无形财产）的经营。一般人谈到理财，想到的不是投资，就是赚钱。实际上，理财是"理一生的财"，也就是对个人一生的现金流量与风险的管理，具体包含以下含义：

（1）理财是"理一生的财"，不是解决燃眉之急的金钱问题。

（2）理财是现金流量管理，每一个人一出生就需要用钱（现金流出），也需要赚钱来产生现金流入。因此不管是否有钱，每一个人都需要理财。

（3）理财也涵盖风险管理。因为未来具有不确定性，包括人身风险、财产风险与市场风险，这些都会影响现金流入。

二、理财的重要性

我们为什么要理财？请扫描二维码观看视频。

当今社会，理财不仅是一种生活态度，更是创造美好生活的必由之路。理财的原因有很多种，但是究其根本，不过是一句话——避免财产贬值并凭借它创造新的财富。

（一）避免财产贬值

物价飞涨是通货膨胀的表现形式，与之相对应的则是国民财富的缩水。负利率就是指存钱到银行所得的利息比不上货币的贬值速度。

国家统计局最新发布的数据显示，2021年度全国居民消费价格指数（CPI）同比上涨0.9％（多月涨幅见图1-1）。当然，CPI仅包括政府规定的一篮子商品，还不包括大家感觉增长最明显的房价。实际的通货膨胀水平还需要考虑市场环境、货币发行量等额外因素的影响。所以想要避免财富缩水，必然要将投资理财收益率目标设定为超过"实际通货膨胀率"。

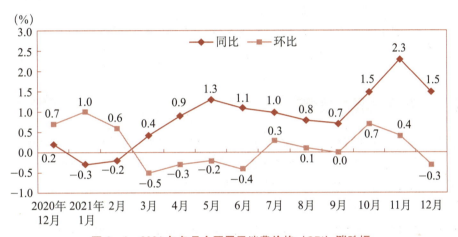

图1-1 2021年各月全国居民消费价格（CPI）涨跌幅

 **同步案例**

> 随着租房价格的不断上涨，在一线城市，2014年月租3 000元可以租用一套相对不错的房子，然而2021年这3 000元再想租一套不错的房子却已经不可能。由于通货膨胀，房租上升，当时的房子到现在可能需要6 000元左右的房租。这3 000元的实际购买能力下降了，也就是贬值了。

（二）创造新的财富

理财一个最主要的作用就是增值，即"钱生钱"。增值是指在跑赢通货膨胀的基础上，额外赚取收益率的部分，也就是实际收益率。名义收益率＝实际收益率＋通货膨胀率。通过选择一定的理财产品，获取一定的收益，抵御通货膨胀，可以达到保本增值的目标。

首先要明确合理的理财目标，根据个人的风险承受能力（客观）和风险承受意愿（主观），制定合理的理财收益目标，再通过资产配置确立投资组合，最后在每一类资产中挑选合适的投资标的。对于普通大众来说，建议选择结构简单、收益稳定的理财产品，进行一定的资产配置。

 同步案例

> 　　有一个富人，因担心自己的黄金会被歹徒偷走，于是就在一块石头底下挖了一个大洞，把黄金埋在洞里，还隔三岔五地来看一看、摸一摸。突然有一天，黄金被人偷走了，于是他很伤心。正巧有一位长者路过，了解情况后便说："我有办法帮你把黄金找回来！"然后长者用金色的油漆，把埋藏黄金的这块大石头涂成黄金色，在上面写下了"一千两黄金"几个字。长者说："从今天起，你又可以天天来这里看你的黄金了，而且再也不必担心这块大黄金被人偷走。"
>
> 　　这则故事告诉我们不要"死守"着钱存银行，资金要学会充分利用，可以做一些投资来让钱赚更多钱。只是放着看，黄金和石头没有太大区别。

步骤二：树立理财价值观

　　理财价值观简称理财观，就是客户对不同理财目标的优先顺序的主观评价。理财价值观因人而异，没有对错标准。理财规划师的任务不在于改变客户的理财价值观，而是让客户了解不同理财价值观下的财务特征和理财方式。

　　客户在理财过程中会产生两种支出：义务性支出和选择性支出。

　　义务性支出也称为强制性支出，是收入中必须优待满足的支出。义务性支出包括三项：第一，日常生活基本开销；第二，已有负债的本利摊还支出；第三，已有保险的续期保费支出。收入中除去义务性支出的部分就是选择性支出，选择性支出也称为任选性支出，不同理财价值观的客户由于对不同目标实现后带来的效用有不同的主观评价，他们对于选择性支出的顺序选择会有所不同。

　　根据对义务性支出和选择性支出的不同态度，可以划分出后享受型、先享受型、购房型和以子女为中心型四种比较典型的理财价值观，这四种理财价值观的理财特点及适用的投资建议如表1-1所示：

表1-1　　　　　　　　拥有不同理财价值观的人的理财特点及投资建议

	后享受的"蚂蚁族"	先享受的"蟋蟀族"	购房的"蜗牛族"	以子女为中心的"慈鸟族"
人格特征	这类人习惯将大部分选择性支出都存起来，储蓄投资的最重要目标就是期待退休后享受更高品质的生活	这类人把选择性支出大部分用在当前消费上，以此提升当前的生活水平	这类人的义务性支出以房贷为主，或将选择性支出都储蓄起来准备购房	这类人当前在子女教育上的投入比重偏高，其首要储蓄动机是筹集未来子女的高等教育经费

续前表

	后享受的"蚂蚁族"	先享受的"蟋蟀族"	购房的"蜗牛族"	以子女为中心的"慈鸟族"
理财特点	储蓄率高	储蓄率低	购房本息支出占收入的25%以上，牺牲目前与未来的享受换得拥有自己的房子	子女教育支出占一生总收入的10%以上，牺牲自己目前与未来的消费，考虑将大部分资产留给子女
理财目标	退休规划	当前消费	购房规划	教育金规划
付出的代价	在年轻时过于苛待自己，想留到退休后消费，但是届时可能没有精力享受，反而会导致遗产问题	这种心态使他们在工作期储蓄率偏低，赚多少花多少，一旦退休，其累积的净资产大多不够老年生活所需，必须大幅降低生活水平或靠社会救济维生	偏向购房的客户在工作期的收入和扣除房贷支出后，既不能维持较高的生活水平，也没有多少余钱可以储蓄起来准备退休，因此会影响退休生活的质量	可能把太多资源投在子女身上，在资源有限的情况下会妨碍自己退休目标所需的财源
理财建议	1. 选择国债、企业债等债券投资； 2. 选择债券型基金或者定投开放式基金进行投资； 3. 选择以重疾险、养老险为主的保险投资	1. 减少20%～50%的月消费开支； 2. 实行强制储蓄或采取定投基金的投资方式； 3. 选择养老寿险的保险投资	1. 尽量选择公积金贷款； 2. 用购房自备款适当投资债券型基金或股票型基金； 3. 考虑房贷险	1. 选择债券型基金或者定投开放式基金，为子女准备教育基金； 2. 选择以重疾险、养老寿险为主的保险投资； 3. 适当考虑子女教育年金保险

步骤三 培养理财习惯

一、节俭

很多人在刚开始时都抱怨拿不出更多的钱去投资，从而实现其经济目标。其实目标并不需要依靠大笔的投入才能实现。削减开支，节省每一块钱，因为即使很小数目的投资，也可能会带来不小的财富，例如：每个月都多存100元钱，结果如何呢？如果24岁时就开始投资，并且可以获得5%的年利润，34岁时，就有了相当可观的一笔钱。投资时间越长，复利的作用就越明显。随着时间的推移，储蓄和投资带来的利润更是显而易见。所以开始得越早，存得越多，利润就越是成倍增长。

二、计划消费

花钱一定要有计划。无论结婚也好，买房子、买车子、生小孩也好，都要做到事先有计划，这样就不会导致生活拮据。有计划还是帮助自己克制冲动消费、实现理性消费的有效方法。例如：购物应该有计划，建议每次到超市购物的时候，把想买的东西都写在单子上，不在单子上的东西不买，这样就可以省下很多不必要花的钱。很多人到超市，本来是打算买一两样东西，结果却买了五六样回来，浪费了不少钱。如果坚持计划消费，就可以少花很多不必要的钱。

如果想买一件不在计划内的东西，买之前，可以站在商品前面数十下，然后问自己是否一定要买，十有八九，能省下这笔不该花的钱。

三、记账

很少有人清楚自己的钱是怎么花掉的，甚至有人不清楚自己到底有多少收入。没有这些基本信息，就很难制定预算，并以此合理安排钱财的使用，搞不清楚什么地方该花钱，也就不能在花费上做出合理的改变。

能够衡量就必然能够了解，能够了解就必然能够改变。如果没有持续的、有条理的、准确的记录，理财规划是不可能实现的。因此在开始理财规划之初，详细记录自己的收支状况是非常有必要的。一份良好的记录可以使你衡量所处的经济地位、有效改变现在的理财行为、衡量接近目标所取得的进步。

 理财工具

记账 App 推荐

有鱼记账 85.1 MB·6,983万次安装 投资有风险，选择需谨慎！华为应用市场仅为信…	安装	**喵喵记账** 65.7 MB·6,478万次安装 投资有风险，选择需谨慎！华为应用市场仅为信…	安装
智慧记 42.9 MB·2,980万次安装 适合个体小微企业的进销存库存出入库店铺记账…	安装	**小青账** 17.3 MB·63万次安装 投资有风险，选择需谨慎！华为应用市场仅为信…	安装
生意记账本 18.2 MB·120万次安装 企业公司生意商家店铺仓库进销存财务会计收入…	安装	**简约记账** 4.4 MB·15万次安装 投资有风险，选择需谨慎！华为应用市场仅为信…	打开
账王记账 26.9 MB·286万次安装 投资有风险，选择需谨慎！华为应用市场仅为信…	安装	**女生记账** 34 MB·1,364万次安装 投资有风险，选择需谨慎！华为应用市场仅为信…	安装
财务专家 29.8 MB·128万次安装 投资有风险，选择需谨慎！华为应用市场仅为信…	安装	**我的记账本** 3.6 MB·99万次安装 投资有风险，选择需谨慎！华为应用市场仅为信…	安装
微商货源 46.2 MB·351万次安装 微商进货拿货批发代理首选货源网	安装	**千贝记账** 17.4 MB·<1万次安装 多人记账、封账、流水导出等高级功能，让你管…	安装
正保会计网校 79.3 MB·5,919万次安装 打造财会人终身学习平台	安装	**恋恋记账** 49.1 MB·19万次安装 投资有风险，选择需谨慎！华为应用市场仅为信…	安装
共享货源 47.3 MB·715万次安装 汇集一手批发市场（广州十三行沙河站西白云皮…	安装	**叨叨记账** 34.6 MB·287万次安装 投资有风险，选择需谨慎！华为应用市场仅为信…	安装

图 1-2 各种记账 App

活 动 设 计

　　请同学们选择一款记账 App，做好本学期的生活记账，并在学期结束后做好个人财务总结。

四、学习理财知识和投资

　　学习理财知识，丰富自己的头脑，就可以让自己少走很多弯路。当前，社会上出现了很多关于投资诈骗的现象。例如：购买树林、产权酒店或产权公寓，骗子许诺给投资人每年 30％～40％的高额回报，如果有了理财知识，就不会受这样的骗。要想把财理好，就要养成学习理财知识的习惯，理财知识会使你擦亮眼睛，对理好财有很大的帮助。对一般的家庭来讲，如果想让自家金库能满足家庭成员人生不同时期的需要，投资是必不可少的一种手段。因此，要养成节省钱去投资的良好习惯。

五、坚持不懈

　　理财是一个循序渐进的过程，只有养成良好习惯，才能获得收益。就像跑步两天不可能立马身体变好，看一本书不可能成为学霸，少吃一顿不可能暴瘦 5 斤，凡事总有一个从量变到质变的过程，不可操之过急。理财也绝非一朝一夕之功。有些习惯你坚持一天、一个月或许没有什么变化，但是一年、三年、五年，你总会感受它带来的改变，它会渐渐成为你的一部分，在不经意的某一天派上用场。

六、遵守法律法规

　　理财要遵守法律法规。在追求财富的道路上，我们面临各种各样的诱惑。如何才能抵御种种诱惑，靠的就是遵守理财的法律法规。

完成案例要求

一、认识理财

　　理财，是对人一生中的资产和负债进行管理。理财不仅能避免财产贬值带来的损失，还能运用手中的资产创造新的价值。理财并不是中老年人的事，无论什么年纪，都需要对自己进行合理的理财规划。像小安这样的"月光族"看似潇洒风光，实际面临着巨大的隐患，他们的资金链处于断开的状态。没有积蓄，所有的收入都消费完了，这样看似潇洒的生活方式是以牺牲个人风险抵御能力为代价的。这样导致的后果是：这些人很有可能因为一次意外（疾病、失业等），个人资金流出现问题，以至于无法抵御这些不良影响的作用；更不能指望他们独立解决个人面临的成家立业、赡养老人以及抚养子女的问题了。

二、树立正确的理财价值观

通过分析得知，小安属于先享受的"蟋蟀族"。这种理财价值观使她在工作期低储蓄、高消费，一旦退休，其累积的净资产大多无法支付老年生活所需，必须大幅降低生活水平或靠社会救济维生。因此，针对此类理财价值观，我们给小安提出以下理财建议：（1）削减不必要的消费开支，每月减少20％～40％的消费；（2）将每月收入的10％～20％进行强制储蓄或进行定期货币市场基金投资。

三、培养理财习惯

建议小安通过手机App软件记账，了解自己的消费开支情况。同时，养成理性消费的好习惯，每月制定合理的消费计划。

技能加血 ▶▶

财商教育

财商，其本意是"金融智商"，英文缩写为FQ（Financial Quotient）。财商是指个人、集体认识、创造和管理财富的能力，包括观念、知识和行为三个方面。

财商包括两方面的能力：一是创造财富及认识财富倍增规律的能力；二是驾驭财富及应用财富的能力。财商是与智商、情商并列的现代社会能力中三大不可或缺的素质之一。

财商教育最重要的一点，是培养延后享受的理念。所谓延后享受，就是指延期满足自己的欲望，以追求未来更大的回报。如果你喜欢玩，就需要去赚取你的自由时间，这需要良好的教育和学业成绩。然后你可以找到很好的工作，赚到很多钱，等赚到钱以后，你可以玩更长的时间，玩更昂贵的玩具。如果你搞错了顺序，整个系统就不会正常工作，你就只能玩很短的时间，最后的结果是你拥有一些最终会坏掉的便宜玩具，然后你一辈子就得更努力地工作，没有玩具，没有快乐。这是延后享受的最基本的例子。

财商主要由以下四项主要技能组成：

（1）财务知识，即阅读理解数字的能力；

（2）投资战略，即"钱生钱"科学；

（3）市场、供给与需求，即提供市场需要的东西；

（4）法律规章，即有关会计、税收之类的规定，以及相关法律。

思维导图

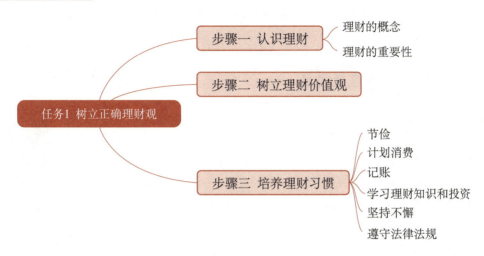

示范案例 任务 2 理财规划步骤 ▶

示范案例

王女士家在某二线城市，家庭月收入 2.5 万元，有个 2 岁的宝宝，没有房贷和车贷，有一辆代步车，想在市中心买套学区房，学区房房价是 4 万元/平方米。王女士家庭存款为 50 万元，每个月开销为 7 000 元。与公婆同住，生活费由公婆支付，王女士夫妇仅支付养孩子和养车开销。王女士想在 3 年内购买一套 100 平方米的学区房，换一辆 10 万元左右的车。

假如你为王女士一家进行理财规划，那么理财规划方案中应包括哪些内容？

案例要求：

1. 了解个人理财规划的内容；
2. 制定初步的理财规划方案。

技能目标

熟悉理财规划的内容及流程，能够为客户制定初步的理财规划方案。

理财故事

高收益与高风险

小马驹看到人们用酥油煎麦喂猪，而自己却吃草和泔水，心中十分美慕。母马便对

小马驹说：千万不要羡慕，只要人们让猪吃酥油煎麦了，那猪的死期也就快到了。果然到了春节，那些被酥油煎麦喂肥了的猪一个个被捆起杀死，投到沸水中了。

小马驹只看到猪吃得很好，却看不到猪面临的杀身之祸。高收益往往伴随着高风险，理财过程中必须要谨慎。

步骤一：认识个人理财规划

一、个人理财规划的概念

个人理财规划是指为达到客户终生的财产安全、自主和自由，且不断提高生活品质的目的，运用科学的方法和特定的程序为客户制定切合实际、具有可操作性的某方面或综合性的理财方案，并实施和管理协调一致的总体财务规划的过程。

个人理财规划是一项综合性的金融服务，涉及消费、投资、保险、税收、教育、退休和遗产等各方面的规划。

个人理财规划的核心是根据理财者的资产状况与风险偏好来实现客户的需求与目标。个人理财规划的根本目的是实现人生目标中的经济目标，同时降低客户对于未来财务状况的焦虑。

个人理财规划包括生活理财规划和投资理财规划两方面。

生活理财规划主要是通过帮助客户设计一个将其整个生命周期考虑在内的终身生活及财务计划，将客户未来的职业选择、子女及自身的教育、购房、保险、医疗、企业年金和养老、遗产和事业继承以及生活中个人所需面对的各种税收等各方面事宜进行妥善安排，使客户在不断提高生活质量的同时，即使到年老体弱以及收入锐减的时候，也能保持自己所设定的生活水平，最终达到终身的财物安全、自主、自由和自在。

投资理财规划是指客户的基本生活目标满足后，追求投资股票、债券、金融衍生工具、黄金、外汇、不动产以及艺术品等各种投资工具时的最佳回报，加速个人或家庭资产的增长，从而提高家庭的生活水平和质量。

二、个人理财规划的目标

（一）个人理财规划的总目标

个人理财规划追求两大总目标：实现财务安全和追求财务自由。

财务安全，是指个人或家庭对自己的财务现状有充分的信心，认为现有的财富足以满足未来的财务支出和其他生活目标的实现，不会出现较大的财务危机。衡量个人或家庭的财务是否安全，主要看以下几个方面：（1）是否有稳定、充足的收入；（2）个人是否有发展的潜力；（3）是否有充足的现金准备；（4）是否有适当的住房；（5）是否购买了适当的财产和人身保险；（6）是否有适当、收益稳定的投资；（7）是否享受社会保障；（8）是否有额外的养老保障计划。

财务自由，是指个人或家庭的收入来源于主动投资而不是被动的工作。一般来说，个人或家庭的收入源于以下几部分：（1）以工资薪金为主的综合所得；（2）经营所得；（3）投资所得（利息、股息、红利）；（4）财产转让所得；（5）偶然所得。一般情况下，工资薪金收入的增长幅度和频率均不会很大，所以通常仅能达到财务安全的程度。而投资收入具有争取实现更高收益的特征，投资规模越大，投资水平越高，投资收入越大，并逐渐成为个人或家庭收入的主要来源。当投资收入可以完全覆盖个人或家庭发生的各项支出时，一般认为达到了财务自由的层次。

（二）个人理财规划的具体目标

1. 必要的资产流动性

个人持有现金主要是为了满足日常开支需要、预防突发事件需要、投机性需要。

2. 合理的消费支出

规划消费支出，使个人消费支出合理，使家庭收支结构大体平衡。

3. 实现教育期望

客户需要及早对教育费用进行规划，通过合理的财务计划，确保将来有能力合理支付自身及其子女的教育费用，充分达到个人（家庭）的教育期望。

4. 完备的风险保障

理财规划师通过风险管理与保险规划做到适当的财务安排，将意外事件带来的损失降到最低限度，使客户更好地规避风险，保障生活。

5. 合理的纳税安排

为实现将客户的税负减到最小的目标，理财规划师通过对纳税主体的经营、投资、理财等经济活动的事先筹划和安排，充分利用税法提供的优惠和差别待遇，适当减少或延缓税负支出。

6. 积累财富

个人财富的相对增加可以通过减少支出实现，但个人财富的绝对增加最终要通过增加收入来实现。薪金类收入有限，投资则完全具有主动争取更高收益的特质，个人财富的快速积累更主要靠投资实现。

7. 安享晚年

人到老年，其获得收入的能力必然有所下降，所以有必要在青壮年时期进行财务规划，达到"老有所养，老有所终，老有所乐"的有尊严、自立的老年生活的目标。

8. 合意的财产分配与传承

理财规划师要尽量减少财产分配与传承过程中发生的支出，协助客户对财产进行合理分配，以满足家庭成员在家庭发展的不同阶段产生的各种需要；要选择遗产管理工具和制定遗产分配方案，确保在客户去世或丧失行为能力时能够实现家庭财产的世代相传。

三、个人理财规划的原则

（1）整体规划原则。整体规划原则既包含规划思想的整体性，也包含理财方案的整体性。理财规划师不仅要综合考虑客户的财务状况，而且要关注客户的非财务状况及其变化，进而提出符合客户实际和目标预期的规划，这是理财规划师开展工作的基本原则之一。

（2）提早规划原则。提早规划一方面可以尽量利用复利"钱生钱"的功效，另一方面由于准备期长，可以减轻各期的经济压力。

（3）现金保障优先原则。只有建立了完备的现金保障，才能考虑将客户家庭的其他资产进行专项安排。一般来说，家庭建立现金储备包括日常生活覆盖储备和意外现金储备。

（4）风险管理优先于追求收益原则。理财规划首先应该考虑的因素是风险，而非收益，追求收益最大化应基于风险管理基础之上。因此理财规划师应根据不同客户的不同生命周期阶段及风险承受能力制定不同的理财方案。

（5）消费、投资与收入相匹配原则。理财规划应该正确处理消费、资本投入与收入之间的矛盾，形成资产的动态平衡，确保在投资达到预期目的的同时保证生活质量的提高。

（6）家庭类型与理财策略相匹配。根据不同家庭类型的特点，理财规划师要分别制定不同的理财规划策略。

 同步案例

小宇今年27岁，未婚，是某机械公司技术骨干，作为青年家庭，其风险承受能力比较高，理财规划的核心策略为进攻型；谢女士和先生为个体经营户，积蓄尚可，两夫妻想为孩子们买套学区房，作为中年家庭，其风险承受能力中等，理财规划的核心策略为攻守兼备型；张老师和老伴今年均已退休，作为老年家庭，其风险承受能力比较低，因此理财规划的核心策略为防守型。上述案例，均体现了家庭类型与理财策略相匹配原则。

 理财工具

财物安全度和财务自由度指标计算

一、财务安全度

财务安全度＝投资性资产市场价值/投资性资产原值×100%

财务安全度是用来衡量个人投资性资产保值能力的一个指标。如果财务安全度大于100%，表示个人投资性资产保值能力强；反之，则表示个人投资性资产保值能力弱。

案例1：贺某家2021年1月1日拥有金融资产共计80万元，到2021年12月31日，这些金融资产价值达到了100万元，则贺某这些金融资产安全度为：

$$100/80 \times 100\% = 125\% > 100\%$$

这说明贺某的资产保值能力较好。

二、财务自由度

$$财务自由度 = 投资性收入（非工资收入）/日常消费支出 \times 100\%$$

财务自由度是用来衡量个人财务自由程度的一个指标。如果财务自由度大于100%，表示个人财务自由度大；反之，则表示个人财务自由度小。

案例2：丁某今年60岁，家庭每月消费支出为8 000元，现拥有投资性资产共计150万元，预计每年能带来9万元投资收益，则该家庭的财务自由度为：

$$9/(0.8 \times 12) \times 100\% = 93.75\% < 100\%$$

这说明丁某家庭个人财务自由度较小。

步骤二：了解个人理财规划的内容

一、现金规划

现金规划是指对个人或家庭日常的现金及现金等价物的分配和结构的最佳决策和谋略。现金规划的目的是满足日常开支需要、预防突发事件需要、投资需要，保障个人和家庭成员生活质量的持续稳定。

二、消费支出规划

消费支出规划是指在一定的财务资源下，对个人或家庭消费资金安排、消费水平和消费结构的最佳决策和谋略，以达到适度消费、稳步提高生活质量的目的。

三、保险规划

保险规划是指对保险标的、保险方式、保险金额、保险品种的组合和保险风险规避防范等方面的最佳决策和谋略。保险规划的目的是风险防范。

四、教育规划

教育规划是指在搜集客户的教育需求信息、分析教育费用的变动趋势并估算教育费用的基础上，为客户选择适当的教育费用准备方式及教育投资工具，并适时调整的最佳决策和谋略。

五、投资规划

投资规划是指根据个人理财目标和风险承受能力，为个人制定合理的资产配置方案，构建投资组合来帮助个人实现理财目标的过程。

六、税收规划

税收规划是指纳税人为了减轻税收负担和实现涉税零风险而采取非违法手段，对自己的经济活动事先进行的策划安排。通过对纳税主体的经营、投资、理财等经济活动的事先筹划和安排，充分利用税法提供的优惠和差别待遇，可以适当减少或延缓税费支出。

请同学们讨论，你是否了解最新的个税政策？它与改革前的区别在哪些方面？

 理财工具

个人所得税 App

请同学们在手机应用市场上查询个人所得税 App，其图标如图 1-3 所示。

图 1-3　个人所得税 App

七、退休养老规划

退休养老规划是为保证个人在将来能过上自立、有尊严、高品质的退休生活而定制的一个从现在就开始积极实施的规划方案。

八、财产分配与传承规划

财产分配与传承规划是人生需要妥善安排的一个重要事项。制定财产分配与传承规划不仅能够对个人或家庭财产进行合理合法的配置，还能为个人和家庭提供一种规避风险的保障机制。

步骤三：熟悉个人理财规划的基本流程

在每一项个人理财规划的内容下，理财规划师基本上都有一整套的流程，涵盖 7 个步骤，具体如图1-4所示。

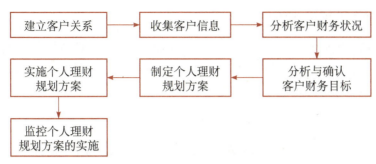

图1-4 个人理财规划流程图

一、建立客户关系

建立客户关系是开展个人理财规划业务的前提。在与客户交谈的过程中，理财规划师要充分了解客户的想法，注意收集客户所提供的基本情况、理财目标、投资偏好等信息，并且要向客户传达个人理财的基本知识和背景、理财规划师个人行业经验与职业资格及阅历情况。

二、收集客户信息

个人理财规划方案是在对客户信息非常了解的基础上做出来的。只有全面、准确地了解客户信息，个人理财规划方案才会尽可能接近客户的实际情况。理财规划师收集的客户信息包括客户的财务信息、非财务信息和客户的期望目标。

活动设计

请同学们讨论，你所知道的个人财务信息主要有哪些？这些财务信息在客户理财目标的确认中该如何去体现？

三、分析客户财务状况

客户现行的财务状况是达到未来理财目标的基础。在提出具体规划之前，理财规划师必须客观地分析客户的现行财务状况，并对客户未来的财务状况进行预测。

四、分析与确认客户理财目标

理财规划师通过与客户的沟通与交流，了解客户的人生目标，并将其分解为短期目标、中期目标和长期目标。通过充分的沟通，增强客户对投资产品和投资风险的认识，在确保客户理解和认同的基础上，与客户共同确定一个合理的理财目标。

五、制定个人理财规划方案

理财规划师在了解客户信息和理财目标的基础上，诊断出客户的财务问题，在考虑目前和未来宏观经济发展状况的前提下，为客户制定整体理财方案。

六、实施个人理财规划方案

为了确保理财规划的执行效果，理财规划师应当遵循3个原则——准确性、有效性和及时性，而且要制定理财规划的执行计划。在执行计划时，要确定理财规划的实施步骤，确保匹配的资金来源和实施的时间表。

七、监控个人理财规划方案的实施

任何宏观或微观环境的变化都会对理财规划方案的执行效果造成影响，理财规划师必须定期地对理财规划书的执行和实施情况进行监控和评估，并根据新情况不断调整方案。一般情况下，理财规划方案至少每年修正一次，如果客户所投资的是高风险的产品，则需每季或每半年就调整一次。

 完成案例要求

一、了解个人理财规划的内容

根据王女士家庭的情况，其理财规划方案应包括现金规划、消费支出规划、教育规划、投资规划、保险规划等。

二、制定初步的理财规划方案

现金规划和消费支出规划为理财规划的基本内容，是理财规划的基础，是帮助客户实现短期理财规划目标的需要。王女士的宝宝已2岁，在不久的将来要进入幼儿园学习，而子女的教育规划时间弹性小，更应提早规划。此外，考虑王女士3年内有住房和购车的需求，应将住房和汽车信贷规划纳入理财规划中。根据王女士家庭目前的收支水平，在3年内付首付购房（按30％计算），仍有一定资金缺口，因此应进行合理的投资规划，将家庭闲置资金进行投资，以获得更大收益。保险规划作为理财规划的重要部分，是一项长期的规划。而保险作为一种风险管理工具，在必要时能提高家庭的抗风险能力。王女士家庭正处于家庭生命周期的形成期，既有抚养子女义务，又有赡养长辈的义务，因此合理的保险规划显得尤为必要。

 **理财工具**

理财规划入门书籍推荐——《巴比伦富翁的理财课》和《富爸爸穷爸爸》

技能加血 ▶▶

个税新政策

一、个人纳税政策新变化

1. 新个税征收标准一：5 000 元起征点

个税起征点从 3 500 元调整为 5 000 元。

2. 新个税征收标准二：新的个税税率表

新税率表扩大了低税率的级距，如之前应纳税所得额为 2 500 元要按照 10% 的税率缴税，而现在只需按照 3% 的税率缴税，具体如表 1-2 所示。

表 1-2　　　　　　　　7 级超额累进个人所得税税率表

级数	累计预扣预缴应纳税所得额	预扣率	速算扣除数
1	不超过 36 000 的部分	3%	0
2	超过 36 000 至 144 000 的部分	10%	2 520
3	超过 144 000 至 300 000 的部分	20%	16 920
4	超过 300 000 至 420 000 的部分	25%	31 920
5	超过 420 000 至 660 000 的部分	30%	52 920
6	超过 660 000 至 960 000 的部分	35%	85 920
7	超过 960 000 的部分	45%	181 920

3. 新个税征收标准三：增加专项附加扣除

之前的个税主要是扣除五险一金的支出，这次新个税法还增加了包括子女教育支出、继续教育、大病医疗、住房贷款利息、住房租金以及赡养老人的 6 项专项附加扣除。

全年综合所得应纳税所得额＝（工资薪金所得＋劳务所得×80%＋特许权使用费所得×80%）-6 万基本免除额-专项扣除（三险一金）-专项附加扣除（六项）-其他扣除＋稿酬×80%×70%

应纳税额＝应纳税所得额×税率-速算扣除数

4. 新个税征收标准四：实施时间

2018 年 10 月 1 日起，提前实施 5 000 元起征点、新个税税率表，也就是说如果 9 月份的工资是 10 月份发放的，也会按照 5 000 元起征点扣除。

2019 年 1 月 1 日起，再实施包括专项附加扣除在内的其他新个税法标准。

二、案例解析

2021 年全年，小王在甲单位工作取得工资薪金，每个月工资 18 000 元，五险一金每月扣除 3 200 元，子女教育费、赡养老人等专项附加扣除每月 2 500 元，甲单位全年已预扣预缴税款 6 240 元。此外，小王还担任乙、丙、丁三家单位专家评审，全年取得劳务报酬10万元，三家单位合计已预扣预缴税款16 000元。问：小王办理综合所得汇算清缴是否需要补退税？

解答：

全年应纳税所得额＝(18 000×12＋100 000×0.80)－60 000－3 200×12－2 500×12＝167 600（元）

全年应纳税额＝167 600×0.2－16920＝16 600（元）

应补（退）税额＝16 600－6 240－16 000＝－5 640（元）

活动设计

小张为某公司销售人员，某月取得的收入为20 000元、五险一金为4 520.84元，假设附加专项扣除有以下几项：子女教育1 000元（按1个子女一方按月100％扣除）、首套房月供利息1 000元（一方按月100％扣除）、赡养老人1 000元（兄妹两人已按月均摊），故专项扣除总费用为3 000元，那么如何按照"综合所得"计算其本月应缴纳的个人所得税呢？

思维导图

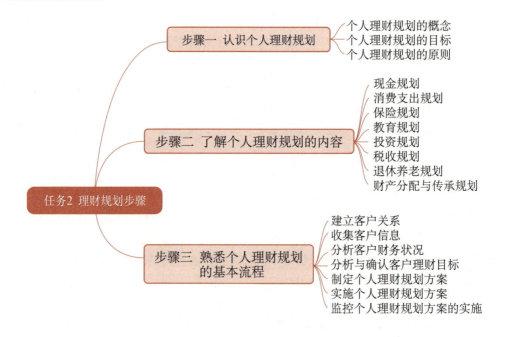

◀ 任务 3　生命周期理财 ▶

 示范案例

赵先生今年 32 岁，已婚，妻子 30 岁，儿子 2 岁。家庭年收入 10 万元，年支出 6 万元，存款 20 万元，有购房计划。

从家庭生命周期与赵先生的生涯规划来看，理财规划师为其家庭的规划的重点是什么？

案例要求：

1. 判断该家庭所处的生命周期阶段；
2. 分析该阶段理财重点及目标；
3. 制定初步理财规划。

 技能目标

判断客户所属的生命周期阶段，并指出该阶段理财的重点。

 理财故事

渔网和鱼

某日，一胖一瘦两个旅行者开始了漫长的徒步之旅。由于没有计划好时间及路线，他们所携带的食物很快就吃完了。在没有信号、不能及时补充食物、难以获得及时救援的大海边，两人面临死亡的考验。就在一筹莫展的时候，两人发现了一筐鱼和一张渔网。胖子立刻拿走了鱼，然后迅速离开。瘦子只能拿过渔网，独自走向海边，开始了自己的捕鱼生涯。在随后的几天里，胖子终于吃完了所有的鱼。由于在分配东西的过程中，两人发生了矛盾，并且瘦子也不知所踪，很快，胖子就陷入无助状态，并且饿死在海边。瘦子则在较短的时间内，掌握了渔网捕鱼的技巧，很快摆脱了饥饿的困扰。最后，瘦子凭借食物的支撑，终于等到了救援队的到来而获救。

在投资领域，我们要学习故事中的瘦子，不贪图眼前小利，而采取"放长线，钓大鱼"的方法。

步骤一：了解生命周期理论

生命周期理论是研究客户不同阶段行为特征和价值取向的重要工具。理财规划师可以帮助客户根据其个人或家庭生命周期设计适合客户的理财方案，从而实现财富的合理规划。

在 20 世纪 50 年代，美国经济学家弗兰科·莫迪利安尼（Franco Modigliani）、理查德·布伦伯格（Richard Brumberg）和艾伯特·安多（Albert Ando）共同提出了生命周期理论。生命周期理论指出，个人是在相当长的时间内计划其消费和储蓄行为，及实现其整个生命周期内消费的最佳配置。也就是说，一个人将综合考虑他现在的收入、将来的收入以及可预期的开支、工作时间、退休时间等因素来决定他目前的消费和储蓄，以使他的消费水平在一生内保持在一个相对平稳的水平上，而不至于出现消费水平的大幅震荡，最终实现在一生中平滑的或者均匀的消费跨期配置。

生命周期理论认为人的生命是有限的，可以区分为依赖、成熟和退休三个阶段。一个人一生的财富累积曲线就像驼峰，在年轻时很少，之后开始累积，到退休之前（中年时期），其财富累积达到高峰，随后开始降低。如图1-5所示。

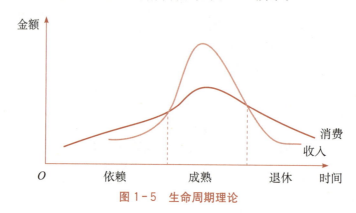

图1-5　生命周期理论

因此，我们需要从生命周期整体出发考虑理财，掌握各个周期的特点，使自己在人生的各个阶段都能合理分配财富，实现人生的效用最大化，从而提高自己的生活质量。

步骤二：应用家庭生命周期理论

家庭处于生命周期的不同阶段，其资产、负债状况会有很大不同，理财需求和理财重点也将随之出现差异。因此，了解一个家庭正处于怎样的生命周期阶段，对于理财策略的制定具有重要意义。人生各阶段的收支不同，决定了个人和家庭存在的生命周期不同。就家庭而言，一对夫妻结婚建立家庭（家庭形成期）、子女养育成人（家庭成长期）、子女独立且夫妻事业到达巅峰（家庭成熟期）、夫妻退休到终老（家庭衰老期），就是一个家庭的生命周期（见表1-3）。

表1-3　家庭生命周期阶段

项目	家庭生命周期各阶段			
	家庭形成期	家庭成长期	家庭成熟期	家庭衰老期
特征	筑巢期，家庭成员数量随子女出生增加	满巢期，家庭成员固定	离巢期，家庭成员数量随子女独立逐步减少	空巢期，从夫妻退休到终老，只有两个老人

续前表

项目	家庭生命周期各阶段			
	家庭形成期	家庭成长期	家庭成熟期	家庭衰老期
夫妻年龄	25～34 岁居多	35～50 岁居多	51～60 岁居多	61 岁及以上居多
收入	双薪为主，追求高收入增长率；积极努力地工作来积累初期的财富	双薪为主，可能因为一方薪资用于养育儿女而成为单薪家庭	双薪为主，事业发展与收入均达到高峰	以理财收入和转移性收入为主
支出	随家庭成员增加而上升	随家庭成员固定而稳定，教育支出压力大	随家庭成员减少而降低	医疗费用提高，其他支出逐渐减少
储蓄	随家庭成员增加而下降，家庭支出压力大	随家庭收入增加、支出稳定而逐渐增加	随着收入增加和支出降低，储蓄大幅增加，应着手准备退休金	一般支出大于收入，退休金开始耗用
居住	与父母同住（三代同堂）或自住	与父母同住（三代同堂）或自住	供养双亲或夫妻自住或与子女同住	夫妻自住或与子女同住
资产	资产有限，但由于年轻，可承受较高的投资风险	资产逐年增加，应开始控制投资风险	资产达到最高峰，应降低投资风险准备退休金	开始变现资产来应对退休后的生活费用支出，投资以固定收益为主
负债	由于购房、购车等需求，一般负债较高	缴纳房贷，逐步降低负债	应已还清负债	无新增负债
净资产	增加幅度不大	净投资和净资产逐年积累	资产等于净资产，因此净资产达到最大值	资产等于净资产，因此净资产也随资产变现而逐年降低

理财规划师可以帮助客户根据其家庭生命周期设计适合客户的保险、信托和信贷理财套餐（见表1-4）。

表1-4　　　4个阶段不同的理财重点

项目	家庭形成期	家庭成长期	家庭成熟期	家庭衰老期
夫妻年龄	25～34 岁	35～50 岁	51～60 岁	61 岁及以上
保险安排	提高寿险保额	以子女教育年金储备高等教育学费	以养老保险和递延年金储备退休金	投保长期看护险
核心资产	股票70%	股票60%	股票50%	股票20%
	债券10%	债券30%	债券40%	债券60%
货币配置	货币20%	货币10%	货币10%	货币20%
信贷运用	信用卡、小额信贷	房屋贷款、汽车贷款	还清贷款	无贷款或反按揭

理财规划师可以帮助客户根据家庭生命周期的流动性、收益性和获利性给予资产配置建议（见表1-5）：

（1）子女年幼时和客户年老时，流动性好的存款和货币市场基金的比重要高；

（2）家庭形成期至家庭衰老期，随客户年龄增加，投资风险比重应逐步降低；

（3）家庭衰老期的收益性需求最大，投资组合中债券比重应该最高。

表 1-5　　　　　　　　　家庭生命周期资产配置建议

期间	家庭形成期	家庭成长期	家庭成熟期	家庭衰老期
	25～34 岁	35～50 岁	51～60 岁	61 岁及以上
资产的流动性	较高	较低	低	高
投资的风险性	高	较高	较低	低
收益的稳定性	低	较低	较高	高

步骤三：应用个人生命周期理论

比照家庭生命周期理论，可按年龄层次把个人生命周期分为六个阶段：探索期（15～24 岁）、建立期（25～34 岁）、稳定期（35～44 岁）、维持期（45～54 岁）、高原期（55～60 岁）、退休期（61 岁以上），具体如表 1-6 所示。

表 1-6　　　　　　　　　个人生命周期各阶段理财策略分析

	探索期	建立期	稳定期	维持期	高原期	退休期
对应年龄	15～24 岁	25～34 岁	35～44 岁	45～54 岁	55～60 岁	61 岁以后
家庭形态	以父母家庭为生活重心	择偶结婚，有学前子女	子女上中小学	子女进入高等教育	子女独立	夫妻二人生活
理财活动	求学深造，提高收入	量入为出，攒首付款	偿还房贷，筹集教育款	收入增加，筹集退休金	负担减轻，准备退休	享受生活，规划遗产
投资工具	活期、定期存款，基金定投	活期存款、股票、基金定投	自用房产投资、股票、基金	多元投资组合	降低投资组合风险	固定收益投资、医疗保障基金、遗产规划
保险计划	意外险、寿险	寿险、储蓄险	养老险、定期寿险	养老险、投资型保单	长期看护险、退休年金	退休年金

一、探索期

学生时代是求学深造、提升自己的阶段。本阶段要为将来的财务自由做好专业上与知识上的准备，应在大学时代就培养良好的理财习惯，如记账、强制储蓄、购买保险、基金定投、勤俭节约等。学生时代培养的良好理财习惯将使自己在今后的理财活动中受益无穷。

二、建立期

自完成学业走入社会开始第一份工作并领取第一份报酬开始，真正意义上的个人理财生涯才开始。单身创业时代，是个人财务的建立与形成期，这一时期有很多沉重的理财任务，面临恋爱、结婚、买房买车、娱乐、继续教育支出等问题，很容易陷入人不敷出的窘境，因此必须加强现金流管理，多储蓄，科学合理地安排各项日常收支，适当进行高风险的金融投资，如进行股票、基金、外汇、期货投资等，一方面积累投资经验，另一方面利用年轻人风险承受能力较强的特征博取较高的投资回报。

活动设计

李先生，26岁，未婚，自2019年国内某重点大学研究生毕业后，任职于北京一建筑设计研究院。目前月薪约1万元，加上年终奖和其他诸如节日补贴等收入，李先生每年税后收入约15万元。李先生虽然参加工作不久，个人积蓄不丰厚，但其父母均已退休，家庭经济较宽裕，在经济上会给他一定的支持。除了单位提供的五险一金外，李先生暂时没有购买任何商业保险。

请讨论李先生所处的生命周期阶段，以及该阶段的特点及理财需求及重点。

三、稳定期

成家立业后，夫妻两人的事业开始进入稳定的上升阶段，收入有大幅度的提高，财富积累较多，为金融投资创造了条件。这一时期两人的工作、收入、家庭比较稳定，面临未来的子女教育、父母赡养、自己退休三大人生重任，这时的理财任务是尽可能多地储备资产、积累财富。因此这一时期要做好投资规划与家庭现金流规划，以防疾病、意外、失业等风险。同时保险规划也很重要，还可考虑定期定额基金投资等方式，利用投资的复利效应和长期投资的时间价值为未来积累财富。

四、维持期

经过十余年的职业生涯，进入中年，个人对于自己未来的发展有了比较明确的方向，这一时期是事业发展的黄金时期，收入和财富积累都处于人生的最佳时期，更是个人财务规划的关键时期。在此阶段，个人开始面临财务的三大考验，分别是为子女准备的教育费用、为父母准备的赡养费用，以及为自己退休准备的养老费用，同时在这一阶段还需要彻底还清各种中长期债务。这一时期既要通过提高劳动收入积累尽可能多的财富，又要善用投资工具创造更多财富；既要努力偿清各种中长期债务，又要为未来储备财产。这一时期，财务投资尤其是中高风险的组合投资成为主要手段。

五、高原期

这一时期，子女一般已经完成学业，步入社会开始独立，房贷等中长期债务也基本还清。因此，这个时期基本上没有什么债务负担，财富积累到了最高峰，个人与家庭都拥有一笔不小的财富，可以为未来的生活奠定一定的基础。在此阶段，个人的主要理财任务是妥善管理积累的财富，积极调整投资组合，降低投资风险，以保守稳健型投资为主，配以适当比例的进取型投资，多配置基金、债券、储蓄、结构性理财产品，以稳健的方式使资产得以保值、增值。

六、退休期

这一时期的主要理财任务就是稳健投资保住财产，合理支出积蓄的财富以保障退休期间的正常开支。因此，这一时期的投资以安全为主要目标，投资组合应以固定收益投资工具为主，如各种债券、债券型基金、货币市场基金、储蓄等。退休期的财产支出除了日常养老费用以外，最大的一块就是医疗保健支出。除了在中青年时期购买的健康保险能提供部分保障外，社会医疗保险与个人储蓄也能为医疗提供部分费用。为了使老年有充足的健康保障，除了社保与商业保险外，还要为自己准备一份充足的医疗保障基金。同时，退休期的一个重要任务是遗产规划以及与之相关联的税务规划。

 ## 完成案例要求

一、判断该家庭所处的生命周期阶段

赵先生家庭处于家庭成长期，在支出方面的子女养育与教育负担将逐渐增加，但同时随着收入的提高也应增加储蓄额，来应对此时多数家庭会有的购房计划与购车计划。

二、分析该阶段理财重点及目标

在理财活动上，赵先生所处阶段可累积的资产不多，通常以存款及基金定投为主。

三、制定初步理财规划

赵先生目前 20 万元资产均为银行存款，而存款利率偏低，赵先生可以将半年的支出（3 万元）存起来，当作紧急备用金，其他部分可投资于投资收益率较高的基金。

每年 4 万元的储蓄（购房后扣除月供额，可投资额可能降低），建议以基金定投的方式运用，投资股票型基金，以较高的预期回报率来进行中长期的子女高等教育金规划与长期的退休规划。

保险方面，此时夫妻应该互以对方为受益人买保险，可以被保险人五年的收入额为适当的保额。

技能加血 ▶▶

直击 AFP

AFP（Associate Financial Planner）金融理财师认证，由总部位于美国的国际性非营利组织国际金融理财标准委员会（FPSB）统一签发，是银行业理财岗普遍持有，保险、证券、基金以及财富管理机构所普遍认可的国际权威证书。

AFP 认证是国际金融理财师（CFP）认证的第一阶段，只有取得了 AFP 认证后才能参加 CFP 考试和认证。AFP 对学历和工作经验是有要求的，学历必须大专或大专以上，工作经验必须是金融理财相关行业以及相关岗位，对工作年限也有一定的要求。

在参加 AFP 考试之前，必须通过官方的教育，只有经济类的博士可以免于接受官方教育。

思维导图

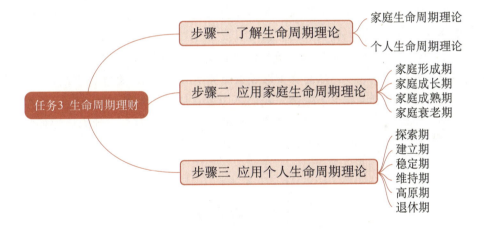

◀ 理财与育人 ▶

反对浪费不应止于餐桌

向餐饮浪费现象说"不"，正成为全社会的共同行动。从商业餐饮场所到家庭餐桌、从机关单位到学校食堂、从党员干部到普通群众，每个环节都在采取相应的行动措施。应该说，现实中的餐桌浪费现象让人触目惊心，任何时候提出制止餐桌浪费都不过时，如何强调节约粮食的重要性也都不为过。

然而，反对浪费不应止于餐饮环节。冰冷现实让我们认识到，要让"厉行节约、反对浪费"的行动达到效果，粮食生产、加工、储存、流通等环节也应该加大反浪费的力度。可以这样说，最大限度地减少粮食在进入百姓餐桌前的浪费，与反对餐桌浪费同等重要，也是当务之急。

一方面，这有待于建立从农田到餐桌的全流程、精细化的管理机制。即农户收获、储存、粮食收购、储运、加工、消费等每一个环节，都有必要改变工艺落后、管理粗放的现状，全流程着眼、全链条发力，把每个环节的"跑冒滴漏"现象切实消除。

另一方面，相关部门要做到统筹兼顾，而不能顾此失彼，既要通过广泛宣传反对主观浪费现象，也要综合运用法规、政策、经济杠杆和技术创新等多种措施，推动全社会、全行业、全流程精细化管理理念的形成，营造起节粮光荣、人人惜粮的良好氛围。

从根本上说，反对浪费不应止于餐桌，其终极目标还应该是掀起一场"头脑风暴"，带来一场思想作风和社会风气的变革。回望历史，我们不难发现，崇尚务实节俭的时代，往往能促进社会安定繁荣与百姓安居乐业，而铺张浪费、奢侈成风最终必然导致社会风气败坏，百姓陷入困苦，诸如此类的经验教训不胜枚举，值得我们反思并引以为戒。

反观当下，人们的生活水平较以往显著地提高，一些人在摆脱贫困后急于显示自身的富裕，以至于讲排场、兴攀比、奢侈浪费的现象时有发生。奢靡之风还与形式主义、官僚主义作风相表里，带坏干群作风，败坏社会风气，成为社会发展的一个隐忧。

以史为鉴，当下开展"厉行节约、反对浪费"行动，不仅是倡导物质上的勤俭节约，更重要的是能带来一场社会风气的变革，通过在全社会培育勤俭务实的理念，剔除奢侈浪费的思想观念和文化基因，从而真正形成崇尚务实节俭、反对奢侈浪费的社会风气。

概言之，反对浪费不应止于餐桌，我们还应建立从农田到餐桌的全流程精细化管理理念和机制，更应以此为契机掀起一场"头脑风暴"，真正从每个人的内心深处吹拂起勤俭、节约的新风，以呼应时代的需要，推动社会的文明进步。

◀ 习题库 ▶

一、单选题

1. 下列哪个理财观念是正确的？（　　）

A. 理财要趁早　　　　　　　　　　B. 理财等同于投资

C. 理财就是要"一夜暴富"　　　　　D. 理财产品是为有钱人设计的

2. 理财规划的最终目标是要达到（　　）。

A. 财务独立　　　　B. 财务安全　　　　C. 财务自主　　　　D. 财务自由

3. 投资理财应该养成（　　）的好习惯。

A. 学习理财知识和投资　　B. 计划消费　　　　C. 记账　　　　D. 以上都是

4. 以房贷义务性支出为主，或将选择性支出都储蓄起来准备购房的这类人属于（　　）。

A. 后享受的"蚂蚁族"　　　　　　　B. 先享受的"蟋蟀族"

C. 购房的"蜗牛族"   D. 以子女为中心的"慈鸟族"

5. 以子女为中心的"慈鸟族"的理财目标是（   ）。

A. 退休规划   B. 目前消费   C. 购房规划   D. 教育金规划

6. 保险规划的目的是（   ）。

A. 财富增值   B. 风险防范   C. 财务自由   D. 财富激增

7. 以下选项中（   ）不属于个人理财规划的内容。

A. 教育规划   B. 投资规划   C. 税收规划   D. 职业规划

8. 下列关于理财规划步骤正确的是（   ）。

A. 建立客户关系、收集客户信息、分析客户财务状况、制定理财计划、实施理财计划、持续理财服务

B. 收集客户信息、建立客户关系、分析客户财务状况、制定理财计划、实施理财计划、持续理财服务

C. 建立客户关系、收集客户信息、制定理财计划、分析客户财务状况、实施理财计划、持续理财服务

D. 建立客户关系、分析客户财务状况、收集客户信息、制定理财计划、实施理财计划、持续理财服务

9. 客户进行理财规划的目标通常为财产的保值和增值，下列哪一项规划的目标更倾向于实现客户财产的增值？（   ）

A. 现金规划   B. 风险管理与保险规划

C. 投资规划   D. 财产分配与传承规划

10. 理财规划师收集的客户信息有（   ）。

A. 客户的财务信息   B. 客户的非财务信息

C. 客户的期望目标   D. 以上都是

11. 为了确保理财规划的执行效果，理财规划师应当遵循（   ）原则，而且要制定理财规划的执行计划。

A. 准确性   B. 有效性   C. 及时性   D. 以上都是

12. 下列关于个人生命周期各阶段理财活动特征的表述中，正确的是（   ）。

A. 建立期的理财任务是尽可能多地储备资产、积累财富

B. 探索期是以个人家庭生活为重心，是个人财务的建立与形成期

C. 维持期是个人和家庭进行财务规划的关键期，财务投资是中高风险的组合投资为主要手段

D. 高原期的主要理财任务是妥善管理积累的财富，积极调整投资组合，降低投资风险，以保守稳健型投资为主

13. 家庭成熟期的特征是（   ）。

A. 筑巢期，家庭成员数量随子女出生增加

B. 满巢期，家庭成员固定

C. 离巢期，家庭成员数量随子女独立逐步减少

D. 空巢期，从夫妻退休到过世，只有两个老人

14. 家庭形成期的资产状况是（　　）。

A. 资产有限，但由于年轻，可承受较高的投资风险

B. 资产逐年增加，应开始控制投资风险

C. 资产达到最高峰，应降低投资风险准备退休金

D. 开始变现资产来应对退休后的生活费用支出，投资以固定收益为主

15. 理财规划师可以帮助客户根据其家庭生命周期设计适合客户的保险、信托和信贷理财套餐，以养老保险和递延年金储备退休金的保险安排适用于（　　）。

A. 家庭形成期　　　　B. 家庭成长期　　　　C. 家庭成熟期　　　　D. 家庭衰老期

16. 家庭生命周期资产配置过程中，投资风险性最高的是（　　）。

A. 家庭形成期　　　　B. 家庭成长期　　　　C. 家庭成熟期　　　　D. 家庭衰老期

17. 学生时代属于个人生命周期的（　　）。

A. 探索期　　　　　　B. 建立期　　　　　　C. 稳定期　　　　　　D. 维持期

18. 退休期的主要理财任务是（　　）。

A. 妥善管理积累的财富，积极调整投资组合，降低投资风险

B. 稳健投资保住财产，合理支出积蓄的财富以保障退休期间的正常开支

C. 通过提高劳动收入积累尽可能多的财富，又要善用投资工具创造更多财富

D. 做好投资规划与家庭现金流规划，以防疾病、意外、失业等风险

19. 个人生命周期中的维持期对应的年龄是（　　）。

A. 35～44 岁　　　　　B. 45～54 岁　　　　　C. 55～60 岁　　　　　D. 61 岁以后

20. （　　）是指纳税人为了减轻税收负担和实现涉税零风险而采取非违法手段，对自己的经济活动事先进行的策划安排。

A. 现金规划　　　　　B. 保险规划　　　　　C. 投资规划　　　　　D. 税收规划

二、案例分析题

一直做小生意的陆先生两年前一次偶然的机会赚了一笔钱，着实开心了很长一段时间。一直对钱十分谨慎的陆先生对这笔数目相当可观的钱看得特别紧，即便妻子建议他拿那些钱去买定期国债之类的投资，他也舍不得，非要存在银行，准备多年后给现在 14 岁的女儿上大学用。

陆先生这么固执是有他的理由的：现在夫妻俩做着小生意，除去女儿上学用的钱相对多一些，其他的东西家里都不缺，没太大的开销，这样每月省吃俭用还能另外存一点钱给夫妻俩将来养老。他对夫妻俩的能力有比较清醒的认识，认为他们不大可能有更多的机会挣到大钱。而他能预见到将来最大的开支就是女儿上大学的费用，因此，这笔钱是绝对不可以有什么差池的。长期以来固有的保守个性决定了陆先生对待这笔钱的态度就是：放哪里都不如放银行保险。

请问：你将如何说服陆先生改变理财观念？请为他做出一个让他接受的理财建议。

项目二　单身期理财

 生命周期分析：单身期

职场新人，通常年轻而富有朝气，价值观可能尚未定型，变数尚多；消费能量可观，处于个人用品购买爆发期，有较强的消费能力，渴望认同和追求卓越的价值观；就个人财务来看，收入不高，收入主要用于个人用品的购买；大多数人和父母同住，吃住在父母家。而离家和朋友合住的，开销要较前者为高；进入谈情说爱阶段后，支出有一定程度的增加；年纪较长仍单身者，收入增长较快，对生活质量的要求提升。在此阶段，节省者有一定的储蓄。投资方式主要以炒股和基金定投为主；银行服务使用较多，信用卡使用较为普遍；大多数人的保险意识较为淡薄。主要开销为房租、日常餐饮支出、服饰鞋帽消费、休闲娱乐、在职进修等。

理财重点：

此时正处于事业起步期，亟须积累原始资本。有些年轻人疏于理财，消费欲望强，甚至被打上"啃老族""月光族"等标签。因此，年轻消费者要学习理财知识，养成良好的消费习惯，做好该阶段的理财规划。

1. 保险规划：收入低、年轻、身体好不是漠视保险的理由，反而更应关注自身可能有的家庭责任。例如现如今大多数家庭的孩子为独生子女，父母的赡养义务已是义不容辞，作为家庭收入主要来源者，更应注重自身保障。对于无法预期老年能否自给自足的年轻人，应为自己投保定期寿险和意外险。同时，每个年轻人都应为自己投保重大疾病险，投保额度视具体情况而定，一般为 20 万至 30 万元。在此阶段，因为保险预算低，不宜投保分红险、终生寿险等储蓄加保险的险种，应将储蓄和保险分开。

2. 投资规划：股票、基金定投的方式应作为年轻人主要的投资和储蓄方式。储蓄目标为婚礼和蜜月费用、购车/购房首付款。独身主义者，可制定全生涯的理财目标，以退休后的生活水准为终极目标，在保证终极目标的基础上制定中短期的目标，并在有重大的消费和投资决定的时候，了解中短期目标对终极目标的影响，同时在此基础上通过资产配置提高达成目标的可能性。

3. 消费规划：在固定储蓄和消费之余，如有结余，可为自己制定短期理财目标，如旅游、在职进修等。有效控制消费，采用"收入—储蓄—保险预算＝生活支出预算"的方式，先储蓄，后消费。必须关注自己使用信用卡的情况，尽可能不要留下卡债。

 目标客户

一、客户基本情况

张小墨为某大学投资理财专业应届毕业生。受国际疫情影响，今年就业形势严峻，但其凭借出色的专业技能和知识储备顺利在某金融公司找到一份金融产品销售工作，月收入税后 6 000 元。今年年终奖税后 3 000 元，其中 2 500 元用于孝敬老人。张小墨的父母在他小时候就离异了，他一直跟着母亲生活。母亲处于失业状态，每月可领取 500 元退休金，可领两年。两年后母亲满退休年龄，可领取每月 1 200 元退休金。由于母亲患有慢性疾病，每月医疗费合计 500 元。在父母离异后，父亲每个月给张小墨一定的生活补贴，近年来保持 800 元/月直到他大学毕业。张小墨将这笔钱存了起来，大约有 4 万元了。

二、客户财务状况

此外，家庭定期存款有 10 万元，活期及现金有 1 万元。母亲投入股市的资金有 10 万元，但由于股票投资经验不足目前市值已减半。至于基金和债券等其他投资方式，张小墨暂未参与。现在居住的房屋地段不错，虽然是房龄 18 年的小户型老房子，但单价可以达到每平方米 2 万元，价值 102 万元。目前家庭总资产合计 122 万元。张小墨家庭每月收支状态和年度收支状态详见表 2-1 和表 2-2。

表 2-1　　　　　　　　　　家庭每月收支状态　　　　　　　　　　单位：元

收入		支出	
本人月收入（税后）	6 000	房屋月供	0
配偶收入	0	伙食费	1 500
其他收入	500	其他生活开销	3 000
		医疗费	500
合计	6 500	合计	5 000
每月结余（收入—支出）			1 500

表 2 – 2 家庭年度收支状态 单位：元

收入		支出	
年终奖金（税后）	3 000	保费支出	0
其他收入	0	其他支出（孝顺父母、旅游支出等）	2 500
合计	3 000	合计	2 500
年度结余（收入－支出）		500	

三、理财目标

张小墨现在才 24 岁，他希望能够合理消费及储蓄，积累自己的资产，也为结婚打下基础。

 任务清单

1. 收集信息并制定理财目标；
2. 家庭财务状况分析及风险属性测评；
3. 制定现金消费规划。

 理财测一测

你了解你的理财能力吗？请扫描二维码查看测试。

◀ 任务 1 理财职业道德 ▶

 示范案例

新手理财规划师小王正在为周先生进行理财规划服务。

周先生是一家 IT 企业的技术骨干，今年 27 岁，拥有 11 万元银行存款，股票 2 万元，月收入 9 000 元，现在每个月开支在 5 000 元左右。周先生的理财目标有：一年后参加在职硕士课程，预算 2 万元；两年后买一部价值 10 万元的车；三年后买一套价值 180

万元的房子，到时采用七成30年按揭供房；每年给父母赡养费5 000元；每年自助旅游一次，费用5 000元。

小王平时热衷于研究股票和股票型基金，平时的投资收益率也较为可观。最近，小王非常看好一只股票型基金，迫于业绩的压力，小王在为周先生进行投资规划时推荐了该基金，尽管这只基金的风险性超出周先生的风险承受范围。同时，为了吸引周先生，在推荐过程中，小王隐瞒了该投资基金的风险，夸大了其收益。最终市场行情看涨，该股票型基金获得了超额收益。小王对自己的做法及眼光感到自豪。此外，为了照顾在保险公司任职的老乡的业绩，在周先生自身保险规划较为完善的情况下，小王依然为周先生制定了保障项目有所重复的保险规划。

你认同新手理财规划师小王的做法吗？

案例要求：

1. 认识个人理财规划；

2. 遵守理财规划职业道德；

3. 建立客户关系；

4. 确定所需收集的信息。

技能目标

能正确认识个人理财规划的概念、原则，能遵守理财职业道德。能够判断不同客户所需收集的信息，对非财务信息及财务信息进行分析归纳，做好客户单身期职业规划。

理财故事

中国的财富管理未来可期

随着中国经济发展质量不断提升，居民财富管理需求迅猛增长。得益于40多年经济快速发展的时代机遇，中国已形成规模达万亿元人民币的巨大财富管理市场。

高净值人群数量及可投资规模持续上涨。根据招商银行发布的《2021中国私人财富报告》（以下简称《报告》）显示，2020年，中国高净值人群（个人可投资资产1 000万元人民币以上）数量达到262万人，2018—2020年均复合增长率为15%；《报告》预计到2021年底，中国高净值人群数量将达约296万人。从财富规模看，2020年中国高净值人群的可投资资产规模达到84万亿元人民币，年均复合增速达到17%。高净值人群人均持有可投资资产约3 209万元人民币。《报告》预计到2021年底，高净值人群持有的可投资资产规模将达约96万亿元。

中国的高净值人群数量与资产规模正处于快速发展阶段，理财需求日益凸显。随着高净值人群金融理财意识提高，风格趋于稳健，风险防备意识提高，投资渠道多样化需求强烈，财富管理行业的发展前景向好。

居民可投资资产增长迅猛。《报告》显示，2020年，中国个人持有的可投资资产总体规模达 241 万亿元人民币，2018—2020 年均复合增长率为 13%。其中，资本市场产品规模增速显著，2018—2020 年均复合增长率攀升至 27%。《报告》预计到 2021 年底，可投资资产总规模将达 268 万亿元人民币。从这个意义看，伴随着中国经济逐步企稳，国内私人财富整体规模的增长仍将延续，但增速将延续阶段性放缓的趋势。

预计在克服经济周期波动之后，2019—2024 年复合增速约在 11% 左右，到 2024 年个人可投资金融资产有望达到 270 万亿元人民币左右。这也将为理财规划师的职业前景带来更大机遇。

资料来源：http://www.imi.ruc.edu.cn/cbw/yjbg/c1ca9d07e53e489ba6c3cfae04645b4c.html

步骤一　遵守理财规划职业道德准则

理财规划师不但要具备常规的基础知识和工作经验，遵守实务操作守则，还应遵守职业道德准则。一般来说，职业道德准则包括两部分：一般原则和具体规范。

一、一般原则

一般原则包括：正直诚信原则、客观公正原则、勤勉谨慎原则、专业尽责原则、严守秘密原则、团队合作原则。这些原则体现了理财规划师对公众、客户、同行以及雇主的责任。

二、具体规范

具体规范是一般原则的具体化，包括以下几条：

（一）正直诚信原则及相关具体规范

理财规划师应当以正直和诚实信用的精神提供理财规划专业服务。因此，理财规划师职业操守的核心原则就是个人诚信。

"正直诚信"要求理财规划师诚实不欺，不能为个人的利益而损害委托人的利益。如果理财规划师并非由于主观故意而导致错误，或者与客户存在意见分歧，且该分歧并不违反法律，则并不违背正直诚信的职业道德准则。

（二）客观公正原则及相关具体规范

理财规划师在为客户提供专业服务时，应秉承客观公正的原则。所谓"客观"，是指理财规划师以自己的专业知识进行判断，坚持客观性，不带感情色彩。所谓"公正"，是指理财规划师在执业过程中应对客户、委托人、合伙人或所在机构持公正合理的态度，对于执业过程中发生的或可能发生的利益冲突应随时向有关各方进行披露。

（三）勤勉谨慎原则及相关具体规范

理财规划师在执业过程中，应恪尽职守，勤勉谨慎，全心全意为客户提供专业服务。勤勉谨慎原则，要求理财规划师在提供专业服务时，工作及时、彻底、不拖拖拉拉，在理财规划业务中保持谨慎的工作态度。

（四）专业尽责原则及相关具体规范

理财规划是一个需要较高专业背景及资深经验的职业。一名合格尽责的理财规划师，必须具备资深的专业素养，每年保证一定时间的继续教育，及时储备知识，以保持最佳的知识结构。

（五）严守秘密原则及相关具体规范

理财规划师不得泄露在执业过程中知悉的客户信息，除非获得客户明确同意，或在适当的司法程序中，理财规划师被司法机关要求提供所知悉的相关信息。这里的信息主要是指客户的个人隐私和商业秘密。

（六）团队合作原则及相关具体规范

理财规划业务涉及客户的现金规划、消费支出规划、保险规划、教育规划、投资规划、税收规划、退休养老规划及财产分配与传承规划，贯穿个人与家庭的一生，因此，理财规划业务是一个系统的过程。对理财规划师来说，他们所掌握的知识、经验有限，必须与各个领域的专业人士进行团队合作，这样才能为客户制定最佳的理财规划方案，实现最终的理财规划目标。

技能加血 ▶▶

CHFP 理财规划师

CHFP 理财规划师是指运用理财规划的原理、方法和工具，为个人客户提供理财规划服务的专业人员。

一、认证等级和考试科目

（一）共设三个等级：

CHFP 初级理财规划师（三级）、CHFP 中级理财规划师（二级）、CHFP 高级理财规划师（一级）。

（二）考试科目：

三级一科：《理财规划基础与家庭财务规划》

二级三科：《理财规划基础与家庭财务规划》《风险管理与保险规划》《投资规划》

一级四科：《理财规划基础与家庭财务规划》《风险管理与保险规划》《投资规划》《家族财富管理》

二、认证要求

（一）同时符合下列相应条件的，可报考 CHFP 初级理财规划师（三级）认证考试：

1. 具有完全民事行为能力；

2. 具有高中或国家承认相当于高中以上文化程度；

3. 获得 CHFP 理财规划师专业委员会授权培训机构颁发的有效《CHFP 理财规划师培训合格证书》（拥有经济学、管理学、法学博士学位的，可免此项）。

（二）同时符合下列相应条件的，可报考CHFP中级理财规划师（二级）认证考试：

1. 具有完全民事行为能力；

2. 具有专科或国家承认相当于专科以上文化程度；

3. 获得CHFP理财规划师专业委员会授权培训机构颁发的有效《CHFP理财规划师培训合格证书》（拥有经济学、管理学、法学博士学位的，可免此项）。

（三）同时符合下列相应条件的，可报考CHFP高级理财规划师（一级）认证考试：

1. 具有完全民事行为能力；

2. 具有本科或国家承认相当于专科以上文化程度；

3. 获得CHFP理财规划师专业委员会授权培训机构颁发的有效《CHFP理财规划师培训合格证书》（拥有经济学、管理学、法学博士学位的，可免此项）。

三、考核标准

CHFP理财规划师一级和二级认证考核分为理论知识、专业能力和综合评审考试。理论知识、专业能力和综合评审考试都采用上机考试方式，均实行百分制，成绩皆达到60分及以上者为合格。

CHFP理财规划师三级认证考核分为理论知识和专业能力考试，都采用上机考试方式，均实行百分制，成绩皆达到60分及以上者为合格。

考试时间：理论知识考试时间90分钟，专业能力考试时间120分钟，综合评审考试时间不少于90分钟。

报考网站：http://www.chfp.org。

步骤二：建立客户关系

建立客户关系的方式多种多样，包括电话交谈、互联网沟通、书面交流和面对面会谈等。其中与潜在客户进行面对面会谈是理财规划师建立客户关系最重要、最常用的方式，也是理财规划师建立客户关系的重要组成部分。

在初次面谈之前，理财规划师应该做好面谈准备，包括时间和地点的安排、会谈内容的安排、辅助资料的准备。

一、安排时间和地点

确定会谈时间和地点是与客户会谈的重要一步。确定的时间不清楚，可能影响理财规划师的专业形象；确定的地点不适当，可能影响与客户会谈的效果。

（一）确定会谈日期

在确定会谈日期时，要简单明确，避免产生误会。在使用"星期"类的措辞时，要同时告诉客户具体的日期。例如，理财规划师可以这样告诉客户会谈的时间：2022年5月10日星期二上午10点整。

（二）选择适当的会谈地点

一般来说，理财规划师应该将会谈地点定在理财规划师所在机构。主要原因在于，理财规划师所在机构是向客户提供理财服务的"卖方"，客户是否会选择购买理财规划师的服务，很大程度上取决于客户是否对理财规划师所在机构有足够的信心和信任。如果客户在会谈中提到需要了解的其他问题，理财规划师可以较容易地为客户出示更为详尽的相关资料。

在确定会谈地点后，还应该根据客户拟前来会谈的人数具体确定会谈场所。一般为封闭式的会议室，可以免受外界干扰，保障客户隐私。

（三）预测会谈的持续时间

在会谈之前，理财规划师应对会谈可能持续的时间（包括谈话和可能请客户填写各类表格的时间）进行预测，并将情况告知客户，以便客户合理安排其他事务，保证谈话的顺利进行。初次交流，时间不宜过长，应该控制在1小时之内。

（四）确定到达会谈地点的时间

理财规划师在会谈前应处理好自己的其他事务，并确保做好会谈的相应事务安排，保证会谈时不会被打断；同时，应该提前5~10分钟到达会谈地点，绝对不能在初次会面时迟到。

二、安排会谈内容

（一）拟订初步会谈提纲

在与客户会谈之前，理财规划师应尽量拟订书面提纲，确定和预测谈话内容，并确定将要谈到和可能谈到的问题的先后顺序。唯有如此，才可以在谈话过程中处于主动地位，不偏离主题，从而提高谈话的质量，取得理想的效果。

具体来说，理财规划师应在以下方面拟订初步会谈提纲，并据此确定会谈的步骤和程序：

（1）向客户介绍所在机构及本人所具有的资格、资历；

（2）向客户介绍所在机构的业务范围和业务规模；

（3）询问客户的具体情况和意向；

（4）询问客户是否清楚自身的财务状况，是否具有财务决定权；

（5）询问客户是否愿意接受收费的理财服务。

（二）介绍服务内容

客户寻求专业理财服务的目的是希望理财规划师帮助其制定合适的理财方案，然后自己按照专业建议去实施该理财方案。

理财规划师有义务向客户解释有关基本知识和背景，以帮助其了解理财规划的作用和风险，避免客户对理财规划产生一些不切实际的期望和目标。理财规划师还应该根据客户的需要解释其他一些事项。

具体来说，理财规划师在初次与客户会谈时，应主要向客户介绍如下内容：

1. 理财规划业务针对的对象

一般来说，理财规划业务主要是针对个人与家庭的财务规划。

2. 理财规划业务的目标

个人理财的目标是使个人与家庭财务状况更加合理，体现的是稳定优先。所以，理财规划师应向客户说明，理财规划业务主要是使个人与家庭的财务状况更加合理，在此基础上帮助客户设计适当的方案以实现财富的稳定增长。只有客户清楚了解理财规划的目的，才能对理财规划业务产生合理的期望，从而有助于理财规划师与客户在建立服务关系后的合作。

3. 理财规划师在理财规划过程中的地位和角色

理财规划师应该向客户解释自己在整个理财规划中的角色和作用。理财规划师应该在严格遵守道德和专业操作规范的基础上，为客户提供可操作的综合理财规划方案以满足客户的所有财务需求。

4. 理财规划业务的基本步骤和程序

通过向客户介绍理财规划业务的流程，客户可以对理财规划业务的操作程序有一个总体了解。项目一中已介绍相关内容，此处不再赘述。

5. 理财规划的费用和计算

理财规划师应该主动向客户解释服务的收费标准和分类。通常，理财规划师可以根据自己提供的咨询服务收取服务费，或者通过帮助客户买卖金融产品而获得佣金。这两种收费方式对客户利益有不同影响，一定要充分与客户就这个问题进行沟通和交流，并获得客户的认可和支持。

6. 理财规划师的工作团队

理财规划师应向客户说明理财规划中所涉及的准备文件的联系人、计划的实施管理人以及相关财务人员（会计师、律师和保险经纪人等）的作用。这样，客户可以在进行理财规划的同时和有关人士保持联系，保证信息的传递畅通，同时为计划的实施做准备。

7. 理财规划的后续服务以及评估

理财规划师应该向客户指出，自己和公司都将在客户实施理财规划计划的过程中对这个计划进行评估。一方面，这样可以检查理财规划的合理性，为以后制定理财规划积累经验；另一方面，如果客户的财务状况发生了改变，可以对原先的规划进行调整和改进，提高服务质量。

三、准备辅助资料

（一）准备会谈所需的介绍性资料

介绍性资料主要包括：所在机构的宣传和介绍材料、所在机构的营业执照副本复印件、所在机构从事理财业务的许可文件或证件、理财规划师个人职业资格文件和相应标识，以及理财方案样本等。

这些文件有助于客户加深对理财规划师所在机构及理财规划师本人的了解，为建立客户关系奠定基础。

（二）通知客户需要携带的个人资料

个人资料主要是和理财规划有关的财务资料，如股票或债券相关凭证、保险单、纳税凭证等。为防止丢失，理财规划师应提醒客户携带复印件，不要带原件。

（三）准备好记录所需的相关文具

理财规划师在与客户会谈过程中进行记录或者在事后进行总结十分重要，可以保证理财规划师在分析资料、制定和评估理财方案时有据可依，同时也体现出理财规划师的专业化形象。所以，在会谈前，理财规划师应准备好相关文具，以备记录使用。

四、深入沟通

在初步达成共识后，就可以结束与客户的初次面谈了。接下来就是与客户的进一步沟通，深入强化与客户之间的关系。

（一）再次确认有关信息

这时，理财规划师应该对客户的咨询目的、理财目标、基本信息和投资偏好有一个大致了解，并在结束之前，将会面的内容口头总结一遍，或是向客户再次确认有关信息，以避免产生误解。

（二）约定下次见面的时间

一般情况下，理财规划师很难通过一次面谈就与客户建立服务关系，客户还需要进一步接触和沟通以确定自己的需要，以及理财规划师是否能提供满意的服务。

对于理财规划师而言，第一次面谈就向客户提出全面收集信息的要求可能使客户不太愉快，这项工作应该循序渐进且有效率地进行。一个可行的方法是在初次会谈结束时与客户沟通约定下次见面的时间，并提出进一步收集信息的要求。

（三）视客户情况而定

如果客户犹豫不决或吞吞吐吐，则可初步判断客户没有与自己建立服务关系的愿望。此时理财规划师不可以勉强对方，应尽快结束，以免浪费双方的时间。

如果客户决定请理财规划师为其提供理财规划服务，则可以让客户填写财务建议要求书。同时，还可以交给客户一些初步的数据表格，例如基本财务状况等，让客户回去后自行填写后交回，这样可以节约收集信息的时间。

步骤三：收集客户信息

理财规划师为客户制定的理财方案是否适合客户的实际情况，关键取决于理财规划师是否对客户个人财务信息、与理财有关的个人非财务信息和客户的期望目标等有充分了解。

一、收集客户个人非财务信息

个人非财务信息主要是指与理财规划有关的个人基本情况。通过这些信息，理财规划师可以从侧面了解客户的财务现状以及客户未来财务状况变化的可能性和变化程度。因此，不可忽视对此类信息的分析归纳。表 2-3 为客户个人信息调查表。

表 2-3　　　　　　　　　　　客户个人信息调查表

项目	本人	配偶	其他成员
姓名			
性别			
出生日期			
出生地点			
参加工作时间			
职业			
职称			
工作单位			
工作安全程度			
退休日期			
婚姻情况（已、未、离、再）			
健康状况			
家族病史			
家庭住址			
单位地址			
单位电话			
家庭电话			
移动电话			
电子邮件			

客户个人非财务信息主要包括以下几个方面。

（一）姓名和性别

客户的姓名和性别是客户信息中的"基本信息"，所以任何理财规划师收集客户信息时都会要求客户提供这些信息。

其中，客户的性别资料对理财规划师判断客户所适用的人寿保险种类、社会保障和收入情况有很大的帮助。因为不同性别的客户退休年龄是不同的，所以客户收入变动情况、所需要购买的保险和社会保障状况等也都不同，这在中国尤其明显。

（二）职业和职称

客户的职业和职称信息可以帮助理财规划师了解客户的社会地位，也从侧面反映了客户的收入水平和收入稳定程度。

一般而言，如果客户从事比较稳定的职业，则收入也比较稳定；如果客户具有一定的职称，则收入可能相对较高，而且一旦工作变动，短期内找到新工作的可能性比较大。所以，通过客户的职业和职称信息，理财规划师可以判断客户的收入水平、收入稳定程度和未来收入增长情况，从而为客户设计具有重要参考意义的消费支出规划。

（三）工作的安全程度

一般而言，不同的员工工作的安全程度不同。如果客户的工作危险程度比较高，如从事建筑工作的客户，即使其工作不容易造成死亡，也容易导致其受伤，理财规划师应重点关注客户的保险规划，建议客户在社会保障和劳动用工单位提供的保障之外，适当增加保险购买量。

（四）出生日期和地点

出生日期主要是衡量客户的年龄，而年龄信息对于判断客户未来收入的变化以及风险承受能力等情况，从而形成合理的理财目标，制定健全的社会保障计划和设计保险计划有重要意义。

（五）健康状况

健康状况方面的信息一般需要包括客户本人、配偶、子女（主要是财务尚未独立的子女）和家庭中需要客户给予财务支持的其他人的健康状况，因为这些人的健康状况信息对于理财规划师为客户制定保险和现金规划具有重要影响。

例如：客户家庭中有经常生病的成员，则现金或现金等价物等流动性强的资产配置比例就应高于一般家庭。

（六）子女信息

子女信息主要包括子女的数量、年龄、受教育程度、健康状况和婚姻状况等，这些信息都会对客户的财务安排带来影响。

一般而言，子女的数量多且年龄小，则教育规划在客户的理财规划中就相对重要；如果子女的健康状况较差，那么就需要突出保险规划；如果子女已经成年，有稳定的工作且收入较高，则客户不仅没有财务负担，在急需钱时还会得到子女的支持；如果子女尚未结婚，则客户可能要考虑子女结婚时要有一笔大的支出，尤其是在中国，理财规划师在为客户制定理财规划时，必须考虑这个问题。

（七）婚姻状况

婚姻状况信息一般包括未婚、已婚、离异或再婚四种情况。了解婚姻状况信息的意义在于，它会影响客户的收入水平、收入变动情况和财务负担等。理财规划师需根据不同的婚姻状况确定客户的现金准备、收入支出比例和理财目标。

例如：对于有孩子而离异的客户，如果子女的归属和抚养义务由其承担，客户的财务状况无疑会受到一定的影响，理财规划师在设计理财方案时应考虑这一因素；而对于未婚青年来说，其理财目标之一就可能包括建立家庭，并为此置备房产和家居设备等。

二、收集客户个人财务信息

既然是制定理财规划，客户的个人财务信息自然是最为重要的信息。理财规划师应从收支情况、资产负债情况、社会保障信息、养老基金安排、风险管理信息以及遗产管理信息等方面全面了解客户的具体情况，在对其认真分析的基础上制定有针对性的理财规划。

（一）收支情况

客户的收入水平与支出情况是理财规划师需要了解的重要财务数据，也是编制客户现金流量表的基础，更是分析客户财务状况的依据。

一般而言，客户的收入主要由经常性收入和非经常性收入构成，又可被分为工资收入、投资收益和退休金收入三部分。相对而言，工资收入比较稳定，而投资收益具有一定的波动性。大多数国家都在不同程度上对这些项目的收入征税。显然，收入的高低和变动幅度的大小将影响客户风险承受能力。表 2-4 为收入情况调查表的样表。

表 2-4　　收入情况调查表（样表）

目前年收入	本人	配偶
应税收入		
1. 工资、薪金所得		
1.1 工资、薪金		
1.2 奖金、年终加薪、劳动分红		
1.3 津贴、补贴		
1.4 退休金		
2. 利息、股息、红利所得		
2.1 利息收入		
2.2 股息、红利所得		
3. 劳务报酬所得		
4. 稿酬所得		
5. 财产转让所得		
5.1 土地、房屋转让利得		
5.2 有价证券转让利得		
6. 财产租赁所得		
6.1 不动产租赁收入（房租收入）		
6.2 动产租赁收入		
7. 个人从事个体工商业生产经营取得		
8. 对企事业单位的承包、承租经营所得		
9. 特许权使用费所得		

续前表

目前年收入	本人	配偶
9.1 专利权使用费收入		
9.2 商标权使用费收入		
9.3 著作权使用费收入		
9.4 专利技术使用费收入		
10. 偶然所得		
应税收入小计		
免税收入		
免税收入小计		
收入总计		

　　客户支出主要分为经常性支出和非经常性支出。如客户的住房按揭贷款清偿就是经常性支出，而客户为起诉某一侵权人而支付的律师代理费、去某地旅游而支付的旅游费用就是非经常性支出。但是，如果客户重视法律问题，聘请常年法律顾问，或者客户是旅游爱好者，每年都有出游的计划，则这些法律服务费和旅游费用就是经常性支出。所以，经常性支出和非经常性支出没有严格界限，应根据客户的具体情况进行区分。表2-5为支出情况调查表的样表。

表2-5　　　　　　　　　　　　　支出情况调查表（样表）

生活开支类型	本人	配偶	其他成员	总计
住宿费用				
汽车费用				
个人费用				
教育费用				
生活费用				
医疗费用				
娱乐费用				
交通费用				
家具费用				
法律服务				
税额				
偿还贷款支出				
养老金支出				
保险金支出				
储蓄/投资				
其他				
支出总计				
盈余/赤字				

除此之外，未来开支的变化也是理财规划师制定理财规划不可忽视的部分，应指导客户根据通货膨胀率和其他因素来合理估计未来开支的增长，使理财规划更有指导意义。

（二）资产负债情况

客户的资产负债情况是理财规划师衡量客户财务状况的重要指标，因此在理财规划业务中，理财规划师必须清楚地了解客户在这方面的真实现状，并且掌握资产与负债未来可能发生的变化。

在财务分析中，客户资产通常分为现金和现金等价物、其他金融资产和其他个人资产三类。但在客户信息收集阶段，为方便客户理解，理财规划师可按资产性质将客户资产初步分为实物资产和金融资产两大类。表2-6、表2-7分别为个人实物资产和金融资产调查表。一般情况下，实物资产价值不菲，占据客户财产的很大一部分，无疑对理财规划师确定理财目标、制定理财规划有很大影响。通过对金融资产数量、种类的了解，理财规划师也可对客户的理财观念及偏好做出初步分析，这有助于制定出有针对性的并令客户满意的理财规划。

表2-6　　　　　　　　　　　个人资产——实物资产调查表（样表）

资产类型	资产原值	资产现值	资产负债	资产/负债	税率规定
住房					
汽车					
家居财物					
艺术品					
收藏品					
娱乐设备					
其他实物资产					
总计					
净值					

表2-7　　　　　　　　　　　个人资产——金融资产调查表（样表）

项目	所有人	初始投资日期	初始投资金额	目前持有数额	投资市值	年收益	到期日	参考编号	是否杠杆融资	税率
银行存款										
定期存款										
活期存款										
本币委托理财										
外币委托理财										
金融投资										
国债										
企业债券										
股票										

续前表

项目	所有人	初始投资日期	初始投资金额	目前持有数额	投资市值	年收益	到期日	参考编号	是否杠杆融资	税率
基金										
信托										
期货										
期权										
人寿保险投资										
股权投资										
其他										
合计										

　　客户个人负债主要指贷款，分为信用卡透支、住房抵押贷款、汽车抵押贷款、个人创业贷款和教育贷款等。除了贷款以外，分期付款购买也属于个人负债，因为客户负有未来的支付义务。和个人贷款不同，分期付款购买的债权人是商品的出售方，个人贷款的债权人通常是金融机构。表2-8为客户个人债务情况调查表的样表。

表2-8　　　　　　　　　　客户个人债务情况调查表（样表）

项目	债务人	原债务总额	现负债总额	偿还情况		年利率（%）	税率（%）
				偿还频率	偿还方式		
个人创业贷款							
住房抵押贷款							
汽车抵押贷款							
教育贷款							
信用卡透支							
分期付款							
其他负债							
合计							

（三）社会保障信息

　　社会保障信息主要包括政府举办的养老社会保险计划和企业举办的补充养老保险计划。政府举办的社会保障计划包括养老保险、失业保险、基本医疗保险、工伤保险、生育保险和社会救济、社会福利计划。而企业举办的补充养老保险计划，主要指企业年金。表2-9和表2-10分别为养老保险状况调查表和企业年金调查表的样表。

表 2 – 9 养老保险状况调查表（样表）

内容	本人	配偶
开始支付时间		
当前年支出金额		
以往金额总额		
将来年支出金额		
退休后可获得金额		

表 2 – 10 企业年金调查表（样表）

内容	本人	配偶
持有人		
年支出金额		
参加日期		
以前年度支出金额		
未来年度支出金额		
收益		
现值		
未来可享受金额		

客户的养老保障还可以从另外一个角度区分，即养老保障支出和收入两部分。如果客户已经退休，则每月获得一定的退休金收入或年金收入，同时不再有社会保障或年金支出。如果是尚未退休的客户，理财规划师就应当明确以下一些信息：

（1）客户退休后根据养老社会保险计划可以获得的退休金金额；
（2）客户根据企业年金计划可以享受的养老金金额；
（3）客户目前每年因养老社会保险计划而支出的金额；
（4）客户开始支付养老社会保险费的时间；
（5）客户以往每年支出的养老社会保险费金额；
（6）客户将来每年可能用于养老社会保险的支出金额；
（7）客户目前每年因企业年金计划而支出的金额；
（8）客户以往每年用于企业年金计划的支出金额；
（9）客户将来每年因企业年金计划可能需支出的金额。

（四）养老基金安排

如果客户希望保证退休后的生活质量，则需要另做财务上的安排。基于这一需要，许多国家的保险公司或基金管理机构为居民提供了各种养老基金的安排。居民如果购买养老保险或投资养老基金，就可以在退休后每月或每年有一定的收入。这一类养老安排的数额可以由客户根据自己的需要和财务状况购买。有些养老基金安排类似于投资，购买者每年可以获得一定的利息，并且可以在某种程度上享受税收优惠，所以受到欢迎。

投资于养老基金安排的客户退休后生活会更有保障，承受风险的能力增强，理财规划师在制定理财规划时可安排更多资金支出在其他方面。表2-11为养老基金安排调查表的样表。

表2-11　　　　　　　　　　　养老基金安排调查表（样表）

内容	本人		配偶	
	个人退休投资	公司退休投资	个人退休投资	公司退休投资
项目名称				
面值总额				
现值总额				
成员				
公司				
基金名称				
基金种类				
收益初始日期				
保险种类				
投资种类				
保险数额				
死亡赔偿				
伤残赔偿				
收入保障				
公司承担金额				
个人承担金额				
支付方式				
每年收益（年金支付）				

（五）风险管理信息

客户风险管理信息主要是指客户保险保障的情况。此处所称"风险"主要是指可保风险，如客户的资产损失、伤残或疾病等造成的收入减少和支付增加等。例如客户的房屋在地震中会出现两种情况：一是倒塌，客户蒙受损失；二是完好无损，客户没有损失。

风险管理主要就是针对这一类风险而采取的一定程度的安全保障措施。这些风险属于可保风险，因此可通过购买保险予以防范或转移。它不同于投资风险。一般来说，投资风险又称投机风险，它可能带来投机收益，也可能带来投机损失。

理财规划师通过让客户填写风险管理信息，并核对客户所填写的财产数据调查表和客户个人非财产信息，查明客户的财产是否已经有充分的保险覆盖，或虽无保险覆盖但其财产有其他保障措施且风险已经得到了控制或转移；或者根据客户的个人情况，衡量客户所购买的保险是否充分，是否有需要改进之处；或者根据客户的职业特点，判断客户是否有职业责任等风险暴露却尚未得到有效覆盖。通过核对这些问题，理财规划师才有可能为客户制定正确的保险计划。

（六）遗产管理信息

随着中国开征遗产税的脚步声越来越近，财产的存在形式越来越复杂，而财产委托管理的观念逐渐形成，遗产规划逐渐引起人们的重视。所以，理财规划师应对遗产管理给予充分关注。遗产管理信息主要包括：

（1）客户是否拟订了遗嘱；

（2）客户最后一次修改遗嘱的时间；

（3）客户是否愿意使用遗嘱信托；

（4）客户对遗嘱执行人长期管理遗产的能力是否有信心；

（5）在遗嘱中客户是否指明了遗产的受益人；

（6）客户是否对身后费用做了预先安排；

（7）客户是否清楚遗嘱执行人的职责和义务；

（8）目前何人持有客户的遗产委任书；

（9）客户目前对遗产的分配安排有无疑问或要求；

（10）遗嘱中有无涉及家族或商业行为的条款。

三、信息收集沟通技巧

通常，客户比较信任形象较为职业化的理财规划师，因为职业化的形象常常代表着丰富的专业经验和严格的职业操守。在会面的前几分钟，客户会对理财规划师的形象有一个整体判断。会面地点、环境和理财规划师的衣着、语言和行为都会影响其形象。如果理财规划师的言行举止表现得轻率和漫不经心，客户很容易怀疑其工作能力和职业操守。

因此，理财规划师要十分注意这方面的细节，根据不同客户的偏好来安排会面和谈话，创造轻松的谈话氛围。谈话应该具有逻辑性，并努力树立自身职业化的形象，以提高双方合作的可能性。

（一）确定谈话内容的顺序和步骤

1. 切忌"单刀直入"式的谈话方式

有的理财规划师认为，客户既然来咨询，谈话的内容就应该都是非常正式的，于是一开始就向客户介绍宏观经济环境、理财规划技术等知识或是询问客户的理财目标。这种做法并不明智，可能使一些敏感的客户感觉比较唐突并有压迫感，甚至感觉受到了侵犯，不利于双方的进一步沟通。

2. 创造轻松的谈话氛围

许多客户在第一次咨询时，对未来的理财目标和自身的财务状况都不了解，有的甚至不清楚什么是理财规划，所以在与理财规划师会面时，他们常常会谨慎和紧张。这时，理财规划师可以先提出轻松的话题，与客户讨论，给客户较多发表意见的机会。不要过多地使用专业化的语言，不要过多地讨论专业问题，可以先从客户感兴趣或者关心的问题展开，例如可以谈论客户的家庭、工作、子女等，也可以询问客户的投资经历。虽然这些问题与理财规划没有直接联系，却可以放松客户紧张的情绪，同时使客户形成对理财规划师的认同感，感觉到理财规划师真正关心的是自己本身，而不是仅关注其财务和投资状况。

3. 适时转入正题

当客户进入谈话状态之后，理财规划师应该立即将谈话的重点转移到与理财规划有关的问题上来。要尽量控制双方的谈话内容，确保不要偏离会谈的主题，尽量在预定的时间内获得尽可能多的信息。

4. 简单概括

在会谈过程中，理财规划师的谈话应该具有逻辑性，最好在转入正题时，将需要讨论的内容向客户进行简单介绍，以保证客户能够有一定的时间进行思考。

（二）语言沟通的技巧

在与客户沟通过程中，理财规划师应该注意以下几点：

1. 重复提问时改变问题的语言结构

如果客户对问题的回答十分含糊，以至于容易引起误解，那么理财规划师就应该在适当的时候重复问题。但是，有些客户对重复的问题可能会反感，这时可以改变提问的方式，如改变问题的语言结构。

 同步案例

> 询问客户对投资的风险偏好程度可以有两种提问方法。
>
> 方法一："××公司的股票有着较高的升值潜力，但目前价格波动较大，您是否愿意在投资组合中选择该公司的股票？"
>
> 方法二："您选择股票的标准是什么？您在以往的股票投资中选择过成长型但风险较大的股票吗？"

2. 注意有效引导客户的谈话议题

有些客户习惯于按自己的思维表达意见，常常口若悬河，不着边际。对于这样的客户，理财规划师可以提醒客户注意放慢说话的速度，集中谈话的议题，以免浪费时间。但不可否认的是，这样的"提醒"往往会让客户感到不太礼貌或受到侵犯。因此，学会有效地引导客户的谈话议题对于理财规划师而言也是一项重要的技巧。

3. 不打断客户的思考和表达过程

理财规划师可以用录音工具将整个会谈记录下来，以便事后进行整理，但同时也应该在事先准备好的信息收集表上做一定的记录。录音一般要经过客户的同意。有的客户在回答问题的过程中思维的跳跃性很强，因此理财规划师应该对信息收集表的内容和结构十分熟悉，能够很快找到相应的栏目并做记录，这样才可以在收集信息的同时不打断客户的思考和表达过程。

4. 中等语速，吐字清晰

理财规划师应当用中等的语速与客户交谈，吐字要清晰，否则可能引起误解。此外，理财规划师的说话态度要尽量友善，切不可对客户大声喊叫，否则会彻底损害理财规划师和公司的形象。

5. 做一个积极的倾听者

在面谈过程中，理财规划师要做一个积极的倾听者。仅仅是向客户提问合作信息并记录在理财规划咨询中是远远不够的。理财规划师除了仔细倾听客户的回答外，还应该在适当的时候对客户的回答进行总结和评论。恰到好处的总结和评论，能使客户感到理财规划师确实是在认真地收集有关信息，对客户及其时间给予了足够的尊重。

（三）非语言沟通的技巧

除了语言沟通技巧以外，理财规划师和客户之间的非语言沟通也是非常重要的。

非语言沟通是指面对客户时理财规划师除了语言以外的表现，即身体语言，包括理财规划师的眼神、面部表情、身体姿势、手势等。身体语言在理财规划师与客户的沟通中占有很重要的地位，一半以上的信息是通过这种方式传递给客户的。良好的说话习惯和姿势可以帮助理财规划师获得更多的信息。反之，一些随意的动作很可能引起客户的反感，从而丧失合作机会。在面对客户时要注意以下几点：

1. 衣着整洁大方

一般来说，男性理财规划师应穿西装，并佩戴合适的领带；女性理财规划师穿着应当庄重，可以穿裙子，但不宜穿超短裙，衣服领口不宜开得太低。

2. 与客户保持适当的距离

初次与客户会谈时，双方并不熟悉，所以不要坐得太近。除了出于研究专门问题的需要外，最好与客户面对面而坐。

3. 表情放松，保持微笑

交谈过程中要表情放松，无论是否同意客户的观点，尽量保持微笑。当客户提到不愉快的经历时，要表示理解和同情。

4. 眼睛注视客户

交谈时眼睛要注视着客户，切不可东张西望。交谈时眼睛注视客户表示在专心倾听，体现的是对客户的尊重。左顾右盼和低头看其他东西会给客户留下不专心的印象，无形中增加了双方沟通的难度。

5. 保持正确的坐姿

保持直立的坐姿，这能够使客户感到理财规划师的专业形象。相反，如果理财规划师随意斜靠在沙发上或跷着二郎腿，客户会对理财规划师的专业性产生怀疑，甚至对理财规划师失去信心。

6. 动作适宜

理财规划师在表达自己的意见时，可以适当地使用手势，但不可幅度太大，更不要做出奇怪动作，要避免弹指、挖鼻孔或掏耳朵等一些不礼貌的动作。

7. 在会谈过程中不要有过多的多余动作

有人认为，理财规划师在与客户会谈过程中，绝不能有耸肩行为，这对客户是相当不礼貌的。其实这并不是绝对的，例如在会谈过程中谈到一个比较幽默的故事时，理财规划师适当耸肩也并无不可，但要面带微笑。这样不仅可缓解一直正襟危坐产生的紧张感，还可使客户产生一定的亲切感。当然，理财规划师不能做出过多的耸肩动作，耸肩的动作幅度也不要太大。

（四）语言运用的专业化

理财规划师作为提供金融服务的专业人员，在与客户交谈时应使用专业化的语言。在提供建议时对投资报酬率等财务指标不应该给出过于明确的承诺，避免承担不必要的法律责任。

由于理财规划师为客户提供建议时语言要求极为严格，所以应尽量避免歧义。口头表达的常用要点有以下几个：

1. 与客户会谈时应使用"我们"

理财规划师与所在机构之间是职务代理关系，理财规划师是代表所在机构与客户打交道。所以，除非与客户之间谈到私人问题，或介绍自己的职业资格、执业经验等个人情况，或以自己为例说明问题，理财规划师在会谈时应使用"我们"，而不是"我"。"我"是指理财规划师本人，而"我们"是指理财规划师所在机构。

2. 不要使用具有承诺性质的措辞

"保证""肯定""必然"等具有承诺性质的措辞，在法律上具有约束力。

如果客户将来因投资而产生损失，或未达到理财规划师所承诺的收益，若客户有证据证明理财规划师曾经使用了这些措辞，理财规划师所在机构可能被追究法律责任，而所在机构承担责任后，可以追究理财规划师的责任。

即使客户没有证据证明或无法证明理财规划师曾经使用这样的措辞，或无法证明自己因信赖这样具有保证性质的措辞而产生损失，理财规划师及其所在机构的信誉仍会受到影响。所以，理财规划师在与客户会谈或给客户出具理财建议时，应根据情况使用"估计""可能""一般情况下"等相对有余地的措辞。

3. 不得有直接或间接贬损他人的言语

理财规划师不得有直接或间接贬损其他机构或理财规划师的言语。在需要对比自己所在机构与其他机构的以往业绩、专业人员数量和市场知名度时，一定要使用客观的数据或有明确依据的事实。对于其他机构或理财规划师的劣势，尽量少用评价性的语言，以免给客户造成贬损其他机构或理财规划师的印象。

4. 不使用带有命令性的言语

在谈到客户需要做什么时，可以换个角度或换个语态来阐述，避免生硬或使客户有一种被命令的感觉。如不要较多使用"你要提供你的保单""你必须向我们提供真实信息"等，而可以说"我们需要看一看您的保单""我们制定的理财方案是否适合您的实际情况，关键取决于我们所掌握的您的信息是否准确，所以您的真实信息对我们至关重要"。

模拟理财规划会谈情景。2人一组，分别扮演客户和理财规划师，进行对话演练，并录制会谈视频。要求运用信息收集沟通技巧并简单记录所获得的客户信息。

完成案例要求

一、认识个人理财规划

个人理财规划的核心是根据理财者的资产状况与风险偏好来实现客户的需求与目标，在规划过程中需遵循整体规划、提早规划、现金保障优先、风险管理优先于追求收益、消费/投资与收入相匹配、家庭类型与理财策略相匹配等原则。理财规划师小王在为客户周先生服务的过程中，未按照客户的风险偏好来满足其需求，凭借自己的投资喜好为客户安排投资规划，将高于客户风险属性的投资产品介绍给客户，未遵循风险管理优先于追求收益原则。

二、遵守理财规划职业道德

"正直诚信"要求理财规划师诚实不欺，不能为个人的利益而损害委托人的利益。理财规划师小王在规划过程中，出于个人喜好及完成业绩的目的，向客户隐瞒该投资产品的高风险，故意夸大收益。此外，在周先生自身保险规划已较完善的情况下，小王为了个人利益仍制定重复的保障规划，使周先生付出了不必要的保险费用。小王的做法，已违反了理财职业道德中正直诚信、客观公正的原则。

三、建立客户关系的方法

建立客户关系的方式包括电话交谈、互联网沟通、书面交流和面对面会谈等。周先生作为一名 IT 企业的技术骨干，宜采取互联网沟通或者面对面会谈的方式。在与之面对面会谈的过程中，应做到以下几点：

(1) 多称呼对方姓名；

(2) 模仿客户的身体动作、声调语气、情绪；

(3) 观察对方的眼神，判断其属于视觉型、听觉型还是感情型；

(4) 多赞美对方；

(5) 坐姿位置要拉近距离。

四、确定所需收集的信息

考虑到周先生当前未成家，作为其父母唯一的孩子，理财规划师在收集个人非财务信息时，除了一些基本信息外，应与其他客户有所区别。主要需收集的信息包括：年龄、性别、家庭、人品/性格、借款用途、信用状况、居住环境、消费习惯以及不良嗜好等。

在收集个人财务信息时，因周先生所从事的行业及工作因素，不仅需要收集家庭财务信息，同时需要了解其个人的收入等财务信息。主要需收集的信息包括：客户的收支情况、资产负债情况（家庭与个人都要）、社会保障信息、养老金安排、风险管理信息以及遗产管理信息。

技能加血 ▶▶

金融机构客户信息保密法律制度

现代经济活动中，金融机构通过各种金融服务，收集了大量的客户信息。这些信息已经成为金融机构重要的商业资源。但这些客户信息通常都具有非公开性，并带有客户的特征，甚至有些信息是客户自身都难以掌控和知晓的。金融机构在经客户同意，以及为公共利益、为自身利益和为客户利益服务的情况下可以向第三人披露客户的信息。随着我国金融业的发展，金融机构客户信息所涉及的相关法律问题日益增多，对我国法律的理论和实践提出了新的要求。在我国现阶段，缺少专门的法律来保护金融机构的客户信息，较好的方法是建立以基本法律为基础，以其他的法律、行政法规和司法解释作为补充的客户信息保密法律体系。

活 动 设 计

观看电影《夺命金》，分析电影中理财规划师 Teresa 的行为是否违反了理财规划职业道德，并谈谈自己的感受。

思维导图

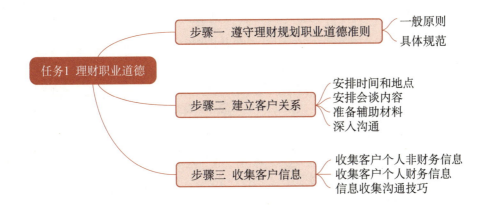

任务1 理财职业道德
- 步骤一　遵守理财规划职业道德准则
  - 一般原则
  - 具体规范
- 步骤二　建立客户关系
  - 安排时间和地点
  - 安排会谈内容
  - 准备辅助材料
  - 深入沟通
- 步骤三　收集客户信息
  - 收集客户个人非财务信息
  - 收集客户个人财务信息
  - 信息收集沟通技巧

◀ 任务 2　现金消费规划 ▶

示范案例

孙先生，现年 30 岁，单身，近 1～2 年内无结婚计划，目前担任某大型互联网企业的产品经理，收入相对稳定，工作业绩优秀。理财规划师通过与孙先生交流，获取了孙先生的相关信息。孙先生目前拥有社会保险和医疗保险，其财务情况主要如表 2－12 和表 2－13 所示。

表 2－12

个人（家庭）资产负债表

客户：孙先生　日期：2021 年 7 月 31 日

科目			金额（元）
金融资产	现金与现金等价物	现金	10 000
		定期存款	100 000
		货币市场基金（余额宝）	10 000
	现金与现金等价物小计		120 000
	其他金融资产	股票及权证	50 000
		基金	30 000
	其他金融资产小计		80 000
	金融资产小计		200 000

续前表

科目		金额（元）
实物资产	自住房	2 000 000
	机动车	200 000
	家具和家用电器	400 000
实物资产小计		2 600 000
资产总计		2 800 000
负债	信用卡透支	10 000
	汽车贷款	100 000
	房屋贷款	1 000 000
负债总计		1 110 000
净资产		1 690 000

表 2-13　　　　　　　　　个人（家庭）收入支出表

客户：孙先生　日期：2020 年 8 月 1 日至 2021 年 7 月 31 日

科目		金额（元）
工资和薪金收入（税后）		150 000
奖金和佣金		50 000
投资收入	利息和分红	8 000
总收入		208 000
房屋	租金及抵押贷款	40 000
	修理、维护及装饰	2 000
日常生活开支	水、电、气	10 000
	通信费	1 200
	交通费	3 600
	日常生活用品	3 000
	服装、鞋帽	25 000
	外出就餐	30 000
	休闲娱乐	50 000
	其他	20 000
商业保险费用	人身保险	3 000
	财产保险（车险）	5 000
医疗费用	医疗费用	2 000
总支出		194 800
现金结余（或超支）		13 200

案例要求：

1. 判断客户风险属性；
2. 分析家庭财务状况；
3. 估算紧急备用金；
4. 制定现金规划方案；
5. 分析消费现状，提出合理消费建议。

 技能目标

能够通过收集到的信息判断客户风险属性，根据客户提供的资料编制财务报表，通过相关分析为客户提供理财指导，应用各种储蓄技巧进行现金规划，应用各种融资工具为客户编制现金规划方案。

 理财故事

鲁迅和胡适的理财观

从理财的角度来比较鲁迅与胡适两人，看看他们谁更能挣钱、谁更会理财。

谁更能挣钱？

据学者陈明远计算，"鲁迅在上海生活的整整9年间（1927年10月—1936年10月）总收入为国币78 000多元，平均每月收入723.87元（合今人民币2万多元）"。

而年少成名的胡适在抗战前收入颇丰。学者余世存在《胡适：中产以上》一文中写道："20世纪30年代，胡适、鲁迅都步入了收入的黄金期。但鲁迅的收入月均六七百元，约今2万人民币，胡适的收入月均1 500元，约今5万人民币。"总体上，胡适的收入要超过鲁迅一倍多，堪称金领。

谁更会理财？

胡适把资助他人当成投资。的确，这可能如胡适所言"我知道我借出的钱总是'一本万利'，永远有利息在人间"，胡适资助的汪静之、林语堂、顾颉刚、罗尔纲等人后来都成为大才，"我的朋友胡适之"更成为很光荣的流行语。但是，这种大手大脚的理财方式会让自己发生"经济危机"，胡适后来就常常因钱财而窘迫。

随着抗日战争的爆发，教授们的好日子一去不复返了，胡适也逐渐走向拮据。晚年，胡适曾多次告诫身边的工作人员："年轻时要注意多留点积蓄！"这的确是胡适理财上很大的教训，有钱就花，没有远虑，不重积蓄，必有"近忧"。

相对而言，鲁迅则是理财高手。1928年，他对一位朋友说："处在这个时代，人与人的相挤这么凶，每个月的收入应该储蓄一半，以备不虞。"几天后，鲁迅又说："说什么都是假的，积蓄点钱要紧！"虽然鲁迅也经常出钱资助学生、友人、年轻人，但鲁迅对钱还是很看重、在乎的，每笔收入、支出都会在日记中记录，甚至为此和学生李小峰对簿公堂而要回了 2 万元版税，还当了国民政府"大学院"特约撰述员而每月白拿 300 元。早年尝过贫穷滋味的鲁迅对自己的生计有着务实的考虑，使得他的收入越来越多。由此，学者陈明远说道："鲁迅能够自食其力、自行其是、自得其乐，坚持他的自由思考和独立人格。"

"金钱不是生活的主要支撑物，有了良好的品格、高深的学识，便是很富有的人了"，胡适的这句话当然正确，但鲁迅所言的"一要生存，二要温饱，三要发展"也很正确。像鲁迅一样多些赚钱的途径、多些积蓄，进而物质、精神双丰收，或许更可取些吧。

资料来源：https://m.thepaper.cn/newsDetail_forward_1643401

步骤一：判断客户风险属性

根据所收集的客户信息判断客户的风险属性。客户的风险识别就是理财人员对客户在理财活动中所面临的各类风险进行系统的归类和鉴别的过程。在理财业务活动中，客户需要对自己面临的现实的和潜在的风险进行评估，才能制定出正确的理财需求。

影响客户的风险属性的因素可分为风险承受能力因素和风险偏好因素。风险承受能力是指客户承受风险的最大能力，换言之就是客户能承受多大的投资损失而不至于影响其正常的生活。影响客户风险承受能力的因素一般是客观的，它与个人的年龄、收入、家庭情况、工作情况等息息相关。风险偏好是指个体承担风险的基本态度，是个人感知决策情景及制定风险决策的重要前导因素。客户的风险偏好因素一般是主观的，如教育背景、宗教信仰、性格等。

一、量化客户风险承受能力

客户风险承受能力，可依照客户的年龄、就业状况、家庭负担、置产状况、投资经验与投资知识这些因素估算出，具体参照表 2-14。

表 2-14　　　　　　　　　　风险承受能力评估表

项目	10分	8分	6分	4分	2分	得分
年龄	总分50分，25岁以下者50分，每多1岁少1分，75岁以上者0分					
就业状况	公职人员	工薪阶层	佣金收入者	自由职业者	失业者	
家庭负担	未婚	双薪，无子女，自用住宅	双薪，有子女	单薪，有子女	单薪，养三代	
置产状况	投资不动产	无房贷	房贷<50%	房贷>50%	无自用住宅	
投资经验	10年以上	6～10年	2～5年	1年以内	无	
投资知识	有专业证照	财经类专业	自修有心得	懂一些	一片空白	
合计得分						

分数越高，说明客户承受风险的能力越强。可以将总分分为 5 个等级：20 分以下为低风险承受能力，20～39 分为中低风险承受能力，40～59 分为中等风险承受能力，60～

79 分为中高风险承受能力，80 分以上为高风险承受能力。年龄为风险承受能力最重要的考虑因素，因此在总分 100 分中就占了一半。

二、量化客户风险偏好

客户风险偏好，可依照客户对本金损失的容忍程度及其他心理测验估算出来。分数越高，说明客户更偏向高风险、高收益，具体参照表 2-15 和表 2-16。

表 2-15　　　　　　　　　　客户风险偏好评估表

项目	10分	8分	6分	4分	2分	得分
对本金损失的容忍程度	可承受亏损的百分比（以一年的时间为基准），总分 50 分，不能容忍任何损失为 0 分，每增加 1 个百分点加 2 分，可容忍 25％以上损失者为满分 50 分					
首要考虑因素	短期价差	长期利得	年现金收益	抗通胀保值	保本保息	
过去投资绩效	只赚不赔	赚多赔少	损益两平	赚少赔多	只赔不赚	
赔钱心理状态	学习经验	照常过日子	影响情绪小	影响情绪大	难以成寐	
目前主要投资	期货	股票	房地产	债券	存款	
未来希望避免投资的工具	无	期货	股票	房地产	债券	
合计得分						

表 2-16　　　　　　　　　　客户评级

类型	特点	投资选择及风险评估
非常进取型（80 分以上）	相对年轻，有专业知识技能，敢于冒险，社会负担较轻	敢于投资高风险、高收益的产品与投资工具，追求更高的收益和资产的快速增值，对投资损失有很强的承受能力
温和进取型（60~79 分）	有一定资产基础，知识水平较高，风险承受能力较高	愿意承受一定风险，追求较高的投资收益，往往选择开放式股票基金、大型蓝筹股票等适合长期持有的产品，既可以有较高收益，风险也较低
中庸稳健型（40~59 分）	投资理性，寻找风险适中、收益适中的产品	往往选择房产、黄金、基金等投资工具
温和保守型（20~39 分）	偏向保守，以临近退休的中老年人士为主	选择既保本又有较高收益机会的结构性理财产品
非常保守型（20 分以下）	老年人群，低收入家庭，成员较多、负担较重的大家庭，性格保守	往往选择国债、存款、保本型理财产品、投资联结保险、货币与债券基金等低风险、低收益的产品

步骤二　分析家庭财务状况

一、编制家庭资产负债表

（一）家庭资产负债表的科目

客户若是初次编制家庭资产负债表，需要对相关的资产、负债等主要内容进行梳理，之后修改、更新报表的重点在于调整资产与负债的变动额。

家庭资产负债表的主要内容反映在以下科目中（见表2-17）。

表2-17　　　　　　　　　　家庭资产负债主要科目列表

主要科目	明细科目
资产	
金融资产——现金及现金等价物	
现金	人民币/外币
活期存款	存款银行/存折账号（信用卡账号）
定期存款	存款银行/存续期间/利率/币种
货币市场基金	名称/买入日期/数量/成本/市价
现金及现金等价物合计	金额
金融资产——其他金融资产/生息资产	
债券	国债、公司债/买入日期/金额/利率/到期日
股票	名称/买入日期/股数/成本/市价
非货币市场基金	名称/买入日期/数量/成本/市价
期货	名称/买入日期/数量/成本/市价
保值性商品	黄金、白银/细目/数量/成本/市价
寿险保单现值	保单种类/受益人/保障年限/保费/解约现值
应收账款/应收款项	债务人姓名/借期/还款方式/利率/目前余额
不动产投资	坐落地点/面积/成本/市价/目前房租
其他金融资产	视投资品性质而定
金融资产/生息资产合计	金额
实物资产	
期房预付款	坐落地点/面积/总价/首付款/已缴工程款/未缴余额
自用住宅	坐落地点/面积/买入日期/成本/市价/首付款和目前房贷
汽车	型号/买入日期/成本/市价/折旧率/车贷余额
其他自用资产	家电家具细目/买入日期/成本/市价/折旧率
珠宝首饰	种类/细目/数量/成本/市价
收藏品	种类/细目/数量/成本/市价
其他奢侈资产	种类/细目/数量/成本/市价
实物资产合计	金额
资产总额	**金额**
负债	
短期负债	
信用卡贷款余额	发卡银行/当期应缴款/期限/循环信用余额
中期负债	
教育贷款余额	贷款期限/贷款额/利率/每期应缴款/贷款余额

续前表

主要科目	明细科目
消费贷款余额	贷款期限/贷款额/利率/每期应缴款/贷款余额
长期负债	
汽车贷款余额	贷款期限/贷款额/利率/每期应缴款/贷款余额
房屋贷款余额	贷款期限/贷款额/利率/每期应缴款/贷款余额
其他	
股票质押贷款	股票名称/股数/贷款时价格/贷款额/质借余额
股票融资融券	股票名称/股数/融资时价格/融资额/融资余额
负债总额	**金额**

（二）家庭资产负债表的编制

家庭资产负债表的样表如表2-18所示。

表2-18　　　　　　　　　　××客户家庭资产负债表（样表）

姓名：　　　　　　日期：　　　　　　　　　　　　　　　单位：元

资产			金额	负债与净资产	金额
现金及现金等价物		现金		信用卡透支	
		活期存款		房屋租金	
		定期存款		应交税金	
		其他类型银行存款		应付账单	
		货币市场基金		其他	
		人寿保险现金收入			
	现金及现金等价物小计				
金融资产	其他金融资产	债券		短期负债/流动负债	
		股票及权证			
		基金			
		期货			
		外汇实盘投资			
		人民币（美元、港币等）理财产品			
		保险理财产品			
		证券理财产品			
		信托理财产品			
		其他			
	其他金融资产小计				
金融资产小计				短期负债/流动负债小计	

续前表

资产		金额	负债与净资产		金额
实物资产	自住房		长期负债	助学贷款	
	投资的房地产			创业贷款	
	机动车			住房贷款	
	家具和家用电器类			汽车贷款	
	珠宝和收藏品类			其他	
	其他				
实物资产小计					
其他资产	遗产		长期负债		
	捐赠				
	赡养费		长期负债小计		
	其他		负债总计		
其他资产小计			净资产总计		
资产总计			负债与净资产总计		

在编制家庭资产负债表过程中，需要注意以下几点：

1. 注重现值

家庭资产负债表的编制不同于企业资产负债表的编制。企业较注重成本的核算，但家庭则注重现值，因为历史成本对于家庭而言意义不大，家庭理财的关键在于资产的保值和增值。因此，在编制家庭资产负债表的同时，需要对相关科目的金额进行调整。

2. 存量概念

家庭资产与负债是典型的存量概念，显示某个结算时点资产与负债的状况。通常以月底、季底或年底作为资产与负债的结算日。在确定家庭所拥有的所有流动性资产并清点价值后，即可直接计量。需要注意的是，流动性资产也会产生收益，而这些收益计入当年的家庭收入，而不是资产。

3. 计算公式

净资产＝资产总额－负债总额

这里的净资产相当于企业报表中的"所有者权益"，代表这个家庭实际拥有的资产净额。

4. 折价考虑

在计量时，自住房屋参照房市市场价值，但其中作为自用资产的汽车则比较特殊，因为汽车是消耗品，其价值将随着使用年限增加而不断降低。一般而言，自用汽车10年后的残值几乎所剩无几，所以在对自用汽车进行估值的时候，就要参考同品牌的二手车行情。而一般的家具、电器等消耗耐用品，也只能以旧货商品收购行情计价，由于价值偏低而不计入资产。

二、编制家庭收入支出表

家庭收入支出表的主要科目详见表 2-19，样表如表 2-20 所示。

表 2-19　　　　　　　　　　　家庭收入支出主要科目列表

主要科目	科目明细
收入	
工资收入	本人及其他家庭成员
租金收入	房屋/商铺的租金
利息收入	存款/债券/票据/股息
资本利得	出售股票/赎回基金已实现的结算损益
劳务收入	稿费/演讲费
其他收入	赡养费/赠予/中奖/遗产等
收入合计	金额
支出	
基本消费支出	衣/食/住/行
房屋按揭支出	购买不动产负债的还款额
教育支出	学费/住宿费/补习费/教材费
娱乐支出	旅游/书报杂志等
医药费	住院费/门诊费/药品费/检查费/医疗器械费
投资支出	增加的投资额（股票/债券/基金/其他）
保障性支出	社保/商业保险费用
赡养费	给家庭需赡养人员的生活费等
其他支出	利息支出/交际费
支出合计	金额
年结余	金额

表 2-20　　　　　　　　　××客户家庭收入支出表（样表）

××××年×月×日—××××年×月×日　　　　　　　　　　单位：元

收入		支出	
项目	金额	项目	金额
工资收入		基本消费支出	
年终奖		房屋按揭支出	

续前表

收入		支出	
项目	金额	项目	金额
利息收入		教育支出	
股票红利		娱乐支出	
证券买卖价差		医药费	
租金收入		投资支出	
劳务收入		赡养费	
其他收入		其他支出	
收入合计		支出合计	
年结余			

在编制家庭收入支出表过程中，需要注意以下几点：

1. 记录市值

与家庭资产负债表相似，客户投资的股票、基金等的价格都会随着市场的波动而波动，我们注重的并非其初始投资时的价格，而是其目前的市值。因此，其金额也需要及时进行调整。

2. 流量概念

不同于家庭资产负债表的存量概念，家庭收入支出表是流量概念，显示一段时间现金收支的变化。通常以收入的循环周期作为流量经过的时间。

3. 计算公式

年结余＝收入总额－支出总额

年结余表现的是一个家庭所有收入减去所有支出之后的剩余，是一个家庭进行再投资的主要来源。

三、家庭财务状况分析指标

（一）流动性比率

1. 计算公式

流动性比率＝流动性资产（现金及现金等价物）/每月支出

2. 指标解读

一个家庭在日常生活中，手里留多少钱用来应急比较合适呢？可以通过流动性比率来回答这个问题。这里的"钱"代指现金、存款、货币市场基金等可以迅速提现而不会带来损失的流动性资产。通常来说，流动性和收益性成正比。如果流通性比率过低，则意味着该家庭在面临突发情况时，有出现资金"断流"、爆发财务危机的可能。如果该家庭的流动性比率过高，则表明这个家庭中的闲置资金过多，不利于资金的保值和增值，也表明该家庭打理闲置资金能力不足。

3. 参考数值

通常来说，理想的流动性比率应维持在 3～6，也就是说持有 3～6 个月的日常支出等额现金即可。对于有些工作收入和生活支出较为稳定的人群，也可以适当调低流动性比率。

同步案例

某家庭月支出为 2 800 元，那么该家庭合理的流动性资产，也就是闲钱就应该在 8 400～16 800 元。

（二）结余比率

1. 计算公式

结余比率＝年结余/税后收入

2. 指标解读

结余比率，又称储蓄比率，它反映客户控制其开支和增加其净资产的能力。结余比率越高，则说明投资潜力越大，要进一步合理利用结余进行投资；如果结余比率过低，则要增加结余，维持家庭财务状况的稳健。为了更准确地体现客户的财务状况，计算结余比率时一般采用的是客户的税后收入。

3. 参考数值

一般来说，结余比率在 10%～40% 都是合理的。结余比率如果小于 10%，需要适当控制支出；结余比率高于 40% 甚至更高时，则可以考虑增加消费或投资。

同步案例

王先生的家庭（夫妻双方）一年税后收入为 20 万元，年结余为 10 万元，结余比率为 10/20＝0.5，说明一年下来可以留存 50% 的税后收入，该家庭的控制支出和储蓄积累的能力比较强。

（三）投资比率

1. 计算公式

投资比率＝投资资产/净资产

2. 指标解读

净资产就是指整个家庭总资产中去掉负债后的部分，包括实物与非实物。增加投资收益是提高净资产水平的一条重要途径，因此这个指标的高低体现的是家庭是否具有相应的投资意识，也反映客户通过投资增加财富以实现其理财目标的能力。

3. 参考数值

投资比率控制在 50% 左右较为理想，但也要注意根据客户风险承受能力的不同适度调整。在对该比率进行分析时，还需要考虑客户的年龄。如果客户处于青年期，由于财富积累年限尚浅，投资在总资产中的比率不高，投资比率也会比较低，在 20% 左右也属于正常现象。但是对那些即将退休的人来说，过低的比率是令人担忧的，因为这涉及失去工资收入后的收入稳定性的问题。

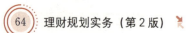 **同步案例**

王小姐的投资资产有基金 7 万元、股票 10 万元。净资产为总资产减去负债计得到 405 万元，那么投资资产与净资产比率为 17/405≈4.2%。

此处客户的投资资产和净资产差距很大，4.2% 的投资比率很低，说明王小姐很少涉及投资领域，可以建议她在保持一定储蓄的前提下，进行适度的投资，提高收益。从另一角度讲，如果该比率过高，也要考虑投资风险的过度放大，应该适当降低投资资产的比重和增加投资品种的配置，分散风险。

（四）即付比率

1. 计算公式

即付比率＝流动资产/负债总额

2. 指标解读

即付比率主要反映客户可随时变现的资产用于偿还债务的能力，是对短期偿债能力的评估。

3. 参考数值

该数值保持在 70% 左右比较合理。在计算即付比率时，除了现金、银行存款，也可以把短期能够变现的有价证券计为立即可动用资金进行分析。

 **同步案例**

沈先生家庭的银行存款有 9 万元，家庭负债总共 25 万元，那么沈先生的即付比率就是 9/25＝36%。因此该家庭随时变现资产偿还债务的能力较弱，也意味着在经济形势不利时，他将无法迅速减轻负债规避风险。但是如果此比率偏高，则是过于注重流动性资产，说明客户的综合收益率低，财务结构不合理。

（五）负债收入比率

1. 计算公式

负债收入比率＝当年负债/当年税后收入

2. 指标解读

该指标反映的是负债和收入的对比情况，用来分析当年的收入是否能够负担当年的债务本息额度。该指标是反映在一定时期（一年）内财务状况良好程度的指标，主要衡量客户短期内偿还债务的能力。

3. 参考数值

该数值应低于40%。

 同步案例

> 沈先生家庭当年的负债总额是21 360元，当年的税后收入是180 000元，那么该家庭的负债收入比率＝21 360/180 000≈11.86%。沈先生负债收入比率低于40%，说明以客户的经济收入完全可以承担当期债务，而如果超过40%的临界点，则容易发生家庭财政危机。

（六）清偿比率

1. 计算公式

清偿比率＝净资产/总资产

2. 指标解读

该指标反映的是客户的综合偿债能力。净资产占比较小，比率偏低，说明债务过多，一旦出现债务到期且收入下降，就会资不抵债；如果比率偏高，说明没有合理应用偿债能力提高个人资产规模，需要进一步优化。

3. 参考数值

该数值保持在50%以上较为理想。

（七）负债比率

1. 计算公式

负债比率＝负债总额/总资产

2. 指标解读

该指标反映的同样是客户的综合偿债能力，负债比率和清偿比率相加为1，因此呈现相反的关系。负债占比较大，比率偏高，说明一旦债务到期且收入下降，就会资不抵债；负债占比较小，说明没有合理应用偿债能力提高个人资产规模，需要进一步优化。

3. 参考数值

该数值控制在50%以下较为理想。

（八）财务自由度

1. 计算公式

财务自由度＝投资性收入（非工资收入）/日常消费支出

2. 指标解读

该指标简单来说，就是如果客户失业了，生活是否会受到很大的影响。如果单纯依靠工薪收入，生活品质肯定会受影响，这时候财务自由度就很低，不管其之前年薪多少。而这个时候，如果还有自己的理财收入，那么光靠理财便可以维生了，此时是"钱为人工作"而不是"人为钱工作"，即达到了财务自由。

3. 参考数值

该数值大于或等于1较为理想。

步骤三：制定现金规划

一、现金规划的概念及作用

现金规划是理财规划的首要且必需的规划。现金规划是指为了满足个人或家庭的短期需求而进行的管理日常的现金、现金等价物和短期融资的活动。

现金规划的作用：

（1）使所拥有的资产保持一定的流动性，满足支付日常家庭费用的需要；

（2）使流动性较强的资产保持一定收益；

（3）能建立紧急备用金，以应对突发事件。

现金规划应遵循的原则：短期需求可以用手头的现金来满足，而预期的或将来的需求则可以通过短期投资、融资工具或储蓄产品来满足。

二、现金规划的影响因素

理财规划师在现金规划中既要保证客户资金的流动，又要考虑现金的持有成本，通过现金规划使短期需求用手头现金来满足，预期的现金支出通过各种储蓄或短期投资、融资工具来满足。在进行现金规划时应考虑以下因素：

（一）对金融资产流动性的要求

现金规划源于个人或家庭对金融资产流动性的需求，而流动性需求通常源于三个动机，即交易动机、谨慎动机（预防动机）和投资动机。

1. 交易动机

个人或家庭为了通过现金及现金等价物进行正常的交易活动的动机。由于收入和支出在时间上常常不同步，因此个人或家庭必须有足够的现金及现金等价物来维持日常的生活开支。一般来说，个人和家庭的收入水平越高，交易数量越多，其为保证日常开支所需要的货币量就越大。

2. 谨慎动机（预防动机）

为了预防意外支出而持有一部分现金及现金等价物的动机，如个人为应对可能发生的事故、失业和疾病等意外事件而需要提前预留一定数量的现金及现金等价物。谨慎动机产生的现金需求归因于未来收入和支出的不确定性。一般而言，该现金需求量取决于个人或家庭对意外事件的看法以及收入水平。

3. 投资动机

个人或家庭为把握投资机会获得较大收益而持有现金及现金等价物的动机。

（二）持有现金及现金等价物的机会成本

对于金融资产来说，流动性和回报率通常是呈反方向变化的。现金及现金等价物具有很高的流动性，高流动性也意味着低收益率。由于机会成本的存在，持有收益率较低的现金及现金等价物就意味着放弃了持有收益率较高的投资产品的机会，所以需要在流动性和收益性之间进行权衡。

三、货币的时间价值

（一）货币的时间价值概念

货币的时间价值是指一定量资金在不同时点上价值量的差额。它反映的是由于时间因素的作用而使现在的一笔资金高于将来某个时期的同等数量的资金的差额或者资金随时间推延所具有的增值能力。

终值又称将来值，是指现在一定量现金在未来某一时点上的价值，俗称本利和，通常记作 F。

现值又称本金，是指未来某一时点上的一定量现金折合到现在的价值，通常记作 P。

（二）单利和复利

利息是资金的使用价格，是因使用货币而支付（或挣到）的货币。利率是指一定时期内利息额与借贷资金额（本金）的比率，常以百分率（％）或千分率（‰）表示。

利率＝利息/本金

计算利息有三个基本要素：本金、利率和时间。利息的多少与这三个要素成正比关系：本金数量越大，利息越多；存放期越长，利息越多；反之，利息就越少。

1. 单利的终值和现值

单利——只计算本金在投资期限内的时间价值（利息），而不计算利息的利息。我国发行的国债和银行存款多采用单利法。

单利计息方式下，利息的计算公式为：$I = P \cdot i \cdot n$。

单利计息方式下，终值的计算公式为：$F = P(1 + i \cdot n)$。

单利现值与单利终值互为逆运算，其计算公式为：$P = F / (1 + i \cdot n)$。

2. 复利的终值和现值

复利——在每经过一个计息期后，都要将所生利息加入本金，以计算下期的利息。这样，在每一计息期，上一个计息期的利息都要成为生息的本金，即以利生利，也就是俗称的"利滚利"。

复利终值的计算公式为：$F = P \cdot (1 + i)^n$。式中，$(1 + i)^n$ 简称"复利终值系数"，记作 $(F/P, i, n)$。

复利现值与复利终值互为逆运算，其计算公式为：$P = F \cdot (1 + i)^{-n}$。式中，$(1 + i)^{-n}$ 简称"复利现值系数"，记作 $(P/F, i, n)$。

同步案例

> 1. 本金3万元，年复利6%，期限3年，求到期的本利和（求复利终值）。
>
> 解：$F=P \cdot (1+i)^n=30\,000 \times (1+6\%)^3=3.573$（万元）（终值）
>
> 2. 5年后需款3 000万元，若年复利10%，问现在应一次存入银行多少（求复利现值）？
>
> 解：$P=F \cdot (1+i)^{-n}=3\,000 \times (1+10\%)^{-5}=1\,863$（万元）（现值）

（三）普通年金的终值与现值

年金是指在一定期间内间隔相等的时间连续、等额收到或支付的款项，通常记为 A。按照收付的次数和支付的时间不同，分为普通年金、即付年金、递延年金、永续年金。本教材主要介绍普通年金。

活 动 设 计

> 根据年金的特征"定期、等额"，同学们是否可以从所接触过的现象中，列举一些可归属于年金的形式呢？

普通年金也叫后付年金，是指一定时期内每期期末等额收付的系列款项。

1. 普通年金终值

普通年金终值是指一定时期内每期期末收付款项的复利终值之和。

计算公式：$F=A \cdot \dfrac{(1+i)^n-1}{i}$。式中，$\dfrac{(1+i)^n-1}{i}$ 简称"年金终值系数"，记作：$(F/A,i,n)$。

2. 普通年金现值

普通年金现值是指一定时期内每期期末收付款项的复利现值之和。

计算公式：$P=A \cdot \dfrac{1-(1+i)^{-n}}{i}$。式中，$\dfrac{1-(1+i)^{-n}}{i}$ 简称"年金现值系数"，记作：$(P/A,i,n)$。

同步案例

> 1. 每年存入银行2万元，年复利8%，存5年，问折现值多少？
>
> 解：$P=A \times 1-(1+i)^{-n}/i=2 \times 1-(1+8\%)^{-5}/(8\%)=7.986$（万元）
>
> 2. 现有30万元，一次存入银行，分5年取出，年复利12%，每年末可取多少？
>
> 解：$A=P \times i/1-(1+i)^{-n}=30 \times (12\%)/1-(1+12\%)^{-5}=8.321\,8$（万元）

技能加血 ▶▶

收益率"72法则"

收益率"72法则"指的是投资翻倍的年数＝72/i，其中i为年投资收益率。如年收益是5%，那么用72/5＝14.4年可以将投资翻番。通过"72法则"可以快速算出投资本金翻倍的时间。表2-21为"72法则"速查表。

表2-21　　　　　　　　　　"72法则"速查表

年均收益率	投资本金翻倍年限
0.5%	144年
1%	72年
1.5%	48年
2%	36年
4%	18年
6%	12年
8%	9年
9%	8年

 理财工具

金融计算器使用说明

图2-1　金融计算器

四、现金及现金等价物额度的确定（紧急备用金）

客户持有现金及现金等价物的额度需要通过流动性比率和每月支出来确定。流动性比率是反映个人或家庭支出能力强弱的一个指标，它是指个人或家庭流动性资产与每月支出的比率。

根据前文的流动性比率公式，因流动性资产即现金及现金等价物，故：

现金及现金等价物额度＝流动性比率×每月支出

一般来说，资产流动性与收益性呈反方向变化，即流动性较强的资产其收益性往往较低。个人或家庭为了满足日常开支、预防突发事件，有必要持有流动性较强的资产，以保证有足够的资金来支付短期内计划中和计划外的费用。但个人或家庭出于家庭资产增值的考虑，不能无限地持有现金类资产。通常情况下，流动性比率应保持在3～6，即流动性资产可以满足3～6个月的开支。

五、现金规划工具

（一）现金规划的一般工具

现金规划工具的选取，首要考虑的因素是流动性，在此前提下保证流动性资产具有较好的收益。现金规划的一般工具包括现金和现金等价物。现金等价物，指持有的期限短、流动性强、易于转换为已知金额现金、价值变动风险很小的投资，一般包括流动性比较强的活期存款、各类银行存款和货币市场基金等。

1. 现金

现金是现金规划的重要工具。与其他的现金规划工具相比，现金有两个突出特点：一是现金在所有金融工具中流动性最强；二是持有现金的收益率低，在通货膨胀的条件下，现金不仅没有收益，反而会贬值。在这种情况下，人们之所以持有现金，是为了追求现金的流动性，客观上却损失了一定的收益。手上的现金量通常以能够满足日常生活开支为宜。

2. 活期存款和各类银行存款

活期存款是无需任何事先通知，存款户可随时存取和转让的银行存款。具有现金等价物性质的银行存款有定活两便、个人通知存款等。常见的各类储蓄产品对比如表2-22所示。

表2-22　　　　　　　　　　常见的各类储蓄产品对比

储蓄产品	特点	存期	起存额	适用范围
活期储蓄/活期一本通/一卡通	存取灵活	不限	人民币1元	所有客户
整存整取	起存金额低，利率较高，稳定性较强，可提前部分或全部支取，不限币种	人民币存期：3个月、6个月、1年、2年、3年、5年；外币存期：1个月、3个月、6个月、1年、2年	人民币50元，港币50元，日元1 000元，其他币种10元	有资金结余，对资金使用周期明确且暂时不提用资金的客户

续前表

储蓄产品	特点	存期	起存额	适用范围
零存整取	起存额较低，积零成整，但不能办理部分提前支取	1年、3年、5年	人民币5元	需要逐步积累每月结余的客户
整存零取	整笔存入，到期支取利息，在不影响定期利息的前提下，分期提取部分本金	1年、3年、5年	人民币1 000元	有整笔资金结余，需要在日后按期分期支取的客户
存本取息	整笔存入，分期付息，到期还本	3年、5年	人民币5 000元	在一定期限内本金不动，只需提取利息的客户
定活两便	不约定存期，一次存入，一次支取	不限	人民币50元	有较大资金结余，但不久的将来需要随时全额支取使用的客户
个人支票储蓄存款	存款方便，支取快捷，以活期存款为基础，与银行签订《个人使用支票协议书》，将储蓄和消费结为一体	同活期储蓄	同活期储蓄	个体工商户
个人通知存款	不约定存期，整笔存入，可以一次或分次支取	不限	人民币5万元	有大额款项，且短期内一次或多次支取的客户
教育储蓄	存期灵活，存款总额不超过2万元，利率优惠，限额内利息免税，但不得部分提前支取	1年、3年、6年	人民币50元	有小学四年级以上（含四年级）子女的客户

3. 货币市场基金

货币市场基金是聚集社会闲散资金，由基金管理人运作，基金托管人保管资金的一种开放式基金，专门投向风险小的货币市场工具，具有"准储蓄"的特征。货币市场基金资产主要投资于短期货币工具（期限在一年以内，平均期限为120天），如国债、央行票据、商业票据、银行定期存单、政府短期债券、信用等级较高的企业债券、同业存款等短期有价证券。现阶段，货币市场基金均已实现互联网化，投资者可通过基金公司官网、支付宝蚂蚁金服等互联网渠道进行基金的申购和赎回。表2-23为货币市场基金与传统理财产品的对比情况。

以余额宝为例，货币市场基金具有以下特点：一是资金每日计算收益，且收益每日结转，自动转增基金份额；二是T+0赎回机制，资金可随时转出，实时到账；三是门槛低、收益高，1元起购，2%左右的年化收益率。

表 2 - 23　　　　　　　　　　　货币市场基金与传统理财产品对比

种类	年化收益率	安全性	投资门槛	流动性	购买便利度
货币市场基金	1.5%～3%	高	1元	T+0	高
银行活期存款	0.35%	极高	1元	T+0	高
银行理财产品	4%～6%	高	1万元	低	中

 理财工具

图 2-2　存款计算器

（二）传统现金规划融资工具

短期的融资工具融得的资金，能够解决由于突发事件而导致的短期资金不足，是解决未预料事件导致的现金及现金等价物金额不足的好办法。适用于传统现金规划融资的方式主要有信用卡融资、凭证式国债质押贷款、存单质押、保单质押融资和典当融资。

1. 信用卡

信用卡是银行或其他财务机构签发给资信状况良好的人士，用于在指定的商家购物和消费，或在指定银行机构存取现金的特制卡片，是一种特殊的信用凭证。信用卡在扮演支付工具的同时，也发挥了最基本的账务记录功能。再加上预借现金、循环信用等功能，信用卡超越支付工具的单纯角色，具备理财功能。

2. 凭证式国债质押贷款

凭证式国债质押贷款是指借款人以未到期的凭证式国债作质押，从商业银行取得人民币贷款，到期归还贷款本息的一种贷款业务。

3. 存单质押贷款

存单质押贷款是指借款人以贷款银行签发的未到期的个人本、外币定期储蓄存单（也有银行办理与本行签订有保证承诺协议的其他金融机构开具的存单的抵押贷款）作为质押来获取钱款的一种融资方式。

4. 保单质押贷款

保单质押贷款是指保单所有者以保单作为质押物，按照保单现金价值的一定比例获得短期资金的一种融资方式。

5. 典当

典当是指当户将其动产、财产权利作为当物质押或者将其房地产作为当物抵押给典当行，交付一定比例费用，取得当金，并在约定期限内支付当金利息、偿还当金、赎回当物的行为。

（三）互联网短期融资工具

随着移动互联网的快速发展，主流互联网金融企业纷纷推出互联网金融服务。这些互联网金融服务凭借便捷的流程、较低的申请门槛，成为众多年轻人理财的首选工具。

互联网短期融资工具主要分为类信用卡工具和互联网现金借贷工具。

1. 类信用卡工具

目前，较为主流的类信用卡工具主要为蚂蚁金服推出的蚂蚁花呗和京东金融的京东白条。蚂蚁花呗是面向支付宝活跃用户推出的类似"虚拟信用卡"的支付服务。根据客户的芝麻信用分不同，获得不同的"花呗"额度。该信用额度可在天猫、淘宝等阿里平台上购买商品。京东白条是以京东会员内部的信用信息为依据，使用户可在京东商城线上平台使用"白条"消费，即先消费、后付款的信用赊账服务。表2-24为蚂蚁花呗、京东白条与信用卡的对比情况。

表2-24　　　　　蚂蚁花呗、京东白条与信用卡对比

	蚂蚁花呗	京东白条	信用卡
所属公司	蚂蚁金服	京东金融	各大银行
额度	无最高额，一般3 000元至1万元	一般3 000元至1万元	一般3 000元至3万元
还款日	一般为每月10日	自消费30天内	不固定
免息期	≤41天	≤30天	≤56天
分期期数	3、6、9、12期	3、6、9、12期	最多36期
分期费率	3期：2.5%；6期：4.5%；9期：6.5%；12期：8.8%	0.5%～1%，通常0.5%	平均0.7%
逾期费率	每日0.05%	每日0.05%	每日0.05%，按月计算复利

2. 互联网现金借贷工具

互联网现金借贷属于网络小额贷款的一种。网络小额贷款由小额贷款公司作为贷款人，利用互联网向小微企业或个人提供短期、小额信用贷款，使贷款申请、贷中审核、贷款发放网络化。相对于传统银行产品，互联网现金借贷产品具有以下的特征：（1）申请门槛低；（2）流程便捷；（3）资金到账快；（4）还款灵活。表2-25为主流互联网现金借贷产品的对比情况。

表2-25　　　　　　　　　　　　主流互联网现金借贷产品对比

	微粒贷	蚂蚁借呗	京东金条
成立时间	2015年5月	2016年3月	2016年3月
所属平台	微信	支付宝	京东金融
征信平台	微众前海	蚂蚁金服	上海征信
信用积分	无	芝麻信用（600分以上）	小白积分（90分以上）
开通方式	邀请制	邀请制	邀请制
最低可借	500元	100元	500元
额度	30万元	5万元	10万元
利率	0.05%/天	0.04%/天	0.04%/天
期限	5、10、20期	6、12期	1、3、6、12期
提前还款	支持	支持	支持

但值得注意的是，无论使用传统现金规划融资还是互联网短期融资服务，均须理性借贷、珍爱信用、诚信还款。

活动设计

以4～6人为一组，搜集校园贷相关悲剧案例，分析案例主人公申请校园贷的动机，并就"大学生如何树立正确消费观"谈谈你的感悟。

步骤四：提出合理消费建议

一、购物前的准备

在消费前，我们应做好充分的准备，避免收入和财富从出口毫无节制地任意流出。要做好购物前的准备，首先要明确我们的购买动机，然后搜集信息，为制定购物方案做准备。

（一）明确购买动机

消费者购买动机一般分为以下几种：

1. 生存动机

这是消费者纯粹为了满足其生存需要而激发的购买动机。人具有饥、渴、寒、暖、行、止等各种生理本能，与此相对应会产生各种生理的需求。

2. 享受动机

这是基于消费者对享受物质的需求而产生的购买动机。人们在满足基本生活需要之外，衍生出享受的需要。在现代人的生活中，享受动机越来越成为支配人们购买活动的主动力。

3. 发展动机

这是基于消费者对发展的需要而引起的购买动机。人们的发展需要包括体力和智力两个方面。

4. 刺激动机

这是基于消费者对同伴或企业的信号刺激而产生的消费动机。同伴的消费信号的刺激包括"有意炫耀"引起的消费攀比、"标新立异"引起的消费模仿、"自我形象"引起的消费显示以及"归属需要"引起的团队消费。除此之外，企业也常常推出富有刺激性的"尊贵消费""新潮消费""有奖消费""体验消费"等活动，以吸引消费者参加。

5. 惠顾动机

这是基于消费者对情感和理智的经验，对某种商品、品牌或商标、厂商的特殊信任和喜爱而产生的习惯性重复购买的动机。由此类动机驱使的购买行为具有经常性和习惯性等特点。惠顾动机往往源于商品货真价实、服务周到、商品和企业信誉良好、商店环境美观、品种齐全、购买便利等。

（二）搜集信息并形成购物方案

消费者形成了购买某种商品的动机后，如果不熟悉这种商品的情况，往往就要先收集信息。这时，消费者会增加对有关广告、谈话等的注意，比以往更注意相关商品的信息。还可以通过查阅资料、向亲友和熟人询问情况的方式，积极地搜寻信息。一般来说，信息有以下四种来源：个人来源、商业性来源、公众来源和经验来源。

二、评价购物方案

在广泛地信息搜寻之后，消费者将会对已经熟识的几种商品与服务和将要发生的消费进行评价，将能满足需要的各种方案进行比较和评估。以购买轿车为例，消费者评价他们所要购买的轿车时将分别提取安全性、经济性、性价比、舒适感、排气量、款式、颜色等属性。当然，汽车的这些评价指标对消费者并不都是同等重要的，它们在消费者心目中有不同的权重，有些消费者注重轿车的舒适性、安全性，而大部分的消费者则注重性价比。

三、选购商品

通过评价购物方案，消费者会剔除一些备选商品，对某一品牌的商品产生偏爱，并准备采取购买行动。该阶段是消费者购买过程的关键阶段。选购商品时，应注意以下几点：

（1）优先考虑厂商的核心商品。通常，厂商的核心商品是最具有竞争力的商品，即主营商品。这类商品承担着品牌推广的使命，因而性价比被控制在合理的范围内。消费者由于光晕效应，开始购买其附件，认为附件也会有一样的性价比。但事实并非如此，厂商会在附属商品上赎回品牌溢价，其性价比就差很多。

（2）根据商品的核心功能选择商品。商品通常带有许多功能，只有一部分功能是核心的，另一部分功能很多时候不仅不能加分，反而减分。

（3）根据实际场景购买。看到一个商品，由于其出色的文案和营销，消费者会进入想象的使用场景中。由于这个虚拟的美好场景，消费者会购买很多不需要的东西。

（4）根据使用频率购买。使用频率低的，可以通过借用满足需求的或通过替代满足需要的，就不需要购买。

四、购买后的反思与总结

消费者购买了商品，并不意味着消费者购买行为的结束。消费者购买商品后，往往会通过使用，或家庭成员与亲友的评判，对自己的购买选择进行检验和反省，形成购买后的感受。最主要的感受就是满意还是不满意。当感到不满意时，一般可采取以下两种行动：一是找商家并要求对商品进行退换，将不满意的情况告诉亲戚朋友，以后再也不购买此种品牌或此家企业的商品等；二是将其不满意的情况诉诸公众，如向消费者协会投诉，向新闻媒体披露甚至告上法庭等。

 完成案例要求

一、判断家庭生命周期及理财重点

根据家庭生命周期理论判断，孙先生目前处于单身期阶段。该阶段面临恋爱、结婚、娱乐、继续教育支出等问题，很容易形成入不敷出的窘境，因此建议孙先生加强现金流管理，多储蓄，科学合理地安排各项日常收支，适当进行高风险的金融投资，如进行股票、基金、外汇、期货投资等，一方面积累投资经验，另一方面利用年轻人风险承受能力较强的特征博取较高的投资回报。

二、分析家庭财务状况

孙先生目前的流动性资产是 120 000 元，每月支出为 194 800÷12≈16 233 元。孙先生的资产流动性比率为 120 000÷16 233≈7.4。

三、估算紧急备用金

现金储备一般为月支出的 3～6 倍，即大约 48 700 元至 97 400 元区间内。考虑到孙先生工作收入稳定，职业前景看好，建议其现金储备保留月支出的 3 倍水平，大约49 000元。

四、制定现金规划方案

结合孙先生的财务状况，为孙先生设计的现金规划方案如下：

（1）紧急备用金49 000元，其中，保留现金 10 000 元，还应将货币市场基金（余额宝）的投入增加至39 000元，可将定期存款中的 29 000 元转投至货币市场基金（余额宝），作为日常生活储备金。这样既可以获得比活期储蓄存款较高的收益，又可以灵活取现或消费。

（2）根据资产流动性比率，孙先生可将多余的定期存款 61 000 元投资到其他高收益的理财产品上，以获得更大利益。

（3）另外，建议孙先生充分利用融资工具，可以申请一张信用卡，信用额度在30 000元左右，可以作为短期应急资金的来源，帮助孙先生渡过难关。

五、分析消费现状，提出合理消费建议

根据孙先生的收入支出表可知，孙先生年现金结余仅 13 200 元，相对于孙先生的收入而言，该现金结余水平较低。孙先生在服装、鞋帽、外出就餐和休闲娱乐等方面的年度支出达 10.5 万元，占总支出的 53.9％，建议孙先生适当降低上述支出，理性消费。

技能加血 ▶▶

三大技巧让你"榨干"银行利息

玩转你的存款，充分"榨干"银行的利息，也是门学问。那么，究竟应该如何玩转你手中的存款呢？

技巧一：金字塔式储蓄法

金字塔式储蓄法是指把一笔资金按照由少到多的方式拆分成几份，分别存入银行定期，当有小额资金需求时，仅把小份额的定存取出，这样既能满足用钱需求，也能最大限度地得到利息收入。

例如：10 万元的资金，分成 1 万元、2 万元、3 万元和 4 万元四笔，分别做一年期定期存款，假如在一年未到期时，需要 1 万元的急用资金，那么只需把四笔定存中的 1 万元取出即可，另外三笔的利息收入并不受影响。

这种方法适用于在 1 年内有用钱预期，但不确定何时使用和一次用多少的小额闲置资金。用分开储蓄法，不仅利息会比存活期储蓄高很多，而且在取出时能将损失降到最低。

技巧二：十二存单法

十二存单法是指每月将一笔钱以定期一年的方式存入银行，坚持整整 12 个月，从次年第一个月开始，每个月都会获得相应的定期收入。

你可以每月提取工资收入的 10%～15%，做一个 1 年期定期存款单。每月都这么做，一年下来，你就会有 12 张一年期的定期存款单。从第二年起，每个月都会有一张存单到期，如果有急用，就可以使用，也不会损失存款利息；如果没有急用的话，这些存单可以自动续存。而且从第二年起，可以把每月要存的钱添加到当月到期的存单中，重新做一张存款单，继续滚动存款。

采用十二存单法，不仅能获得远高于活期存款的利息，同时存单从次年开始每月都有一笔存款到期，供你备用。如果不用，则加上新存的钱，继续做定期。这样既能比较灵活地使用存款，又能得到定期的存款利息，是一个两全其美的做法。假如你这样坚持下去，日积月累，就会攒下一笔不小的存款。因此，十二存单法同时具备灵活存取和高额回报两大优势。在此提醒，在实行十二存单定存法时，每张存单最好都设定到期自动续存，这样就可以免去多跑银行之苦了。

技巧三：组合存储法

组合存储法是一种存本取息与零存整取相结合的储蓄方法。如果你有一笔额度较大的闲置资金，可以选择将这笔钱存成存本取息的储蓄。在一个月后，取出这笔存款第一个月的利息，然后开设一个零存整取的储蓄账户，把取出来的利息存到里面。以后每个月固定把第一个账户中产生的利息取出，存入零存整取账户。这样，不仅存本取息储蓄得到了利息，而且其利息在参加零存整取储蓄后，又取得了利息。

例如：一笔 10 万元的闲置资金，若选择存 2 年期，则 24 个月每月都分别有一笔利息存入另外一个账户再去计息。

活动设计

一、客户背景资料

范先生今年 27 岁，单身，为某证券公司初级员工。

二、收支情况（收入均为税后）

范先生月薪为 7 200 元，每年年底还可获得相当于两个月工资的奖金，已参加养老、医疗等社保体系。住房按揭贷款在其名下，每月需从日常开支中预留 4 000 元用于还贷。范先生每年过节杂费支出约 3 000 元，年缴保费 17 000 元。每月支出明细为：物业费 140 元、水电燃气费 250 元、通信费 100 元、交通费 160 元、服装鞋帽费 500 元、伙食费 1 000 元、休闲娱乐费 500 元。

三、资产负债情况

范先生一家目前居住的这套房产价值约 270 万元，目前有银行存款 3 万元，股票市值 6 万元。房贷余额 80 万元，还要还 25 年。范先生已投保分红终身寿险，保额 50 万元，需缴费 20 年。范先生年缴保费 12 000 元，由于才缴 1 年保费，目前现金价值合计仅 5 000 元。

根据案例，对范先生的财务状况进行分析，并为其制定现金规划方案。

思维导图

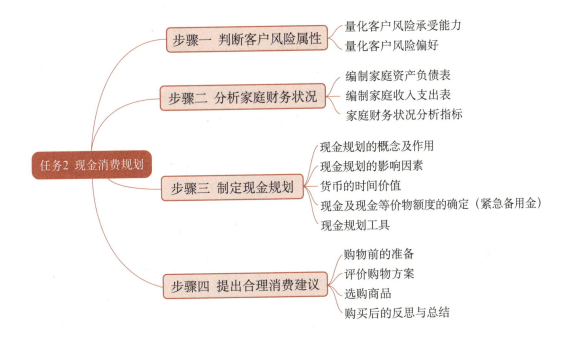

任务2　现金消费规划

步骤一　判断客户风险属性
— 量化客户风险承受能力
— 量化客户风险偏好

步骤二　分析家庭财务状况
— 编制家庭资产负债表
— 编制家庭收入支出表
— 家庭财务状况分析指标

步骤三　制定现金规划
— 现金规划的概念及作用
— 现金规划的影响因素
— 货币的时间价值
— 现金及现金等价物额度的确定（紧急备用金）
— 现金规划工具

步骤四　提出合理消费建议
— 购物前的准备
— 评价购物方案
— 选购商品
— 购买后的反思与总结

◀ 任务3　单身期理财规划 ▶

步骤一　理财目标分析

根据本项目开头"项目准备"的案例所示，张小墨正处于单身期，他希望能够合理消费及储蓄，积累自己的资产，也为结婚打下基础。

单身期是事业发展的重要阶段，面对日益激烈的职场竞争，一定要规划好自己的职业发展。张小墨正处于事业起步期和财富的初步积累阶段，他刚踏上工作岗位，缺乏经验，失业风险高，需注意自身提高及继续教育。

建议张小墨在考虑家庭理财的同时，也要考虑为自己"理才"，注重自身能力的积累和价值的提升，除了职场的优秀表现之外，还要进行必要的进修和提高，考取翻译相关的专业技能证书。此外，参加适合自身需求的业务培训也非常重要。由于目前职业竞争日趋激烈，职业教育费用也呈现水涨船高的态势。因而，建议张小墨每年都能为自己预留一份职业教育基金。考虑未来教育金的增长，可以从投资收益中每年预支金额5 000元。

步骤二：家庭财务状况分析及风险属性测评

一、个人生命周期判断

按照个人财务生命周期理论分析，张小墨正处于个人生涯的建立期和财务生命的积累期。按常规经验，此时的张小墨应该：

（1）在事业上，重视在职进修，为日后提高职场竞争力打好基础；

（2）在日常生活中，量入为出，为今后成家攒下资金；

（3）在投资上，选择定活结合、基金定投等中长期投资工具。

同时，由于张小墨的家庭是单亲家庭，作为独子，他还要负担起赡养母亲和维持家庭日常开支的重任。

二、家庭财务比率分析

$$储蓄率＝年储蓄额/家庭年收入总额$$
$$＝(1\ 500×12＋500)/(6\ 500×12＋3\ 000)$$
$$＝18\ 500/81\ 000≈22.84\%$$

$$净资产投资率＝投资净资产总额/净资产$$
$$＝50\ 000/1\ 220\ 000≈0.041$$

$$流动性比率＝活期及现金/月支出$$
$$＝10\ 000/5\ 000＝2$$

$$流动性净资产与净资产比＝(定活期及现金＋基金定投净值)/净资产$$
$$＝150\ 000/1\ 220\ 000≈0.123$$

$$负债比率＝负债总额/资产总额＝0$$

$$负债收入比＝每月债务偿还额/每月家庭收入＝0$$

通过家庭财务指标分析表（见表 2-26）中张小墨家庭财务数据与经验参考值的对比，发现主要问题如下：

（1）家庭的储蓄率和净资产投资率均低于经验参考值，这说明目前家庭财富累积能力较弱，从而导致用于储蓄和投资的资金不足。

（2）家庭的资产流动性比率和流动性净资产与净资产比都低于经验参考值，且由于其中 14 万元资金是以定期存款的形式存在的，一旦家庭出现需要动用大量现金的紧急状况，就要通过牺牲定期存款的利息收益来解决问题。

（3）经验参考值表明家庭的负债比率应低于 50%，才不至于产生债务危机。目前，张小墨家庭债务处于合理水平之下。然而，也正是由于不能充分利用信贷杠杆，家庭丧失了一些好的投资机会。

表 2 - 26 家庭财务指标分析表

序号	能力	财务比率	比率值	经验参考值
1	财富积累能力	储蓄率	22.84%	30%左右
2		净资产投资率	0.041	≥0.5
3	风险抵御能力	流动性比率	2	3～6
4		流动性净资产与净资产比	0.123	0.15 左右
5	债务清偿能力	负债比率	0	≤0.5
6		负债收入比	0	≤0.4

三、家庭风险属性测试

为了能更好地做出理财建议，需对张小墨家庭做家庭风险属性测试，这有助于更好地认识此家庭目前的财务情况。表 2 - 27 为风险承受能力评估表，表 2 - 28 为风险偏好评估表。

表 2 - 27 风险承受能力评估表

项目	10分	8分	6分	4分	2分	得分
年龄	总分 50 分，25 岁以下者 50 分，每多 1 岁少 1 分，75 岁以上者 0 分					50
就业状况	公职人员	工薪阶层	佣金收入者	自由职业者	失业者	8
家庭负担	未婚	双薪，无子女，自用住宅	双薪，有子女	单薪，有子女	单薪，养三代	10
置产状况	投资不动产	无房贷	房贷<50%	房贷>50%	无自用住宅	8
投资经验	10 年以上	6～10 年	2～5 年	1 年以内	无	4
投资知识	有专业证照	财经类专业	自修有心得	懂一些	一片空白	4
合计得分						84

表 2 - 28 风险偏好评估表

项目	10分	8分	6分	4分	2分	得分
对本金损失的容忍程度	可承受亏损的百分比（以一年的时间为基准），总分 50 分，不能容忍任何损失为 0 分，每增加 1 个百分点加 2 分，可容忍 25% 以上损失者为满分 50 分					16
首要考虑因素	短期价差	长期利得	年现金收益	抗通胀保值	保本保息	8
过去投资绩效	只赚不赔	赚多赔少	损益两平	赚少赔多	只赔不赚	4
亏损心理状态	学习经验	照常过日子	影响情绪小	影响情绪大	难以成寐	4
目前主要投资	期货	股票	房地产	债券	存款	8
未来希望避免投资的工具	无	期货	股票	房地产	债券	6
合计得分						46

根据张小墨家庭的风险承受能力和风险偏好得分可以判断：张小墨为高风险承受能力与中等风险态度的投资人。合适的投资组合配置为30％债券和70％股票，投资产品组合的预期报酬率为8.5％。

步骤三：制定现金消费规划

就紧急备用金而言，通常以个人或家庭3～6个月的支出为宜。目前，张小墨家庭中有1万元的资金是活期存款，家庭的月支出为5 000元，流动性比率为2，低于正常范围参考值。建议张小墨：

（1）提高紧急备用金金额：考虑到张小墨为应届毕业生，初入职场，工作稳定性稍弱；且母亲患有慢性疾病，可能面临支付医疗费等紧急情况，因此将紧急备用金设为4个月支出水平，即2万元。

（2）盘活紧急备用金：将现有的2万元活期存款中的1万元投资于货币市场基金，例如余额宝、腾讯理财通、京东小金库、招商银行的朝朝盈等，在兼顾流动性的同时，可获取更高的投资报酬率。5 000元存于银行卡中，开通定活转换功能，剩余5 000元作为现金备用。

（3）"节流＋定投"双管齐下：适当控制家庭的月支出，通过减少不必要的交通、通信及交际应酬，将每月开支减至4 000元。每月结余的2 500元用于各类基金的定额定投。

（4）适度信贷：申请一张具有透支功能的双币种信用卡，通过信用卡的透支额度补充紧急备用金，这样可利用实际消费日至还款日之间的时间差，降低日常生活开支占用紧急预备金的时间和比例。

◀ 理财与育人 ▶

远离"超前消费"陷阱，牢记勤俭节约美德

自古以来，勤俭节约始终是中华民族的传统美德，也是中国共产党的优良作风。2019年3月5日，习近平总书记参加十三届全国人大二次会议内蒙古代表团的审议时指出，"过去我们党靠艰苦奋斗、勤俭节约不断成就伟业，现在我们仍然要用这样的思想来指导工作"，"不论我们国家发展到什么水平，不论人民生活改善到什么地步，艰苦奋斗、勤俭节约的思想永远不能丢。艰苦奋斗、勤俭节约，不仅是我们一路走来、发展壮大的重要保证，也是我们继往开来、再创辉煌的重要保证"。

随着社会的进步，人们的消费观念日益成熟，超前消费作为一种理性的消费手段被越来越多的人接受。据蚂蚁花呗发布的《2017年轻人消费生活报告》，在中国近1.7亿"90后"群体中，开通花呗的人数超过4 500万，即平均每4个"90后"就有1个使用花呗。而在购买手机时，76％的年轻用户会选择分期付款。类似的信用贷现象已在年轻人群体中形成趋势。但是当超前消费脱离自己的收入水平和收入能力时就是盲目的消费行

为。这种现象在年轻人的群其中尤为明显，他们的超前消费是以追求享乐为目的，以消费高品牌、高档次的商品为特点，脱离实际。一旦他们尝到超前消费的甜头，就可能被冲昏了头脑，丢掉勤俭节约、艰苦奋斗的优良传统，沉溺其中，无法自拔，最终自食其果，余生为还"贷"所累。

当前超前消费之所以受年轻人的欢迎，是因为一方面社会快速发展，社会浮躁、诱惑众多、盲目攀比和不断膨胀的消费欲在作祟；另一方面当前信贷平台繁多，网贷广告充斥，每点开一个页面，大数据就会针对每一个人推送诱导性广告，且网贷门槛低、申请便利、手续简单、放款迅速，使人们极易陷入"贷款"的陷阱里。

在鱼龙混杂的贷款平台中，隐藏着众多的非法贷款，且迷惑性强、危害巨大，特别是有些还披着"普惠""科技""互联网"的外衣。平台宣称不需要资质、不需要担保、不需要抵押，且利息低，诱导消费者贷款。比如：许多借贷产品描述只需"万分之五/天"的手续费，即 1 万元每天 5 元的利息，但是折算下来年化利率高达 18%。对于许多缺乏金融知识的年轻人而言，这些被包装美化过的借贷产品广告具有极强的迷惑性。很多人在未全面了解借贷合同的情况下，盲目申请借贷，甚至落入"连环贷"圈套里，最终靠拆东墙补西墙来缓解当前困难，最后成为一场噩梦。

信用借贷本身没有错，是个人的选择。然而当今社会，大多数人的欲望被轻易放大，并且开始不理性地消费。各种包装让人们的过度消费被"合理化"。有人说："真正的生活品质，是回到自我，清楚衡量自己的能力与条件，并在这有限的条件下追求最好的事物与生活。"我们追求物质上和精神上的享受并没有错，可是不能过度消费，我们需要自我管理，需要保持清醒，理性地消费。

无论是一个家庭的富裕，还是一个国家的强大，都离不开开源节流、勤俭持家。习近平总书记一直提倡"厉行节约、反对浪费"的社会风尚，多次强调要保持艰苦奋斗、勤俭节约的作风。在传统文化中，也有"一粥一饭，当思来之不易；半丝半缕，恒念物力维艰"。

"消费"与"浪费"仅一字之差，其语义迥然不同。合理适度的消费，是经济社会发展的内生动力，是人们获得感、幸福感、安全感的重要源泉。而消费不合理不适度，不仅破坏资源，而且影响社会风气，必将制约经济社会可持续发展。我们提倡理性消费，勤俭节约是永不过时的美德，是父辈们的艰苦奋斗，为我们这代人打下了美好物质生活的基础，我们需要感恩和传承，谨记"历览前贤国与家，成由勤俭败由奢"！

来源：四川在线 . https://n.eastday.com/pnews/1609043316021551

◀ 习题库 ▶

一、单选题

1. 理财规划师在为客户提供服务时总是会为个人或者家庭预留一定的现金量，遵守的是个人理财规划的（　　）原则。

    A. 整体规划   B. 提早规划

    C. 现金保障优先   D. 风险管理优于追求收益

2. 流动性比率是现金规划中的重要指标，下列关于流动性比率的说法正确的是（　　）。

    A. 流动性比率＝流动性资产/每月支出

    B. 流动性比率＝净资产/总资产

    C. 流动性比率＝结余/税后收入

    D. 流动性比率＝投资资产/净资产

3. 家庭记账时只有在信用卡还款时计支出，而不是在消费时计支出的依据是（　　）。

    A. 收付实现制   B. 权责发生制

    C. 借贷记账规则   D. 现金流量与储蓄的关系

4. 下列交易中会导致家庭资产负债表中资产和负债等额增加的是（　　）。

    A. 提取定期存款投资股票

    B. 股票变现所得清偿银行贷款

    C. 贷款购房

    D. 年终奖投资于股票

5. 下列关于货币市场基金说法不正确的是（　　）。

    A. 货币市场基金是指仅投资于货币市场工具的基金

    B. 就流动性而言，货币市场基金的流动性很好，甚至比银行7天通知存款的流动性还要好

    C. 就安全性而言，货币市场基金投资品种的特性基本决定了货币市场基金本金风险接近于零

    D. 一般来说，申购或认购货币市场基金没有最低资金量要求

二、多选题

1. 理财规划师应该向客户说明的信息有（　　）。

    A. 理财规划师的行业经验和资格

    B. 个人财务规划的费用和计算

    C. 个人财务规划过程和实施所涉及的其他人员

    D. 个人财务规划的后续服务以及评估

2. 信用卡的理财功能包括（　　）。

    A. 支出记录与分析   B. 支出管理

    C. 资金调度   D. 建立信用

3. 以下属于家庭负债的有（　　）。

    A. 应付账单   B. 银行贷款

C. 信用卡透支   D. 租金

4. 现金流量表中的现金等价物具有以下特点（   ）。

A. 投资期限短   B. 流动性强

C. 易于转换为已知金额的现金   D. 价值变动风险很小

5. 下列哪些项目是紧急备用金测算依据？（   ）

A. 重大疾病导致的收入损失

B. 需要应对的意外事故

C. 发生自然灾害后资产重建费用

D. 失业而产生的收入损失

三、判断题

1. 个人在缺少专业知识的情况下，通常可借助银行提供的专业理财规划服务的帮助，使自己和家人的财富效能增加，最终实现人生各阶段的目标和理想。（   ）

2. 个人银行理财规划应是一个动态的过程，即随着时间的推移，个人投资者的投资目标可能会有所改变。（   ）

3. 家庭紧急备用金是家庭风险控制的最后屏障，也是最为重要的屏障。（   ）

4. 一般建议流动性比率保持在 3～6 之间。（   ）

5. 一份详细的收入支出表可以帮户客户了解自身的财务状况，也是编制现金流量表及分析的基础。（   ）

四、简答题

1. 理财规划师在为客户进行规划时需要收集哪些信息？

2. 简述影响客户风险的因素。

3. 理财规划师在现金规划时需要考虑哪些因素？

4. 现金规划工具包含哪些？

5. 简述财务自由度指标。

项目三　家庭形成期理财

◀ 项目准备 ▶

 ### 生命周期分析：家庭形成期

　　家庭形成期也叫筑巢期，这个时期是指从结婚到子女出生，特征是处于美满的二人世界。此处假设家庭支出主要由男方负担。家庭里的准父亲一般年龄在 25～35 岁，家庭支出面临较大压力，加之结婚、购房、购车等，一般负债较高。这就使得作为家庭经济支柱的准父亲，将承担更多的社会和家庭责任，尤其是为了迎接即将出生的宝宝。因此及早为家庭制定和执行有效的理财规划非常重要，从整个家庭生命周期来看，这个时期的理财规划可能最为重要，在以后的各个阶段只要根据家庭情况的变化对这个规划进行相应的调整即可。

理财重点：

　　1. 做好保险规划。作为准父亲和家庭经济支柱，家庭责任重大，而从某种意义上说，保险是对家庭负责的最好体现，可以使自己成为一把为家人遮风挡雨的"爱心大伞"。在保险规划上，首先要确定保额和保费，按照通常的做法，一个家庭每年的保费支出应以年收入的 10% 为宜。对于保额，也要根据家庭的具体情况来确定，对于普通家庭来说，每个家庭所需要的寿险保额约为家庭年收入的 10 倍，但在具体规划时还要把房贷、车贷余额纳入保险需求。其次要确定保险种类。对于家庭形成期的准父亲，要重保障、轻投资，最应该考虑的是保费便宜、消费型的定期寿险、意外伤害保险和大病健康保险，尽可能地做到保费小、保额大。为了应对意外事故和以后每个生涯阶段的理财目标需求，如果资金比较宽裕，还可选择另外一种可贯穿一个家庭整个生命周期的投资型险种，即万能险，这种保险的保费和保额比较灵活，许多人认为一张万能险的保单就可以满足一个人一生的保险需求。

　　2. 投资规划可以激进一些。俗话说，年轻就是资本，这一时期的准父亲正处于人生起步并迅速上升阶段，喜欢尝试新生事物，也经得起失败和挫折，能够承受较高的投资风险，因此可以追求较高的收入增长率。从投资种类上看，股票类、债券类、货币类可分别占 70%、10%、20%。

3. 量力而行规划好支出。由于家庭刚刚形成，生活压力较大，特别是需要购房购车，支出较多。对此，准父亲要注意权衡家庭的基本情况和未来的收入支出，量力而行，合理规划好购房购车事宜。

4. 规划好个人职业生涯。当今世界是竞争的社会，更是学习的社会，对于年轻的、即将承担生儿育女责任的准父亲来说，规划好自己的职业生涯至关重要，特别是要不断地进行学习投资，使自己的职业生涯前途无量，真正承担起家庭的重大责任。

# 目标客户

一、客户基本情况

王先生夫妇去年刚结婚，结婚时，双方父母各赞助了一笔钱，让小夫妻在郊区买了一套小户型房子，现在这套房子价值 75 万元，贷款本金余额还有 21.75 万元。具体情况如表 3-1 所示。

表 3-1　　　　　　　　　　家庭每月收支情况

家庭成员	年龄	职业	月收入	每月兼职收入
王先生	26	IT 工程师	6 150 元	750 元～7 500 元
王太太	26	普通职员	4 125 元	—

二、家庭财务报表

表 3-2～表 3-4 为王先生夫妇的家庭财务报表。

表 3-2　　　　　　　　　　家庭每月收支情况　　　　　　　　　　单位：元

每月收入			每月支出		
项目	金额	占收入百分比	项目	金额	占支出百分比
薪金收入	10 275	93%～58%	房屋贷款	2 400	23%
其他收入	750～7 500	7%～42%	基本生活开销	3 000	28%
			外出就餐、购物、娱乐等	5 250	49%
			医疗保险	0	
			其他支出	0	
总收入	11 025～17 775		总支出	10 650	
净收入	375～7 125				

表 3-3 家庭年度收支情况 单位：元

年度收入			年度支出		
项目	金额	占收入百分比	项目	金额	占支出百分比
年终奖	15 000	40％	保险费	0	0
存款、债券利息	750	2％	旅游费	7 500	50％
股利、股息	15 000	40％	人情、探亲费用	7 500	50％
其他	6 750	18％			
总收入	37 500		总支出	15 000	
净收入	22 500				

表 3-4 家庭资产负债表 单位：元

项目	金额	占资产百分比	项目	金额	占负债百分比
流动资产			短期负债		
现金及活期存款	30 000	3.4％	信用卡付款	0	
定期存款	19 500	2.2％	消费贷款	0	
基金	75 000	8.4％			
债券	0				
其他	18 000	2.0％			
非流动资产			长期负债		
房产（自住）	750 000	84.0％	房屋贷款	217 500	100.0％
房产（投资）	0		汽车贷款	0	
黄金及收藏品	0				
资产总值	892 500		负债总值	217 500	
净值（资产—负债）				675 000	

三、理财目标

1. 3年后，生育一个孩子，要加快准备养育孩子的资金等前期工作；

2. 5年后，换一套大户型房子自住，并保留现有住房，为买房筹集到50万元的首付款；

3. 增加家庭成员的自身保障。

 **任务清单**

1. 进行家庭财务分析；

2. 进行住房规划；

3. 进行家庭保障规划；

4. 完成形成期家庭理财规划。

理财测一测

你会拥有几套房？请扫描二维码查看测试。

◀ 任务1 住房规划 ▶

示范案例

小刘在 IT 行业工作，硕士毕业后，在北京谋得一份全球 500 强企业的工作，年薪 20 万元（税后）。他的女朋友也跟随他从老家来到北京工作，到手月工资 7 000 元，按 13 个月计发。

家庭支出方面，除了每年 6 万元的房租，柴米油盐等生活费还需要 5 万元。目前小刘有 35 万元积蓄，女朋友有 15 万元存款。转眼到了 30 岁，他们准备今年结婚。

理财目标：在父母答应出资 50 万元的前提下，计划 3～5 年内购买一套房子。

案例要求：

1. 分析家庭财务状况；

2. 确定家庭购房需求；

3. 制定购房融资计划。

技能目标

了解住房规划流程，掌握住房决策成本收益分析方法，能选择合适的筹资方式，并运用相关工具制定住房规划。

理财故事

爸爸们的购房选择

爸爸作为一个重要的家庭角色，通常背负着"顶梁柱"的重任，在购房的选择与行为上，四代爸爸们有什么不一样呢？

据某房产网 2017 年的调查，不同年龄时代的爸爸，在期待住房的选择上，出现了明显的差异，主要表现如下：

一是户型选择上，"70 后"爸爸更倾向大户型，青睐 120 平方米以上住房的"70 后"占到总体大户型"倾慕者"的 32.9%；"60 后"中有 33.1% 的爸爸则表示会选择 60 平方米以下的小户型。同时，52% 的爸爸会选择商业贷款，购买总价 800 万元以内的房产占主流。"60 后"爸爸购买 1 200 万元以上豪宅的占比最高。而"70 后"爸爸购房总价超过 500 万元的占比最高，整体经济实力最佳。"80 后""90 后"爸爸则对于低总价类住房的需求更大。

二是购房决策权上，实际购房中，40% 的爸爸有绝对的购房决策权，同时，各年龄段爸爸的表现有所差异："60 后"爸爸最乐于与家庭成员协商，成为"最民主爸爸"；"70 后"爸爸自己决策比例更高，为"最权威爸爸"；"80 后"爸爸与家庭成员协商的占比也较高，为"最暖心爸爸"；在"90 后"爸爸中，听取父母意见的占比最高，为"最听话爸爸"。

三是在配套设施方面，"80 后"爸爸在选择住房时，子女和老人是他们的心系所在，既要考虑子女的日后入学问题，又要考虑老人就医方面的需求，周围是否有学校和医院，显得格外重要。"90 后"爸爸对于商圈周围的住宅情有独钟，在当今快节奏的生活环境下，吃喝玩乐一应俱全的商业设施，更能满足"90 后"爸爸的需求。"70 后"爸爸更倾向于自然环境优越的社区，例如容积率低、绿化率高、相对安静的高端楼盘。"60 后"爸爸则希望未来的住房更能让他们享受到惬意的退休时光，除了对医疗设施有较高要求外，如果周边能有公园或体育场馆，"60 后"爸爸的幸福指数将会大大提升。

资料来源：http://house.hexun.com/2017-06-18/189690251.html

步骤一：决定租房还是购房

一、了解住房规划流程

随着我国住房政策从福利分房向货币分房转化，住房决策在做个人或家庭决策时越来越重要。房价持续上涨以及按揭购房普遍推广，购房首付款及融资计划，这些会影响家庭未来资产负债状况和现金流量的方向。只有事先进行规划，比较成本与收益，进行科学决策，才不至于陷入购房困境。

住房规划就是根据自己的居住需求进行购房、租房、建房、卖房、换房及相关融资计划的系列决策。住房规划流程图如图 3-1 所示。影响家庭居住需求的因素有：空间需求，主要受家庭人口数量影响；环境需求，主要受生活品质要求影响。在住房规划中，家庭人口数量、生活品质要求等是首要考虑的问题。

满足居住需求的主要途径是购房和租房，因此，我们从购房和租房相关决策角度来分析住房规划。在考虑购房或租房决策时，主要了解房租增长率、房价增长率、居住年数、利率水平、自身负债能力等。如果购房，则从区位、类别、户型、面积、用途等方面进行选择，并合计总价，考虑首付和贷款计划。如果租房，则选择房源计算租金。

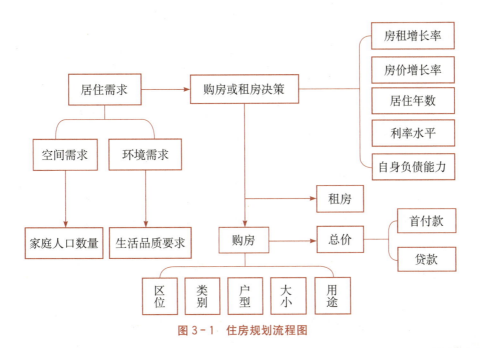

图 3-1　住房规划流程图

二、比较租房与购房

租房还是购房是一个基本选择，主要从优缺点、自身财务承受力、未来房价预期等角度来分析决策。表 3-5 为租房和购房的优缺点对比。

表 3-5　　　　　　　　　　　租房和购房优缺点

类型	优点	缺点
租房	可根据自身收支情况，方便调整居住条件； 有更多剩余资金用于投资； 对工作地点不稳定者，具有更大迁徙自由度； 不必担心住房价格下跌，不必承担购房的各种税费，不必支付房屋维修费	房租价格上涨风险； 存在非自身搬离风险； 不能根据自身意愿装修； 没有自己的产业
购房	有自由使用房屋的权利，可根据需要装修住房，提高居住质量； 具有保值增值功能，能抵御通货膨胀； 可利用住房进行抵押融资	购房支出大，购房前期财务压力大； 房屋流动性低，变现能力差； 存在房价下跌风险； 不利于变换工作地点

活动设计

张先生和王小姐在某市工作三年后打算结婚，可是目前尚无自己的住房，两人手头有 30 万元积蓄。张先生打算先买个小点的二手房，等有了钱再换大一点的房子；王小姐则觉得要买就一步到位，买个大房子，否则宁可先租房再买房。

请你作为局外人，为他们提些建议。

三、财务决策

选择购房还是租房，要进一步从成本和房价预期的角度来分析。

（一）年成本法

购房年成本主要体现在购房首付款的机会成本、房屋贷款的利息成本、税费、维修费等。而租房的成本主要体现在房租、押金占用的机会成本。

购房年成本＝首付款×机会成本率＋贷款余额×贷款利率＋年维修费及税费

租房年成本＝房屋押金×机会成本率＋年租金

购房和租房，除了考虑年成本外，还需要结合以下未来预期综合考虑：

一是预期房租调整。如果预计未来房租将上涨，则年租金成本将随之增加。

二是预期房价走势。如果考虑未来房价看涨，则即使目前购房的年居住成本稍高，考虑到未来出售房屋的资本利得能弥补居住期间的成本差异，购房更合算。

三是预期利率变化。利率越低，购房的年成本越低，则租房与购房的成本差异会越小，购房就会越合算。

 同步案例

李小姐最近看上某小区的一套二手房，该房可租可售。如果租房，房租每月3 000元，押金1万元。如果购房，购买的总价是70万元，李小姐可以支付30万元首付款，另外40万元拟采用5.51%的商业贷款利率向某商业银行贷款。另外，购买二手房需要较多的税费支出和装修费用，这些税费如果按年平摊，大约每年5 000元。假定李小姐的年平均投资收益率是4%，请使用年成本法，判断李小姐应该租房还是买房。

年成本法计算步骤：

李小姐租房年成本＝3 000×12＋10 000×4%＝36 400（元）

李小姐购房年成本（第一年）＝300 000×4%＋400 000×5.51%＋5 000

＝39 040（元）

按年成本法，租房成本小于购房成本。

（二）净现值法

净现值法是在一个固定的居住时间内，将房租或购房款的现金流折现，现值较小者更划算。

$$NPV = \sum_{t=0}^{n} \frac{CF_t}{(1+i)^t}$$

其中，NPV为净现值，t为时期数，CF_t为各期的净现金流，i为折现率。

一般而言，净现值法中的居住年数是重要决策指标，如果居住年数较短（如3年内），则租房更划算。因为房贷利息、装修费、房屋交易税费等合计会高于租房成本。

 **同步案例**

> 王先生最近看上某小区的一套房子。该房可租可售。如果租的话，房租每月 3 000 元，租期 4 年，押金 1 万元，预计房租每年调涨 100 元。而购买的总价是 70 万元，王先生可以支付 30 万元的首付款，另外 40 万元拟采用 6％的商业贷款利率向某商业银行贷款，贷款 15 年，本息等额摊还。另外，购买该房的税费及装修费共需 10 万元。王先生估计居住 4 年后，仍能按原价出售。请问，王先生租房还是买房合算（王先生年平均投资回报率是 4％）？
>
> 王先生租房的净现金流量现值：$\sum_{t=0}^{48} \dfrac{CF_t}{(1+0.33\%)^t} = -141\ 229$，则 $NPV = 141\ 443$ 元。其中，折现率应调整为月利率，$i = 4\% \div 12 = 0.33\%$。
>
> 王先生贷款年利率 6％，$i = 6\% \div 12 = 0.5\%$，供还款 15 年，即 180 期，每月还款额 $= 400\ 000 \div (P/A, 0.5\%, 180) = 3\ 375$（元）。
>
> 王先生 4 年后房贷余额 $= 3\ 375 \times (P/A, 0.5\%, 132) = 325\ 592$（元）
>
> 4 年后将卖房收入 700 000 元偿还当月还款额 3 375 元与房贷余额 325 592 元，还剩 371 033 元。可见，租房净现值 141 229 元小于购房净现值 230 340 元（$\sum_{t=0}^{48} \dfrac{CF_t}{(1+0.33\%)^t} = -230\ 340$ 元），王先生租房更合算。

步骤二 规划购房

如果决定购房，则首先考虑自己的负担能力，其次确定购房总价，并根据居住需求计算单价，最后，确定房屋类型及目标房源。

一、衡量自己的负担能力

购房规划的首要问题就是按照自己的经济能力确定购房目标。评估自身经济能力，可以用储蓄（主要用作首付款）及还贷能力估算可负担的房屋总价。

可负担首付款＝目前收入×年收入中负担首付比率上限×年金终值系数（其中 n＝距离购房的年数，r＝投资报酬率）＋目前净资产×复利终值系数（其中 n＝距离购房的年数，r＝投资报酬率）

可负担房屋贷款＝目前年收入×复利终值系数（其中 n＝距离购房的年数，r＝收入增长率）×年收入中可负担贷款比率上限×年金现值系数（其中 n＝距离购房的年数，r＝贷款利率）

可负担购房总价＝可负担首付款＋可负担房屋贷款

 同步案例

> 　　王二家庭年收入 8 万元，家庭净资产 60 万元，其中 70% 为储蓄可负担的首付款的上限，贷款年限 10 年，利率以 6% 计算。假设王二家庭的年收入中负担房贷的比率上限为 40%。由以上公式得出，可负担首付款上限为 60×70%＝42 万元。可负担房贷上限为 8 万×40%×7.36（参照年金系数表）＝23.552 万元。那么可以负担的房屋总价是 42＋23.552＝65.552 万元。

二、确定购房单价

　　购买多大面积的房子，取决于家庭人口数和对空间舒适度的需求。一般来说，如果是单身族，那么房子面积小一些即可；如果是家庭，那么就要考虑多室多厅的房子。房间多意味着所需的面积也就更大，可负担房屋单价可按以下公式计算：

　　　　可负担房屋单价＝可负担购房总价/需求面积

　　另外，装修的费用、购置家具的费用、购房税费等也需要考虑。在我国，涉及购房交易的税费主要包括契税、营业税、印花税、个人所得税、中介费、土地出让金等。以上各种费率根据买卖房屋的类型在不同时期会有所调整，而且不同地区执行标准也有所不同。

 同步案例

> 　　接上例，假设王二家庭为三口之家，购买一套三室两厅、面积在 120 平方米左右的房子，可负担的购房单价＝655 520/120＝5 463 元/平方米。若还有车位需求，车位按 10 万元计算，那么房屋的单价就是购房总价减去 10 万元后得出的价格，即4 629 元/平方米。

 理财工具

> ### 购房税费计算
>
> 　　在计算实际购房税费时，不必一项一项去计算，每个房产网站都免费提供"购房税费计算器"，只要输入房屋总价，系统就会自动输出房屋相关的各种税费金额。
>
> 　　https://www.fangdaijisuanqi.com/shuifeijisuanqi/
>
>

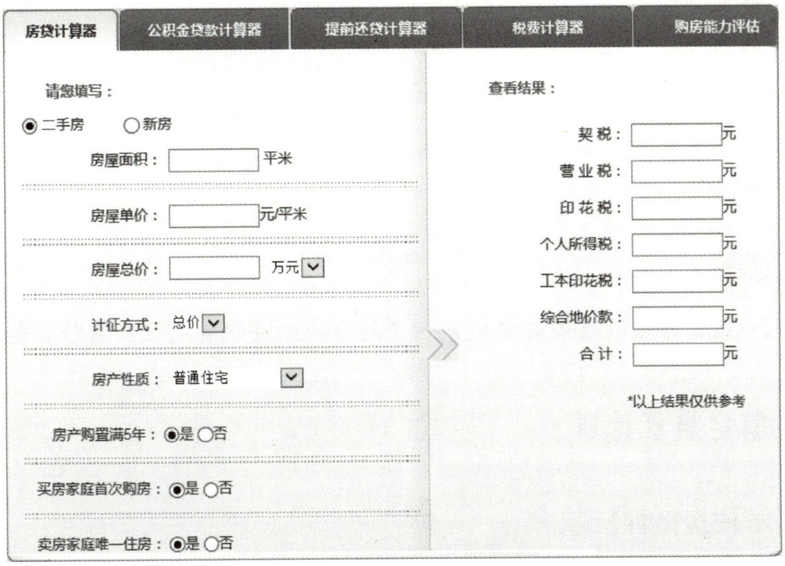

图3-2 购房税费计算器

三、寻找合适住房

选择合适的住房,要考虑是否需要房地产中介机构提供服务,以及亲自到现场看房。

1. 选址

买房时,选址通常被认为是最重要的考量因素——城区、郊区、农村。在选址时,还需要了解区域法律,区域法律是对如何利用某地区房产的限制性规定。如果已经成家,应该评估一下学校情况。没有孩子的,住房选址也会从有教育优势的地区处受益,因为教育优势有助于房地产的保值。

2. 房屋考察

对房屋的考察是确定市场价格的重要环节,尽量谨慎小心,减少麻烦以及额外的开支,表3-6列出了一些房屋考察细节。

表3-6   房屋考察细节

内部建造	外部建筑
电器设备和电线情况; 卫浴设备情况; 水压、热水器情况; 墙壁、地板、门窗质量状况; 裂缝及其他潜在的屋顶问题等	建筑材料的质量和建筑自身的状况; 地基的建造和状况; 砖结构、木结构及其他结构状况; 烟囱质量和状况; 屋顶和排水的质量等

续前表

内部设计	外部设施
房间的大小和设计； 壁橱的数量和储存空间； 烹饪通风情况及厨房布局； 阁楼与地下室相通的便利性等	街道与人行道情况； 风景和绿化情况； 车道和车库情况； 室外照明等

活 动 设 计

3～6 人一组，通过网络或者实地走访了解当地购房税费政策和房价走势情况。

步骤三 ： 制定融资计划

一、了解住房抵押贷款

购置房屋时，由于房价总额过高，难以一次性付清房款，通常须借助于银行贷款等融资方式。目前，购房融资形式最常见的是住房抵押贷款，它是在个人购买住房时，由于经济能力有限，只支付房屋总价一定比例的首付款，银行向购房者提供余下的大部分房款，购房者在较长时期内分期向银行还本付息。住房抵押贷款中所购住房为抵押物，作为偿还贷款的担保，而在未还清本息之前，用其产权证给银行作抵押，若购房者不能按照期限还本付息，银行可将房屋出售，以抵消欠款。贷款买房对于家庭来说是一项长期投资，在若干年内面临还本付息压力。因此购房者应客观理性地评价自身的支付能力，做好融资规划，以免陷入财务困境。

新房贷款的贷款期限最长不超过 30 年，二手房则不超过 20 年，贷款额度最高是房屋评估值的 70%，贷款利率按照中国人民银行规定的同期同档次贷款利率执行。

（一）房屋要求

房屋的产权要明晰，符合国家规定的上市交易的条件，可进入房地产市场流通，未做任何其他抵押；房龄（从房屋竣工日起计算）与贷款年限相加不能超过 40 年；所抵押房屋未列入当地城市改造拆迁规划，并有不动产登记部门核发的不动产登记证。

（二）贷款人要求

中国境内有固定住所、有当地城镇常住户口（或有效证明）、具有完全民事行为能力，并且符合下列条件的中国公民均可申请住房抵押贷款。

（1）有正当职业和稳定的收入来源，具有按期偿还贷款本息的能力；

（2）没有违法行为和不良信用记录；

（3）能够提供银行认可的有效权利质押担保，或能以合法有效的房产作抵押担保，或具有代偿能力的第三方保证。

二、选择住房抵押贷款种类

目前，我国住房抵押贷款的种类主要有三种，分别是商业性个人住房抵押贷款、住房公积金贷款和个人住房组合贷款。

（一）商业性个人住房抵押贷款

商业性个人住房抵押贷款（又称按揭贷款）是中国公民因购买商品房而向银行申请的一种贷款，是银行用其信贷资金发放的自营性贷款。具体是指具有完全民事行为能力的自然人，购买本市城镇自住住房时，以其所购买的产权住房（或银行认可的其他担保方式）为抵押，作为偿还贷款的保证而向银行申请的住房商业性贷款。商业性个人住房抵押贷款是商业性贷款中的一种贷款方式。

凡符合下列两种情况之一的，即可申请贷款：一是参加住房储蓄的居民；二是住房出售商和贷款银行有约定，由房地产担保企业为居民购房贷款向银行提供担保。

贷款条件：

（1）二手房住宅贷款成数最高为购房总价与房屋评估价两者之间低值的70%，根据不同银行不同套数贷款额度有所浮动，具体以所贷款银行的要求为准；

（2）贷款期限最长为30年，借款人到贷款期限年龄为男不超过65岁，女不超过60岁；

（3）贷款利率按照中国人民银行有关贷款利率的规定执行。

（二）住房公积金贷款

住房公积金贷款是以住房公积金为资金来源，向缴存住房公积金的职工发放的定向用于购买、建造、翻建、大修自有住房的专项住房消费贷款。相对于商业住房贷款，住房公积金贷款具有利率较低、还款方式灵活、首付比例低的优点，缺点在于手续烦琐，审批时间长。

贷款条件：

（1）只有参加住房公积金制度的职工才有资格申请住房公积金贷款，没有参加住房公积金制度的职工不能申请住房公积金贷款；

（2）参加住房公积金制度者要申请住房公积金个人购房贷款还必须符合相关条件，即申请贷款前连续缴存住房公积金的时间不少于6个月；

（3）配偶一方申请了住房公积金贷款，在其未还清贷款本息之前，配偶双方均不能再获得住房公积金贷款；

（4）贷款申请人在提出住房公积金贷款申请时，除必须具有较稳定的经济收入和偿还贷款的能力外，没有尚未还清的数额较大、可能影响住房公积金贷款偿还能力的其他债务；

（5）公积金贷款期限最长不超过30年，办理组合贷款的，公积金贷款和商业性住房贷款的贷款期限必须一致。

（三）个人住房组合贷款

个人住房组合贷款是指符合按揭贷款条件的贷款人同时缴存了住房公积金，在申请按揭贷款的同时，向银行申请住房公积金贷款，即既有住房公积金贷款也有商业性个人住房抵押贷款。

三、评估贷款和还款方式

由于住房贷款利率很高，如果贷款期限太长，客户将支付较多贷款利息；贷款期限太短，可能导致客户陷入财务危机，所以理财规划师应帮助客户正确制定适合自己的还款方式。

（一）评估贷款

申请住房抵押贷款时，银行不会给予全部贷款，一般会要求贷款人支付房屋总价款的 20%～50%，这笔资金也称为首付款。贷款额度决策的关键在于资金的机会成本。如果资金投入其他项目可以带来的回报高于增加贷款带来的成本，就应该尽量申请最大额度的贷款。首付越多，今后偿还的本金越少，偿还期限可以缩短，利息支付也可以减少。

图 3-3 为评估贷款的流程，一般有 5 步。

图 3-3　评估贷款

（1）对家庭现有经济实力进行综合评估，以此确定首付款与贷款比例。银行审批的贷款额度一般来讲是小于或等于申请的贷款额度，要避免贷款额度不足而造成房屋买卖合同违约。

（2）对家庭未来的收入及支出做出合理的预期。谨慎地制定贷款及还款计划，如果预期收入有风险以及有较大的预期支出，将会削弱还款能力，从而影响还款资信。

（3）预算还款能力。还款能力是决定可贷款额度的重要依据，其计算方式是家庭平均月收入减去家庭平均月支出得到的余额，在计算时要考虑收入和支出的可能变化。

（4）预算最高可承受的贷款额度。月还款能力与月还款额相等的贷款额度为其最高可承受的贷款额度。另外，首期付款不要把手头的现金用完，而应留有资金用于装修、配置、还款、投资、创业。

（5）评估所买房屋的贷款资格。若房龄太久，贷款成数有可能达不到客户的要求。还有一些房屋银行是不提供贷款的，例如拍卖的房屋。避免因不能贷款或贷款额度不足而影响购房计划，甚至因贷款原因不能支付卖方房款而造成违约。

（二）选择还款方式

目前最常用的两种还款方式为等额本息还款方式和等额本金还款方式。表 3-7 为两种还款方式的比较。等额本息还款方式，即借款人每月以相等的金额偿还贷款本金和利息。这种方式在偿还初期时利息支出最多，本金还得相对较少，以后随着每月利息支出逐步减少，归还的本金就逐步增多。等额本金还款方式，即借款人每月以相等的额度偿还贷款本金，而利息随着本金逐月递减，每月还款额亦逐月递减。在贷款时间相同的条件下，等额本息还款方式所要支付的利息高于等额本金还款方式。如果打算提前还款，最好选择等额本金还款法。

表 3-7　　　　　　　　　　　　　　不同还款方式比较

还款方式	概念	特点	适合人群
等额本息	在贷款期限内每月以相等的金额偿还贷款本金和利息	借款人还款操作简单，等额支付月供也方便贷款人合理安排每月收支	适用于收入处于稳定状态的家庭，如公务员、教师等，是目前绝大多数客户采用的还款方式
等额本金	在贷款期限内每月以相等的额度偿还贷款本金，而利息随着本金逐月递减，每月还款额亦逐月递减	本金在整个还款期内平均分摊，利息按贷款本金余额逐日计算，每月还款额逐渐减少，但偿还本金的速度保持不变。开始每月还款额比等额本息还款要高，在贷款总额较大的情况下，相差可达千元，但随着时间推移，还款负担逐渐减轻	适用于目前收入较高但预计将来收入会减少的人群，如面临退休的人；或还款初期还款能力较强，并希望在还款初期归还较大款项来减少利息支出的借款人

$$等额本息每月还款额=\frac{贷款本金\times月利率\times(1+月利率)^{还款期数}}{(1+月利率)^{还款期数}-1}$$

$$等额本金每月还款额=\frac{贷款本金}{还款期数}+(贷款本金-累计已还本金)\times月利率$$

理财工具

这里推荐新浪财经的房贷计算器。

图 3-4　房贷计算器

http://finance.sina.com.cn/calc/house_loan.html

（三）是否提前还款

提前还款是指贷款人具有一定偿还能力时，主动向贷款银行提出部分或全部提前偿还贷款的行为。贷款人想提前还款，必须在还款半年以上，甚至个别银行要求已经还款一年以上。银行一般要求贷款人提前 15 个工作日提交书面或电话申请，银行接到贷款人提前还款申请后要审批，所以一般需要 1 个月左右的时间。此外，各家银行对于提前还款的要求有所不同，例如有的银行规定提前还款的金额是 1 万元的整数倍，有的银行需要收取一定金额的违约金。提前还款是一门学问，对此马虎不得，要避免以下不适当的提前还款：

1. 还款期超过一半

一般房贷还款分为等额本息和等额本金两种方式。还款期已超过一半的，就没必要提前还了，因为目前多数银行执行的都是等额本息的还款方式，前期还的利息多，后期还的本金多，如果到了后期，就没必要为了省利息而提前还款了，这不利于资金的有效使用。选择等额本金还款且还款期超过 1/3 的贷款人，其实已经还了不少利息，若选择提前还款，偿还更多的是本金，利息对还款额影响不大。

2. 用应急资金还款

对于普通购房者而言，房屋贷款是日常支出的重要部分，月供往往占月收入的一半甚至更多，如果遇到加息的情况，部分贷款人压力增加，想要提前还款。虽然加息所累积的利息较多，但是对于资金短缺、经济能力有限的购房者，最好不要打乱原有的理财规划。而且使用应急资金会增加未来生活的风险，有可能得不偿失。

3. 有更好理财渠道

如果贷款人的资金只是在银行存着，近期内不会使用，回报率仅为存款利率，那么两者一比较，贷款利率明显高于存款利率，这种情况下把资金用于提前还款比较合适。如果资金有更好的理财渠道，而且贷款人资金运作能力较强，可以获得更高的回报率，资金产生的收益高于提前还款所节省的利息，那么贷款人就没有必要把资金用于提前还款。

4. 贷款享受利率优惠

享受公积金贷款和打折利率的贷款人不必急于还款。例如七折的 5 年期贷款利率低于 5 年期存款利率，贷款人把这些钱存入银行收益要比提前还款合适。如果贷款人提前还款后再贷款购房，银行将按最新的贷款政策执行——基准利率上浮 10%，贷款人将得不偿失。

 ## 理财工具

> 这里推荐新浪财经的提前还款计算器。

提前还款

* 本计算器支持等额本息、等额本金还贷方式下提前还款前后的支出对比, 支持一次还本付 [详细]

原贷款类型	商业贷款 公积金
原贷款方式	等额本息 等额本金
原贷款金额	____ 万元
原贷款期限	20 年 0 月 (共240期)
商业贷款利率	手动输入 0.00 %
第一次还款时间	2010 年 8 月
预计提前还款时间	2010 年 8 月
还款方式	一次提前还款 部分提前还款

图 3 - 5　提前还款计算器

http://finance.sina.com.cn/calc/house_early_repayment.html

 ## 完成案例要求

一、分析家庭财务状况

小刘家庭财务状况良好,结余较多,偿债能力较强,具备一定的投资获益能力,但缺乏投资,流动性过高,影响了未来财富持续增长的能力。具体如表 3 - 8 所示。

表 3 - 8　　家庭财务状况分析　　单位:元

资产负债分析	现金流量分析
资产总计　500 000	家庭年收入　291 000
负债总计　0	家庭年支出　110 000
净资产　500 000	家庭年结余　181 000

二、确定家庭购房需求

假设小刘看中的新房的成交均价接近每平方米 40 000 元,考虑到 3～5 年内购房时已是三口之家,还需要与父母同住,为了方便老人照顾孩子,房屋面积在 90 平方米方可。按照 2021 年商业贷款五年以上为 4.9% 的还款利息计算,30 年的还款期,贷款总额为 252 万元,首付 108 万元,每月还款 13 374 元。

三、制定购房融资计划

方案一:公积金还贷。

　　小刘和女友二人的公积金，粗略预估可一次性取用至少10万元用于首付。如果接受父母出资50万元，那么剩余48万元的首付不仅能够通过投资规划自给自足，还会略有盈余。以目前小刘的财务状况，每月还可增加7 275元的房贷。二人目前每月可提取公积金将近6 500元，每月节省出来5 000元房租替换成房贷，这样只需每月税后再增加2 000元左右用于月供，完全在其可承受范围之内，不会影响生活品质。如此，可基本满足小刘买房的刚性需求。

　　方案二：降低目标。

　　小刘打算在3~5年内购置北京房产。根据实际家庭财务情况，假设届时打算在北京五环外买房，按照均价6万元/平方米，考虑婚后生子，父母前来同住，以购置75平方米"小三居"为宜，合计总价450万元。以家庭为单位首次购房，按照现行政策为首付四成计算，首付金额为180万元，其中父母答应出资50万元，仍有130万元需要小刘支付。贷款金额270万元，30年还清，按照现行利率首套房下浮10%计算，贷款利率为4.41%，月供约合1.35万元，每年房贷支出16.2万元。

技能加血 ▶▶

对房屋的需求会随着职业生涯阶段的改变而升级换代

　　适合租房的人：刚踏入社会的年轻人，工作地点和生活方位不固定、储蓄不多、不急于买房且辨不清房价走势的人。

　　适合购房的人：单身或新婚时，受制于经济实力，购房以小户型为主；当小孩出生，尤其到了受教育阶段，这时除了考虑户型大小外，还要注重教育条件和周边环境等因素；人至中年，如果经济实力许可，可以结合居住环境、休闲娱乐等方面考虑换房；退休时，子女已经独立，这时可考虑医疗保健齐全、居住环境较好的小户型住宅颐养天年。

活 动 设 计

　　王先生现年25岁，毕业才两年，在某会计师事务所工作，工作比较稳定，压力也比较大。目前，王先生的年税后收入是10万元，而之前没有什么积蓄，事务所员工的收入年平均增长率是3%左右。王先生立志最晚5年后实现拥有自有住房的梦想。经过对交通等方面的综合考虑，王先生希望能在单位附近购房，目前该区的房价普遍较高。王先生的理想居住面积是三房两厅约100平方米。他在单位采用住房公积金贷款。王先生属于稳健型的投资者，近年来的投资对象主要是国债和基金，但投资非常少。

　　请你为王先生制定合理的购房目标，并为其做一份购房规划。

思维导图

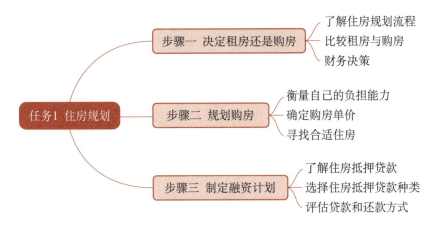

◀ **任务 2　保障规划** ▶

示范案例

　　李先生今年 29 岁，已婚，李太太 26 岁，两人有一女儿 3 岁，上幼儿园。目前李先生在浙江一家贸易公司上班，月收入 7 000 元（税前），年终奖约相当于 2 个月工资（税前），已工作 6 年，有社保，没有其他保险；李太太在浙江一家广告公司工作，做文员，月薪 5 500 元（税前），年终奖约相当于 2 个月工资（税前），已工作 4 年，有社保，没有其他保险。五险一金相当于个人工资的 23%，税后家庭全年收入 130 925 元。目前开支有：月日常消费 3 500 元，月房租 1 800 元，年旅游费 10 000 元。李先生家庭目前有活期存款 50 000 元，定期存款 70 000 元，股票、基金市值 130 000 元，没有住房。

　　李先生希望有自己的住房（80 万元左右），孩子能接受良好的教育，自己和太太在规定的时间退休，家庭生活安稳，希望有一辆自己的汽车（16 万元左右）。

　　假设 5 年以上商业贷款年利率为 5.94%，按月计息，5 年以上期限公积金贷款年利率为 3.87%。

　　假设社会平均年工资为 2 800×12＝3.36 万元，年收入增长率按 7% 计算，股票、基金投资报酬率按 10% 计算，债券基金投资报酬率按 6% 计算，货币市场基金投资报酬率按 3% 计算，退休前退休准备金投资报酬率按 8% 计算，退休后生活备用金投资报酬率按 4% 计算，生活费用考虑通胀和社会进步每年增加 5%，退休后的开支按退休前的 75% 计算。此外，关于学费和生活费，高中目前按 1 年 1.2 万元计算，大学目前按 1 年 1.6 万元计算，学费上涨率按每年 4% 计算，留学费用按 20 万元/年计算（留学 2 年），上涨率也是按 4% 计算。

李先生家庭财务状况如表 3-9、表 3-10 所示，相关寿险信息如表 3-11、表 3-12 所示。

表 3-9　　　　　　　　　　李先生家庭资产负债表　　　　　　　　单位：元

资产	负债
活期存款 50 000	
定期存款 70 000	
股票基金 130 000	
总资产 250 000	总负债 0
	净资产 250 000

表 3-10　　　　　　　　　　李先生家庭现金流量表　　　　　　　　单位：元

收入	支出
工薪收入 130 925	日常消费支出 42 000
理财收入 0	旅游支出 10 000
其他收入 0	房租支出 21 600
总收入 130 925	总支出 73 600
结余 57 325	

表 3-11　　　　　　　　定期寿险期交保费费率表（每千元保额，年交）

投保年龄	保险期：至 55 岁	
	男	女
26	3.90	2.34
29	4.32	2.59

表 3-12　　　　　　　　重大疾病保险费率表（每千元保额）

性别	年龄	趸交	5 年交	10 年交	20 年交	30 年交
男性	29	530	125	64	36	28
女性	3	289	68	34	19	14
	4	294	69	35	19	14
	5	299	70	36	19	15
	6	304	71	36	20	15
	26	462	108	55	31	24

根据上述材料，请采用财务需求法为李先生夫妇做保险规划。

案例要求：

1. 判断家庭生命周期及保险规划理财重点；

2. 分析家庭财务状况；

3. 选择保险产品并估算保额费用。

 技能目标

能够分析客户的保险需求，并为其制定保险规划方案。

 理财故事

"00后"已经开始买保险了，让"80后""90后"情何以堪？

保险事关每个家庭的幸福和保障，但国内很多人对保险一知半解或者不愿去主动了解。其中一个最大的原因是，传统保险的严肃性与复杂性导致用户主动了解保险的意愿较低，人们对保险知之甚少，更不愿主动谈起它。可喜的是，随着互联网保险平台的兴起，简单、方便、好玩的保险产品慢慢走进人们的生活。

1. "80后""90后"尤其是"保二代"正在成为保险市场的新主力

所谓"保二代"，是指父母给自己买过保险并享受过保险保障和理赔的新一代年轻人，以"80后""90后"居多。相关调研数据显示，"保二代"里有33.8%购买过保险，未来一年购买保险的意愿也高达41.7%，均远远高于我国平均保险购买水平。在渠道上，有接近三成的"保二代"接受互联网购买。

不同于一般的年轻互联网保险用户，"保二代"接触保险的时间比较早。作为受益人的他们，已在生活中对保险有了较深的体会，对保险不再排斥，而是更加理性看待，是互联网保险用户中成长最快的一个群体。

由于"保二代"的保险意识比同龄人更强，对于互联网保险产品也比同龄人有着更深的兴趣，因此当各类简单易懂、性价比高、场景化强的互联网保险产品在市场上出现时，"保二代"表现出对保险产品更强的认可度，已经成为保险市场的消费主力。

2. 年轻人首次买保险的年龄越来越低，24岁以下用户四成购买了人生第一张保单

近年来，互联网的普及让越来越多的年轻用户快速便捷地接触到保险服务，无形中增强了这群人的风险防范意识，其购买人生第一张保单的时间也变得越来越早。2018年的相关调研数据显示，24岁以下的互联网用户中，有近四成的人购买了人生的第一张保单。其中，80%的用户是"80后""90后"，最小投保者年仅18岁。

资料来源：http://www.vrrb.cn/kuaixun/caijing/2018－11－23/81142.html

步骤一 分析保险需求

需求在经济学意义上指在一定价格条件下，以一定的货币支付能力为基础，消费者愿意、能够并且打算购买的商品数量表（单）。保险需求是指在一定的费率水平上，保险

消费者在保险市场上愿意并有能力购买的保险商品数量表（单）。

每个人和家庭都会面临很多财产和人身方面的风险，谁也不能保证一生一帆风顺，永远风平浪静。而风险一旦发生，就会带来经济上的损失并产生一些额外的费用。另外，很多保险产品具有投资功能，还可以满足人们的投资需求。风险以及投资理财的存在是一个人产生购买保险愿望的前提，因此，确定个人和家庭的保险需求是购买保险的第一步。

一、基本保险需求

（一）人身保险需求

1. 失业

这个问题很简单，第一就是当一个人失去其工作时，必然带来该挣的钱挣不上了这种收入上的损失；第二就是那些原本得到该失业者在经济上扶助的人也会失去依靠。

2. 退休

首先是经济收入的减少，挣的钱没有退休前多了。据估计，平均每一对夫妇在退休时，将会丧失他们收入的40%。其次是支出水平的维持。据估计，一对已婚夫妇要维持退休前的生活水平，就需要保持退休前收入水平的66%～82%。这样，除非进行适当安排提供充足的收入来源，否则，退休必然意味着生活水平的下降。

3. 健康丧失

主要包括以下费用：住院费、手术费、治疗费、精神健康费和长期护理费用。

4. 早亡

首先是丧葬费用，其次是生存者的收入需求。在分析早亡的风险会产生哪些保险需求时，理财规划师应该关注的是早亡者的死亡对其家庭的财政收入状况会造成什么影响。如果一个人向其家庭成员提供全部或部分金钱的扶助、支持，那么他的早亡必将对家庭财政收入状况造成巨大的影响，使得生存的其他家庭成员产生一些经济和保险需求。这些需求主要体现在以下几个方面：首先是生存的孩子的经济需求，其次是生存的配偶的经济需求，最后是其他生存的被抚养者的经济需求。

（二）财产保险需求

财产保险需求包括房屋保险、汽车保险和家庭财产保险的需求。首先，一个家庭经济水平越高，所产生的保险需求范围也会越广。其次，对于一个人和家庭而言，保险需求取决于控制风险的程度。例如，一个有个人住房的家庭，居住在一个封闭管理的小区内，小区治安状况良好，一天24小时都有人值勤巡逻，同时家里还安装了先进的防盗系统。显而易见，这些风险控制手段会大大削减人们对家庭财产盗窃险的需求。

（三）投资需求

投资者通常通过多元化投资来分散投资风险，寻求最大的投资收益。目前许多保险公司的投资型保险成为投资者的考虑对象，如分红保险、投资连结保险。此类保险既具有基本的寿险保障功能，又具有投资的功能，可以满足客户的多层次需求。

对每一位客户而言，最好的险种就应该是最适合其需求的险种。

二、人生不同阶段的保险需求

人生每个阶段面临不同的风险，可将人生分为单身期、家庭形成期、家庭成长期、家庭成熟期和家庭衰老期五大阶段，每个阶段的保险规划也都有所不同，具体见表 3-13。

表 3-13　　　　　不同人生阶段的家庭保障侧重点

对应的家庭期	家庭主要理财目标	风险承受能力	保障重点
单身期	结婚，购买第一套房	高	个人意外及意外医疗险、定期寿险
家庭形成期	迎接即将出生的宝宝	较高	家庭成员的高额意外险、终身寿险、定期寿险
家庭成长期	购屋、换屋，子女教育金	较高	家庭支柱的高额意外险、终身寿险、定期寿险，家长的重大疾病保险，子女的教育金保险
家庭成熟期	子女婚嫁、创业金，退休规划	中等	家长的重大疾病保险、医疗收入补贴保险和养老金保险
家庭衰老期	颐养天年	低	个人医疗费用保险、意外医疗保险

步骤二　选择保险产品

保险产品是保险公司为市场提供的有形产品和无形服务的综合体。保险产品在狭义上是指由保险公司创造，可供客户选择，在保险市场进行交易的金融工具；在广义上是指保险公司向市场提供并可由客户取得、利用或消费的一切产品和服务。

一、保险种类

（一）财产保险

财产保险是指投保人根据保险合同约定，向保险人交付保险费，保险人按保险合同的约定对所承保的财产及其有关利益因自然灾害或意外事故造成的损失承担赔偿责任的保险。可保财产，包括物质形态和非物质形态的财产及其有关利益。以物质形态的财产及其相关利益作为保险标的，通常称为财产损失保险，例如飞机、卫星、电厂、大型工程、汽车、船舶、厂房、设备以及家庭财产保险等。以非物质形态的财产及其相关利益作为保险标的，通常是指各种责任保险、信用保险等，例如公众责任保险、产品责任保险、雇主责任保险、职业责任保险、出口信用保险、投资风险保险等。但是，并非所有的财产及其相关利益都可以作为财产保险的保险标的。只有根据法律规定，符合财产保险合同要求的财产及其相关利益，才能成为财产保险的保险标的。

（二）人身保险

人身保险是关于人的身体本身、人的健康、人的生命的保险。人身保险除了包括人寿保险外，还有健康保险和人身意外伤害保险。

人寿保险：简称寿险，是以人的生死为保险对象的保险，是被保险人在保险责任期内生存或死亡，由保险人根据契约规定给付保险金的一种保险。

健康保险：也叫疾病保险，是以非意外伤害而由被保险人本身疾病导致的伤残、死亡为保险条件的保险。

人身意外伤害保险：是以人的身体遭受意外伤害为保险条件的保险。

人身保险的业务范围包括生存保险、死亡保险、两全保险。

生存保险：以约定的保险期满时被保险人仍然生存为保险条件，由保险人给付保险金的保险，如养老年金保险。

死亡保险：以保险期限内被保险人死亡为保险条件，由保险人给付保险金的保险。

两全保险：以保险期限内被保险人死亡和保险期满时被保险人仍然生存为共同保险条件，由保险人给付保险金的保险，如简易人身险。

（三）责任保险

责任保险是以被保险人对第三者依法应承担的赔偿责任为保险标的的险种。按承保范围不同，责任保险主要分为公众责任保险、产品责任保险、雇主责任保险、职业责任保险等类型。

公众责任保险又称为普通责任保险或综合责任保险，它以被保险人的公众责任为承保对象，又可以分为综合公共责任保险、场所责任保险、承包人责任保险和承运人责任保险四类。

产品责任保险对消费者或用户及其他任何人造成的财产损失、人身伤亡所导致的经济赔偿责任，以及由此导致的有关法律费用等承保。

雇主责任保险在许多国家都是强制保险业务，主要承保被保险人的过失行为所致的损害赔偿，或者将无过失危险一起纳入保险责任范围。政府为保证员工人身安全，通常要求煤炭开采、电力作业等行业的雇主购买这一险种。

职业责任保险又称为职业赔偿保险或业务过失责任保险。在现代社会，医生、会计师、律师等技术工作者均存在职业责任危险，可以通过保险的方式转嫁危险损失。

二、保险"双十"原则

保险"双十"原则是计算保额和保费的一种参考方法：一是指年收入的10%用来购买保险；二是指风险保额应该是年收入的10倍以上（风险保额是指以生命为标的的保险产品，例如意外保险、终身寿险、定期寿险等，保险责任为身故或全残）。

在实际的购买过程当中，每个家庭因为有着各不相同的财务状况，不能够都按同一标准来计算。例如两个家庭都是10万元年收入，一个家庭有50万元的房贷，有个小孩子要抚养和教育，另一个家庭却没有孩子，也没有房贷的支出。因此第一个家庭所需要的保额要高得多，必须能够覆盖房贷的额度和孩子将来受教育的费用额度，但保费支出可能要求比较少，可能要低于10％，因为其家庭财务的构成中可支配的现金流较少，保险不能占用太多现金。

 同步案例

例1　小刘现年33岁，男性，已婚，有一个2岁小孩，单薪，年收入60 000元。假设20年定期寿险附约每万元保费37元，20年缴费终身寿险每万元保费176元；以10年收入为保额需求，10％收入为保费预算。如果你是理财规划师，你会建议小刘将终身寿险与定期寿险如何搭配？

解答：应有保额＝60 000×10＝600 000元，保费预算＝60 000×10％＝6 000元。设W为终身寿险保额，则（600 000－W）×0.003 7＋W×0.017 6＝6 000，可得出W＝271 942元，定期寿险＝600 000－217 942＝382 058元。因此建议小刘投保终身寿险保额271 942元，定期寿险保额382 058元。

例2　若小刘意外险拟投保额为寿险总需求的2倍，费率为每万元保额12元保费，并投保医疗险日额100元，保费为458元，若总保费预算不变，此时终身寿险与定期寿险应作如何配置？

解答：意外险需求＝600 000×2＝1 200 000元，保费＝1 200 000×0.001 2＝1 440元。医疗险保费＝458元，终身寿险保费＝6 000－1 440－458＝4 102元。（600 000－W）×0.003 7＋W×0.017 6＝4 102元，可得出终身寿险W＝135 396元，定期寿险＝600 000－135 396＝464 604元。因此建议小刘投保终身寿险保额135 396元，定期寿险保额464 604元。

三、人寿保险保额估算

在人身风险规划方案内，寿险是减轻财务冲击的重要工具。一般而言，寿险保额的确定可以以个人年平均可支配收入作参照。然而，到底需要多少寿险保额才足够，这个问题的答案却是因人而异，因为每个人的财务需求及目标都不一样。下面给大家介绍几种估算寿险保额的方法：

（一）收入倍数法

这是最简易的计算法，容许在被保险人基本资料（年龄、收入）最少的状况下，推算其应有的保险金额。表3-14的年龄与保额对照，原为某寿险公司核保人员审核"被保险人的保额及其收入之间比例"的依据，因此，又可称为"核保参考指数法"。另需注意的有两点：其一，这里所称保额，是指寿险及意外险之和；其二，这里所说年收入，最好以其前一年固定、税后净收入为依据，如此推算其缴费能力比较可靠，保单续保率也可提高。

表 3 - 14　　　　　　　　　　　核保参考指数表

年龄	寿险加意外险
16～30 岁	14 倍年收入
31～35 岁	13 倍年收入
36～40 岁	12 倍年收入
41～45 岁	11 倍年收入
46～49 岁	10 倍年收入
50～52 岁	9 倍年收入
53～56 岁	8 倍年收入
57～60 岁	7 倍年收入

 同步案例

> 于先生今年 32 岁，去年收入 12 万元，税后收入 10 万元，其保险需求＝10×13＝130 万元。

（二）人身价值法

人身价值是指一个人预期收益总数的现值，计算"人身价值"有三个步骤：

（1）估算个人在未来期间，每年的收入超过本身家庭维生费用的部分，即：预期收益＝年收入－维生费用；

（2）估算从现在开始到未来收益停止的收益年数；

（3）选定预定利率，再由预期利率计算折现因子。

人生价值＝每年预期收益×收益年数的折现因子

 同步案例

> 王先生今年 45 岁，预计 60 岁退休，平均年收入 20 万元，个人维持生活费用每年为 5 万元，其人生价值＝（20－5）×10.380（年利率 5%）＝155.7 万元。

（三）财务需求法

在规划个人或家庭的人身风险时，须先诊断自己或家庭的财务状况，我们称之为"财务需求分析"。做好分析后，才能就其需求金额以及其所处生涯阶段，设计周全的保险规划，以确保个人或家庭的财务安全。

所谓需求，是指当个人或一个家庭中的主要经济来源者发生死亡、残废、疾病或退休时，他与他的家庭所要面对的财务需求。表 3 - 15 为财务需求法中的家庭保障需求表。

保险需求＝家庭保障需求－家庭可确保财务来源总和

表 3－15　　　　　　　　财务需求法——家庭保障需求表

家庭保障需求	金额	可确保财务来源	金额
1. 个人丧葬费用		5. 存款及其他可变现资产	
个人丧葬费用总额		6. 保险给付	
2. 遗属生活费用		社会保障给付	
配偶		商业保险给付	
子女		保险给付总额	
父母		7. 其他收入来源	
其他亲属		其他收入来源现值	
遗属生活费用现值		可确保财务来源总额（5＋6＋7）	
3. 子女教育金			
子女教育金现值			
4. 各类债务			
房屋贷款			
其他债务			
各类债务总额			
家庭保障需求（1＋2＋3＋4）			
保险需求＝家庭保障需求－可确保财务来源总额			

四、意外保险保额估算

个人意外保险是指投保人向保险公司缴纳一定金额的保费，当被保险人在保险期限内遭受意外伤害，并以此为直接原因造成死亡或残废时，保险公司按照保险合同的约定向保险人或受益人支付一定数量保险金的保险。一般而言，对意外身故及残废保险的投保金额的安排，为人寿保险金额的 2 倍。

 完成案例要求

一、判断家庭生命周期及保险规划理财重点

李先生一家目前处于家庭成长期，该阶段保险规划的重点是寿险规划，提高寿险保额。

二、分析家庭财务状况

李先生税后全年收入目前为 72 703 元（扣除五险一金），占家庭收入比例 55.53%；李太太税后全年收入目前为 58 222 元（扣除五险一金），占家庭收入比例 44.47%。

三、选择保险产品并估算保额费用

根据要求，采取财务需求法计算定期寿险。

如果赔付金投资收益率为 5%，保额考虑保障女儿 12 年生活，需要 $2.453\ 3 \times 12 =$ 29.439 6 万元，读高中费用 3.179 0 万元，大学费用 5.465 5 万元，留学费用 33.191 3 万元，以及买房子费用 80 万元。合计为 151.275 4 万元（注意赔付金投资收益率仍是 5%，生活费上涨率 5%，学费上涨率 4%）。

选取保障到 55 岁，则李先生保额为 84.003 2（$= 151.275\ 4 \times 55.53\%$）万元，李太太保额为 67.272 2（$= 151.275\ 4 \times 44.47\%$）万元。

事实上，目前的开支中，考虑了住房的费用，如果考虑把买房费用直接计入保额，家庭开支中还可以剔除租房费用，从而女儿的生活费中也可以少计一部分开支〔($2.453\ 3 -$ 0.720 0）$\times 12 = 20.799\ 6$ 万元〕，总保额合计数变为 $20.799\ 6 + 3.179\ 0 + 5.465\ 5 + 33.191\ 3 + 80 = 142.635\ 4$ 万元。丈夫为相应的 55.53% 即 79.21 万元，妻子为 63.43 万元。

技能加血 ▶▶

家庭投保

第 1 件事：年龄与保费成正比

人身保险保费的费率与年龄成正比，随着投保年龄的增加，保费也随之递增。以平安保险的精心优选定期寿险为例，从 18 岁到 29 岁，每增长 1 岁，保费相差 250 元；过了 29 岁，保费的差额则从 300 元向上递增；到 33 岁时，差额为 400 元；而过了 40 岁，差额则近千元。可以看出，过了 29 岁，保费明显呈急剧增长的态势。因此，如果条件允许，应该尽可能早地配置人身保险。

第 2 件事：保险配置顺序

不同类型的保险的配置顺序：保障—储蓄养老—投资。在保险费用上，它们也是逐步递增的关系。人身保险投保顺序：意外险—重疾险—定期寿险—养老保险。一定优先充分配置前三种保险，如果经济条件仍有富余，再购买养老保险。

第 3 件事：以生命周期来配置保险

根据生命周期理论，人的一生被大致划分为几个阶段，但死亡和健康风险是伴随人从出生直至死亡的，每个年龄段有每个年龄段的特点，我们要掌握这些年龄段特点。基本做法是，迟早要配置的，就早点配置。例如：一般来讲，除投连险、变额年金外，保险费率通常是随着投保年龄的增加而增加的，投保人年龄越大，保费越高。而对于保险计划的配置，应当以生活需求为出发点，根据不同人生阶段的不同需求侧重点、经济状况和风险偏好等进行个性化的有效配置，对于基于实际需求的保险规划越早越好。

思维导图

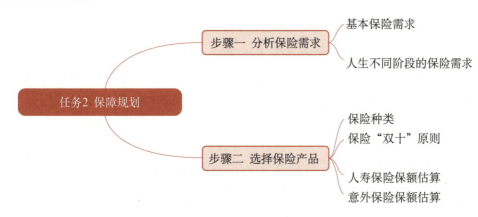

◀ 任务3 家庭形成期理财规划 ▶

步骤一 家庭情况分析和诊断

一、家庭收支分析

王先生家每月常规性收入一般在 10 275 元，还有临时性收入大概为 750～7 500 元不等。如果以其最保守的额外收入 750 元来计算，王先生的家庭储蓄比例为 3% 左右（储蓄比例＝盈余/税后收入×100%）。在中国，家庭储蓄比例一般为 10%。王先生家庭每月的开支比较大，加上以后孩子的养育费用，他需在消费上做出调整，以免日后的经济压力过大。

王先生家庭年度性的收入主要依赖年终奖以及基金投资收益，目前年度开支为 1.5 万元，每年大约可以有 2.25 万元的盈余。随着家庭情况变化，年度开支也会慢慢增加，家庭需要保障，每年还会有保险费用的支出。在这 3 年里，他可以利用每年的盈余做些合理的投资。

二、家庭负债分析

王先生家庭现在唯一的负债是房屋贷款，贷款本金额还剩 21.75 万元。家庭目前的偿付比例为 0.75（偿付比例＝净资产/总资产），此项数值高于 0.5，说明王先生家庭的还债能力还是比较强的。从每月还贷比率 21.7%（每月还贷比率＝每月还款/家庭月收入）来看，其远低于 50% 的警戒线，并不会对家庭流动性资产产生威胁，也不会对家庭日常开支有影响。基于王先生家庭计划 5 年后买一套房的考虑，在不影响日常生活前提下，可稍增加每月偿还金额。

三、家庭固定资产分析

王先生家庭的不动产为一套自住房，市场价值 75 万元，占家庭总资产的 84%，对于负担房屋贷款的家庭，该比例为 80% 左右比较合理。王先生家庭的自用资产权数略高，这也意味着王先生家庭中的金融资产包括存款、基金投资等的比例偏低。

四、家庭投资分析

在王先生家庭投资结构中，有基金 7.5 万元，活期存款 3 万元，定期存款 1.95 万元。由于王先生夫妇年纪尚轻，处于家庭形成期，相对应的风险偏好较高。且考虑到新生命即将来临，王先生可适当地做分散风险的投资组合，确保稳健的资产保值与增值。

五、家庭保障分析

王先生家庭负债占总资产的 24.3%，低于一般的 50%，表明家庭资产因流动性不足而可能出现的财务危机概率很小。然而，家庭开支比较大，基本与收入持平。因此，家庭所需的紧急预备金尤为重要。此外，王先生夫妇两人均未购买任何商业保险，这对家庭而言可能存在一定的隐患。

步骤二 住房规划

王先生家庭的不动产是一套小户型房产，还有贷款本金余额 21.75 万元未还清。王先生在规划中希望在保留现有住房的同时，还能购买一处更大的房子自住。

王先生家庭每月还贷比率为 21.7%，远低于 50% 的警戒线，并不会对家庭流动性资产造成威胁。如每月还贷 2 400 元，还清 21.75 万元的商业贷款需要 10 年时间，这样会影响王先生家庭之后的购房计划，也会加重之后的生活压力。因此，建议王先生同时采取以下两种方案：方案一，5 年内还清所有房屋贷款，每月还款额需要增加至 3 627 元；方案二，利用王太太的住房公积金账户中的资产每月分配还贷。

关于王先生希望在 5 年内购置一套大户型商品房自住的目标，建议王先生家可考虑将原定计划推迟 2 年实施。考虑到孩子 1～2 岁时仍需要父母照顾，王先生家可同住一间便于照顾。主要考虑新房的首付，10 万元左右的可投资资金在 7 年后可增值至 15 万元左右（以平均 6% 的收益计算），而 5 年后只达到 13 万元左右。平均每年盈余的 2.25 万元，7 年后可达到 15 万元左右。再加上额外收入和部分高收益投资回报，王先生即可筹集到首付 50 万元资金。关于另外 100 万元的贷款，王先生家公积金最高可贷 40 万元，其余 60 万元使用商业贷款。新房装修费用可用小户型房做抵押贷款。

此购房计划，会消耗家庭大部分积蓄。为了不让家庭现金流出现状况，王先生可将小户型房用于出租，假设精装修房每月租金为 3 000 元左右。这笔收入可用于生活开销或者帮助提前还新房贷款。

步骤三　家庭保障规划

王先生家的主要经济来源是夫妻双方的工资收入，王先生的收入比重较大，家庭每月的盈余也主要依赖王先生的额外收入。王先生作为家庭的经济支柱，目前家庭的保障明显不够。缴纳的四险中保障部分为养老保险和医疗保险，而这些远远不能覆盖如发生意外伤亡或重大疾病给家庭带来的风险。

家庭成员可通过购买保险来规避或转移这些风险，避免给家庭生活带来直接影响。在购买保险时，也要结合家庭实际情况。例如王先生家目前每月盈余并不多，储蓄主要来自年底的结余，为了今后的生活可以出于储蓄的目的购买保险。建议将保险项目进行组合，即一个主险（终身人寿保险）加一个意外伤害险，见表 3-16。

表 3-16　　　　　　　　　　　王先生家庭保险规划

投保险种	缴费期	每年保费（元）	保险金额（元）
终身人寿保险（王先生）	10 年	504	50 000
终身人寿保险（王太太）	10 年	504	50 000
意外伤害险（王先生）	每年	172.4	40 000
意外伤害险（王太太）	每年	172.4	40 000

如果要选择退保，王先生家可以取回人寿保险的现金价值，而取回的金额是根据保障金额和红利的综合计算得出的，其具体保险保障价值如表 3-17 所示：

表 3-17　　　　　　　　　　　保障价值

已供年限	保障价值（元）	预期价值（假设回报约 5%）（元）	总值（元）
10 年	4 945	4 038	8 983
20 年	9 890	12 132	22 022
40 年	17 980	45 554	65 334

另外，王先生夫妇购买的意外伤害险规定，如果遭受意外伤亡或者高度残疾，可最少获得保险金 9 万元给付；如果部分残疾，可按比例获得保险金给付，最高为 4 万元。

在这种保障规划下，家庭每年会增加大约 1 352.8 元的开销用来购买保险，为将来的生活做好一定的保障，面对突发情况也有应对的资金。

步骤四　理财规划

一、组合投资规划

王先生家庭金融资产分为存款和基金，组合较为单一，风险集中。因此调整王先生家庭资产投资组合，安排 15% 的现金、45% 的保本理财债券、40% 的股票和基金，具体如表 3 - 18 所示：

表 3 - 18　　　　　　　　　　　　　王先生家投资组合规划

券种	比例	金额（元）	收益率	收益（元）
现金	15%	21 375	3%	641.25
货币市场基金	10%	14 250		
定期存款	5%	7 125		
保本理财债券	45%	64 125	5%	3 206.25
保本理财	25%	35 625		
短期债券	10%	14 250		
中期债券	10%	14 250		
股票和基金	40%	57 000	10%	5 700
新股申购	15%	21 375		
增长型基金	15%	21 375		
蓝筹股	10%	14 250		

　　说明：以上投资组合，平均收益率在 6%，具有良好的防守性，调整以保本理财为最大比重。一旦股票市场出现波动，可以保证 60% 的资产不受侵蚀。

二、退休养老规划

　　假设王先生夫妇均 60 岁退休，之后的 20 年为养老时间。假设退休第一年的费用支出为 9.4 万元（假设退休前每月开支为 7 000 元，年度开销为 10 000 元，则 7 000×12＋10 000＝94 000 元）；医疗开销部分，假设每月两人医疗开销为 750 元，因此每年医疗开销为 9 000 元；年度其他支出维持不变，保险保障开销每年 1 352 元。退休后第一年支出大约 8.87 万元，根据公式，可计算出需准备的退休资金在 150 万元左右。

◀ 理财与育人 ▶

房住不炒

　　2019 年习近平总书记在十九大报告中再次强调"房子是用来住的、不是用来炒的"的定位，加快建立多主体供给、多渠道保障、租购并举的住房制度，让全体人民住有所居。其中涉及房地产行业方面的表述主要有两点：

　　其一是"深化农村土地制度改革"。

　　习近平总书记做报告时指出："贯彻新发展理念，建设现代化经济体系，实施乡村振兴战略。要坚持农业农村优先发展，按照产业兴旺、生态宜居、乡风文明、治理有效、生活富裕的总要求，建立健全城乡融合发展体制机制和政策体系，加快推进农业农村现代化。巩固和完善农村基本经营制度，深化农村土地制度改革，完善承包地'三权'分置制度。保持土地承包关系稳定并长久不变，第二轮土地承包到期后再延长三十年。深化农村集体产权制度改革，保障农民财产权益，壮大集体经济。"

其二是在加强社会保障体系建设方面，再次强调"坚持房子是用来住的，保障性住房建设将稳步推进"。

习近平总书记在报告中指出："要提高保障和改善民生水平，加强和创新社会治理，加强社会保障体系建设。按照兜底线、织密网、建机制的要求，全面建成覆盖全民、城乡统筹、权责清晰、保障适度、可持续的多层次社会保障体系。坚持房子是用来住的、不是用来炒的定位，加快建立多主体供给、多渠道保障、租购并举的住房制度，让全体人民住有所居。"

专业人士认为，此表述有三层含义：

（1）"房住不炒"的概念继续强调，类似表述比较朴素，但却是这几年住房制度改革的核心内容，后续的各类政策出台也会紧扣这句话。

（2）提到了住房制度建立的内容，即多主体供给、多渠道保障、租购并举的模式。要看到，多主体供给是希望更多的社会资本参与到住房供给侧结构性改革中。而多渠道保障也是希望后续对各类住房供应有更全面的发展，比如说共有产权住房等建设。而在租购并举方面，过去的常规表述更多的是购租并举，现在"购"和"租"两个次序有所转变，也体现了租赁市场发展的紧迫性。

（3）政策提到了让全体人民住有所居的目标，这实际上就是中国梦在住房领域的体现。类似内容最后都会在住房长效发展机制中得到体现。

◀ 习题库 ▶

一、单选题

1. 家庭形成期的理财优先顺序是（　　）。

A. 应急款规划、房产规划；保险规划、现金规划；大额消费规划、税务规划；子女教育规划

B. 保险规划、现金规划；应急款规划、房产规划；大额消费规划、税务规划；子女教育规划

C. 大额消费规划、税务规划；应急款规划、房产规划；保险规划、现金规划；子女教育规划

D. 子女教育规划；保险规划、现金规划；大额消费规划、税务规划；应急款规划、房产规划

2. 保险的"双十"原则是指（　　）。

　　A. 保额是年结余的 10 倍

　　B. 保额是年收入的 10%

　　C. 保费是年可支配收入的 10%

　　D. 保费是年结余的 10 倍

3. 对孩子来讲，最不急需的保险是（　　）。

　　A. 意外伤害保险　　　　　　　　　B. 重疾保险

　　C. 终身寿险　　　　　　　　　　　D. 医疗保险

4. 住房公积金贷款的最长年限是（　　）。

　　A. 20 年　　　　　　B. 25 年　　　　　　C. 30 年　　　　　　D. 15 年

5. 购买保险属于风险管理手段中的（　　）。

　　A. 风险回避　　　　　　　　　　　B. 损失控制

　　C. 风险转移　　　　　　　　　　　D. 风险自留

6. 周先生今年 32 岁，妻子 28 岁，二人均在国有企业工作，享受健全的社保与公共医疗，他们有个 1 岁半的孩子，周先生年收入 16 万，妻子年收入 8 万元，以下保险规划错误的是（　　）。

　　A. 周先生需要补充的商业保险最好不要超过年缴保费 2 400 元

　　B. 优先保障 1 岁半的孩子

　　C. 优先保障收入较高的周先生

　　D. 周先生的保费支出应高于妻子的保费支出

7. 下列保险规划的做法，恰当的是（　　）。

　　A. 为家庭主要经济来源购买人身保险

　　B. 保险金额太小

　　C. 富翁家庭为在家太太购买巨额人身意外险

　　D. 为感冒、牙痛等小病专门投保

8. 个人住房公积金贷款的借款人，若每期只以相等的金额偿还贷款本金，而利息不等，则这种方法称作（　　）。

　　A. 等额本息还款法　　　　　　　　B. 等额递减还款法

　　C. 等额累进还款法　　　　　　　　D. 等额本金还款法

9. 下列关于等额本息还款法和等额本金还款法的说法，正确的是（　　）。

　　A. 等额本金还款法优于等额本息还款法

　　B. 等额本息还款法优于等额本金还款法

　　C. 一般来说，经济尚未稳定而且是初次贷款购房的人更适合采用等额本金还款法

　　D. 银行更倾向于采取等额本息还款法

10. 保险需求最大的人生阶段是（　　）。

　　A. 退休期　　　　　　　　　　　　B. 单身期

　　C. 家庭成长期　　　　　　　　　　D. 家庭形成期

11. 家庭形成期开始到 40 岁左右期间，是人生中最艰难的时期，身上的家庭责任最重、工作压力最大，其中所面临的最大风险是（　　）

A. 子女教育经费　　　　　　　　B. 购买房屋

C. 死亡和收入中断　　　　　　　D. 意外伤害和疾病

二、案例分析题

假设以 10 000 元为本金，在银行贷款 10 年，基准利率是 6.65%，比较等额本息还款法和等额本金还款法这两种贷款方式的差异。

项目四 家庭成长期理财

◀ 项目准备 ▶

 生命周期分析：家庭成长期

成长期是指家中第一个孩子出生前数月一直到其九年制义务教育结束这段时间。随着新生命的到来，年轻父母顿感自身责任增加，理财价值观因此逐步改变。在孩子出生初期，由于哺乳期，妻子的工作状态受到一定影响，其收入也同样受到一定影响。当家庭状况较好时，妻子可以选择在家带孩子，但就中国目前的状况看，并不具普遍性，中国的老年人在这个阶段往往挺身而出，帮助下一代带孩子，让年轻的母亲尽快回到工作岗位。在此阶段，丈夫的压力会越来越大，追求收入的增加往往成为缓解这种压力的出口，这种状态也同样表现在其投资的经济性上。在此阶段，创业需求往往是他经常讨论的内容。在支出方面，根据零点调查公司的调查结果，在中国现代社会，孩子的消费需求在家庭支出中的重要性越来越大，即便是一些家庭共用的大件消费也往往以孩子的需求为中心。随着孩子年龄的增长，孩子的消费逐步可达家庭总消费的 30% 左右，丈夫往往成为家庭消费的"终审者"，而妻子则在家庭日用品的购买决策中居主导地位。家庭的保险意识在此阶段有一定的提升，但因为孩子的出生对家庭的支出产生一定的影响，有些夫妇虽然意识到了保险的重要性，但往往因为经济上捉襟见肘，从而努力为自己寻找不投保的理由。

理财重点：

1. 保险规划：最重要的理财莫过于保险规划，保险是家庭财务的基石，其重要性人人皆知。特别是随着孩子的出生，父母对孩子未来的养育负有不可推卸的责任，宜适当加保重大疾病险、意外险。

2. 教育规划：在此阶段，因为孩子的出生，所以父母对家庭财务收入的重视度较前两个阶段又有进一步提高。由于收入增长可能较快，孩子的学前教育和初级教育的支出占收入的比例可能还处于一个合理的水平。但如果家长希望孩子接受高于平均水平的教育，则应尽早制定孩子的教育规划，因为那时的教育支出有可能超出未来当期的工作收入。

3. 投资规划：孩子出生后，家庭结构更加完整，所以应尽早制定全生涯的理财目标，以退休后的生活水准为终极目标，在保证终极目标的基础上制定中短期理财目标，包括孩子的教育目标，并在有重大的消费和投资决定的时候，了解中短期目标对长期目标的影响，同时在此基础上通过资产配置提高达成目标的可行性。

4. 住房规划：在此阶段，日常生活支出较为稳定，消费习惯也较前期理性，储蓄虽有一定的减少，但随着收入的增长，还是有望可以继续储蓄。储蓄构成包括房贷部分本金的归还、基金定投、教育基金保险中的储蓄部分。已经累积的升息资产可按事先制定的各种理财目标的实现时间和先后顺序，通过合理的资产配置进行再投资，资产配置中的资产类别包括股票、债券、现金、房产等。涉及买房和换房的家庭一定要注意，这可能是人生最大的资本支出，要分析其对未来理财目标的影响。如果房贷比例较高，应尽量先还贷款，不宜在贷款比例较高时考虑投资。

在此阶段的创业需求往往需要有更多、更慎重的考量。创业有风险，必须有一定的经济基础，在此阶段的家庭往往资本积累还比较少，而且面对的家庭压力比较大，不应该单纯地为追求收入增长而忽视了创业必备的条件，其中包括个人能力、财务能力和万一创业失败后家庭的应对能力等。

 目标客户

一、客户基本情况

方先生的家庭基本情况如表 4-1 所示。方先生除了社会保险，仅有一份 20 年期定期寿险及意外险 12 万元；方太太则除了社保无其他任何商业保险；女儿仅有社保和杭州市少儿住院医疗互助基金无其他任何商业保险。方先生每月工资收入 10 000 元，按照收入的 7% 缴纳住房公积金，住房公积金账户余额 30 000 元；方太太每月工资收入 5 000 元，按照收入的 7% 缴纳住房公积金，住房公积金账户余额 15 000 元；方先生家庭贷款每年本息支出 70 207.44 元。

表 4-1　　　　　　　　　　　　家庭基本情况表

家庭成员	年龄	职业
方先生	38	硕士毕业，在国有科研机构任高级工程师，收入稳定
方太太	37	在事业单位工作，收入稳定
女儿	12	小学六年级

二、理财假设

（1）预期通货膨胀率等于生活支出增长率，即 4%；

（2）预计每年收入增长率为 5%；

（3）预计每年学费增长率为 5%；

（4）预期未来房子商业贷款基准利率（5 年期以上）为 6%；

（5）公积金贷款基准利率（5 年期以上）为 4%；

（6）每年房价增长率等于通货膨胀率；

（7）预期工作期间投资报酬率为 8%，预期退休后投资报酬率为 4%；

（8）预计寿命为 80 岁。

三、家庭财务报表

表 4 - 2 　　　　　　　　　　　　　　　家庭资产负债表

资产	金额	市值	负债与权益	金额	市值
现金及活期存款	50 000.00	50 000.00	信用卡欠款	0.00	0.00
货币市场基金	100 000.00	100 000.00	小额消费信贷	0.00	0.00
其他流动性资产	0.00	0.00	其他消费性负债	0.00	0.00
流动性资产	150 000.00	150 000.00	流动性负债	0.00	0.00
外币存款	0.00	0.00	投资用房产贷款	748 541.35	748 541.35
国债	0.00	0.00	投资性民间借款	200 000.00	200 000.00
股票型基金	100 000.00	100 000.00	实业投资借款	0.00	0.00
债券型基金	200 000.00	200 000.00	其他投资性负债	0.00	0.00
寿险现金价值	0.00	0.00	投资性负债	948 541.35	948 541.35
投资性房地产	1 500 000.00	2 000 000.00	汽车贷款	0.00	0.00
住房公积金账户	45 000.00	45 000.00	住房公积金贷款	0.00	0.00
个人养老金账户	0.00	0.00	自用房产贷款	0.00	0.00
其他投资性资产	0.00	0.00	自用负债	0.00	0.00
投资性资产	1 845 000.00	2 345 000.00	总负债	948 541.35	948 541.35
自用汽车	50 000.00	50 000.00	流动净值	150 000.00	150 000.00
自用房产	0.00	0.00	投资用净值	896 458.65	1 396 458.65
其他自用性资产	0.00	0.00	自用净值	50 000.00	50 000.00
自用性资产	50 000.00	50 000.00	总净值	1 096 458.65	1 596 458.65
总资产	2 045 000.00	2 545 000.00	负债与权益合计	2 045 000.00	2 545 000.00

表 4 - 3 　　　　　　　　　　　　　　　家庭收入支出表

收入	金额	支出	金额
方先生工资收入	120 000	子女教育金支出	12 000
方太太工资收入	60 000	家庭生活支出	36 000

续前表

收入	金额	支出	金额
年终奖	25 000	其他生活支出	44 600
租金收入	30 000	利息支出	36 946.71
基金收益	14 400	保障型保险保费支出	1 200
收入总计	249 400	支出总计	130 746.71
年结余：118 653.29			

四、理财目标

方先生有如下理财目标：

（1）希望为太太和女儿配置一些商业保险，降低家庭的财务风险；

（2）约定在明年前还清朋友借款 20 万元，并希望在明年底以 80 万元购买单位经济适用房一套；

（3）希望明年女儿可以进好一些的民办初中（一次性支付学费 3 万元），并早日为她储备好大学的教育金；

（4）计划 3 年后换车，购买一辆 30 万元的家用轿车；

（5）计划 20 年后退休，在退休前筹得夫妻两人的养老金 150 万元。

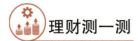

任务清单

1. 进行家庭财务分析；

2. 进行子女教育规划；

3. 提供理财增值服务；

4. 完成成长期家庭理财规划。

理财测一测

你能成为合格的父亲或母亲吗？请扫描二维码查看测试。

◀ 任务1　教育规划 ▶

示范案例

　　夏先生，34岁，月收入1.4万元，年终奖5万元，月生活支出5 000元；夏太太，33岁，月收入9 000元，年终奖2万元，月生活支出3 500元；孩子3岁，月生活支出2 500元。家庭每年用于旅游、赡养父母及其他费用共计2万元。除社保外，夏先生和夏太太分别购买了保额100万元和50万元的商业保险，每年分别交纳保费6 000元和3 500元。目前，家庭拥有自有住房1套，市值250万元，余106万元贷款未偿还，每月还贷6 900元，房贷由夏先生承担。家庭中的现金和活期存款共计8.5万元，定期存款10万元，夏先生每月为孩子定投基金1 000元，该基金账户市值共计2万元。夏先生计划在孩子出国留学前为其筹备100万元教育金。

　　案例要求：

　　1. 分析该家庭财务状况；

　　2. 明确该家庭理财优先顺序；

　　3. 制定教育规划方案。

技能目标

　　熟悉教育规划特点和原则，掌握教育规划步骤，能应用相关工具制定教育规划方案。

理财故事

中国家庭教育成本持续走高，增速达到20%

　　在培养孩子上，很多家长都不吝花钱，但很少有家长会去计算一年花在孩子身上的钱到底有多少。中国青少年研究中心家庭教育研究所成立了"中国义务教育阶段城市家庭子女教育成本研究课题组"，之后在北京、广州、南京、哈尔滨、石家庄、西安、成都、银川共8个城市近5 000名中小学生家长中展开问卷调查和结构性访谈。调研结果显示，近5 000名义务教育阶段城市家庭子女教育平均年支出达8 773.9元，孩子教育成本占一个家庭年收入的30%。

　　1. 教育费用占家庭年收入的30%。"在孩子教育上花的钱越来越多。"这是当前家长们的普遍感觉之一，近年来的一些调查结果也证明了这一论点。调查结果显示，城市家庭平均每年在子女教育方面的支出，占家庭子女总支出的76.1%，占家庭总支出的35.1%，占家庭总收入的30%。

2. 课外辅导费用高昂。望子成龙是所有家长对孩子的期盼，为了让孩子不输在起跑线上，不少家长不惜花费重金为孩子报名参加各种各样的课外辅导班。

3. 孩子要精通琴棋书画。杨女士为了从小就培养女儿的优雅气质，不惜在女儿身上下血本。杨女士把女儿送到一家高级别的私立幼儿园，一年学费 3 万元。"就拿学电子琴来说，我女儿每周六上一次课，每月学费 1 000 元，一年费用就得 1 万多元。"幼儿园、兴趣班加起来，全年的教育经费大概在 5 万元。虽然杨女士和老公月收入一共 2 万多元，但是很大一部分花在了女儿的教育上。

4. 择校费该花就得花。张先生的儿子在一所重点中学上初二，九年制义务教育学费全免。但在小升初时，张先生为了让儿子有更好的学习环境，为儿子择校，择校费花了 1 万元。

5. 学习类产品价格不菲。为提高孩子学习成绩，除了参加各种培训班和家教班，购买各种教辅材料也是必不可少的。在某市区的一家书店里，从作文指导到词汇练习，从奥数练兵到英语测验……各类教辅材料占据了书店半壁江山。精编版、钻石版等各种版本的教辅材料价格也从十几元到几十元甚至上百元不等。在这家书店的展柜一角，五花八门的学习机、复读机、电子词典、平板电脑等学习类电子产品摆放在明显位置。一看标签价格，几乎都是好几百元，有的甚至高达几千元。

6. 出国游学的孩子越来越多。杭女士的女儿学习成绩很好，没上任何辅导班，但她的教育成本依然不低。杭女士的女儿每年寒暑假都会参加游学团，去国外转一圈，每次花费差不多在 3 万元。

在中国，教育问题一直是受普遍关注的，"教育从娃娃抓起""孩子不能输在起跑线上"……诸如此类已经成为中国家长根深蒂固的思想。也正是这种教育培养方式，使教育成本持续走高。家长们应该提前做好理财规划，综合考量选择成本合适的教育规划。

步骤一 分析教育规划需求

一、教育规划的概念

教育规划是指为获得实现预期的教育目标所需要的费用而进行的一系列资金管理活动。一般情况下，受过良好教育者，无论在收入还是地位上，往往高于没有受过良好教育的同龄人。从这个角度看，教育投资是理财规划中最富有回报价值的一种。

二、教育规划的特点

教育规划与一般理财规划是有区别的，子女教育规划必须专款专用，不能将这一笔资金挪去购房或购车；另外，子女教育金的理财工具宜保守，保本是最高指导原则。收益较高的理财工具风险也高，一般开始累积的时间也早。具体而言，教育规划包括以下特点：

1. 时间弹性小

子女到了一定的年龄就要上学，不能因为没有足够的学费而延期。孩子智力的生长、性格的塑造、习惯的养成乃至知识的学习、能力的培养都有一个关键时期，错过了关键时期就很难弥补，对孩子造成的是永久性的伤害。

2. 费用弹性小

各阶段的学费相对固定，这些费用对每个学生来说都是相同的。相比一般的理财规划，时间弹性、费用弹性小是教育规划的两大特色。面对日益高涨的学费，时间会是最好的朋友，越早规划，越容易见到成效。

3. 子女的资质不同

这个特点无法事先掌握，自觉自律的子女与漫不经心的子女，在求学期间所花费的费用差距甚大。

4. 教育金必须靠自己来准备

单位就职者，其个人养老金账户用于退休规划，住房公积金账户用于购房规划，但是没有为了子女教育强制储蓄的账户。

5. 教育金费用昂贵

教育金支出占当年支出的金额不是最多，但子女从小到大将近 20 年的持续支付，总金额可能比购房支出还多。

6. 教育金的支出增长率高于一般的物价增长率

教育金的支出增长率较一般的物价增幅要大，以 2020 年为例，全国居民消费价格指数（CPI）同比上涨 2.5%，但 2020 年全国教育经费总投入比上年增长 5.69%。因此，教育金的投资不能太保守，至少要高于学费增长率。

三、教育规划的原则

1. 目标合理

父母的期望与子女的兴趣、能力可能有差距，理财规划师可根据客户子女的特点、客户当前与未来的财务状况及今后人才需求等情况确定教育目标。如选择留学深造，更应与子女沟通，确定其是否愿意工作几年后再计划出国留学。

2. 提早规划

这是由子女教育规划特点决定的。子女教育规划有时间弹性小、费用弹性小、子女资质无法事先预测等特点。

3. 宽裕准备

在中小学阶段，子女未来求学方向尚未明确，应以较宽松的角度，从宽规划，使准备的教育金可应对未来子女的不同选择。教育金可多准备，届时多余的部分，可用作自己的退休金准备。

4. 兼顾其他

支付子女高等教育金阶段与准备自己的退休金的黄金时期高度重叠，应避免全力投入子女教育金而忽略自己的退休金，从而确保不影响自己的退休生活质量。

四、确立子女培养目标

教育规划的第一步是要明确客户子女接受何种类型的教育。不同类型的学校，例如专业性大学和综合性大学，其教育费用有着天壤之别。再者，公立学校和私立学校的费用也大不相同。当然，客户不应该仅从财务的角度来确立目标，更重要的是根据子女的实际情况来选择学校。一般来说，主要根据子女的特长兴趣，确定一个合适子女发展的目标，然后按照这个设定的目标进行财务规划，做到有备无患，同时有针对性地引导子女朝着这个方向发展。具体考虑的因素有：学校的特点、地理位置、师资力量、学费高低、子女的兴趣和偏好、子女的学习能力等。

步骤二：估算教育费用

目前的教育费用主要包括学前教育、小学、初中、高中、大学、研究生等学费，辅导费和其他支出。另外，越来越多的家庭选择国外教育。在已有的教育目标下，测算完成教育目标当前所需的费用，并根据通货膨胀情况设定合理的教育费用增长率，从而用复利终值公式估算未来所需的教育费用。此外，根据资金充裕原则，当教育费用增长不确定性较大时，应适当调高教育费用增长率，再通过年金终值公式，计算分期投资计划中每年所需承担的费用。

复利终值公式：$FV=P\times(F/P,i,n)$

$P=$当前所需费用，$i=$教育费用增长率，$n=$距离上学的年限，即可投资的年限。

年金终值公式：$FV=A\times(F/A,r,n)$

$A=$分期投资计划中每年所需承担的费用，$r=$投资回报率。

 同步案例

假设徐先生的女儿今年刚出生，徐先生估计女儿上大学之前的教育费用不多，他的教育规划目标是在女儿18岁上大学时能积累足够的大学本科教育费用，徐先生投资的年平均回报率为4%。经调查，现在一名大学生四年平均花费为8万元，结合通货膨胀率和大学收费增长等因素，预计教育费用的平均增长率为5%。请问徐先生需要准备多少教育金？应该怎么样来准备？

首先计算投资年限：$n=18$。

根据复利终值公式，届时应准备的大学费用：$80\ 000 \times (F/P, 5\%, 18) = 192\ 530$ 元。

假设每年投入 A 元，根据年金终值公式：

$$A \times (F/A, 4\%, 18) = 192\ 530\ （元）$$

其中，$(F/A, 4\%, 18)$ 查年金终值系数表，值为 25.645 4，则：

$$A = 192\ 530 \div 25.645\ 4 = 7\ 507\ （元）$$

仅准备大学费用这一项，假设现阶段没有教育积累，从出生开始每年需要投入 7 507 元，而且投资回报率达到 4%，就能满足大学教育金的要求。

理财工具

子女教育基金计算器

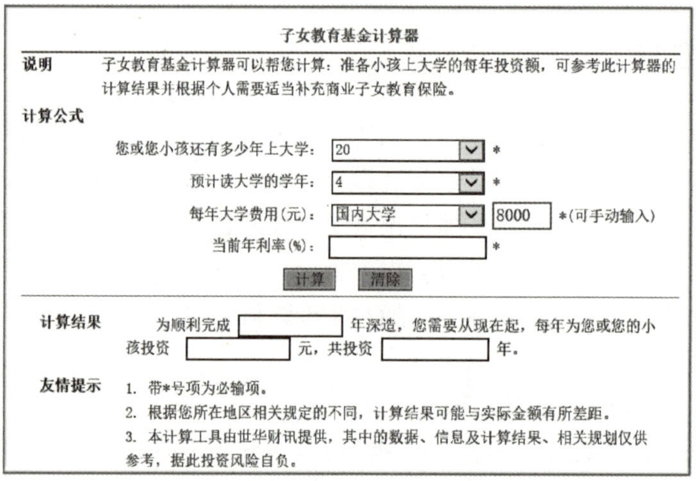

子女教育基金计算器

说明　子女教育基金计算器可以帮您计算：准备小孩上大学的每年投资额，可参考此计算器的计算结果并根据个人需要适当补充商业子女教育保险。

计算公式

您或您小孩还有多少年上大学：　20　*

预计读大学的学年：　4　*

每年大学费用(元)：　国内大学　8000　*(可手动输入)

当前年利率(%)：　　*

计算　清除

计算结果　为顺利完成　年深造，您需要从现在起，每年为您或您的小孩投资　元，共投资　年。

友情提示
1. 带*号项为必输项。
2. 根据您所在地区相关规定的不同，计算结果可能与实际金额有所差距。
3. 本计算工具由世华财讯提供，其中的数据、信息及计算结果、相关规划仅供参考，据此投资风险自负。

图 4-1　子女教育基金计算器

步骤三：选择教育规划产品

一、教育储蓄

教育储蓄是指定期储蓄一定的资金，当子女读大学时，就可以有一笔资金来支付费用了。教育储蓄的最大优势在于采用零存整取、定期储蓄的方法，获取整存整取的利息，还可以免缴利息税。但教育储蓄限制较多，如只有四年级以上的孩子才能办理，期限分为 1 年、3 年和 6 年，且存款额不得超过 2 万元，无法完全满足教育的需求。

二、教育理财产品

不少银行对原来的理财产品进行包装和微调，冠以亲子之名，便成为教育理财产品。这些理财产品的收益比储蓄要高，但这些理财产品与普通理财产品没有本质上的区别。此外，银行理财产品都有一定的期限，如半年、1年、15个月等，难以作为长期投资的手段。

三、教育保险

教育保险有分红型和非分红型，具有储蓄、保障、分红和投资多项功能。教育保险的长处在于兼具理财和保障功能。以"阳光旅程教育金保障计划"为例，孩子在高中、大学阶段除可领取教育金之外，同时能获得重疾保障。且若缴费期内家长身故或高度残疾，孩子可免缴以后各期保险费，合同继续有效。一般孩子只要出生60天就能投保教育保险，有的公司还扩宽到出生仅30天的婴儿。但对于已经购买教育保险的投保人来说，有的保险产品回报率是参照当时银行存款利率设定的，一旦银行升息，这些险种的现金回报率将低于银行存款。因此，投保人在选择教育保险产品时还要看一下产品收益是不是受银行储蓄存款利率变动的影响。

四、教育信托基金

这类基金的购买者是客户，受益人是客户子女，子女在未成年时对资金没有支配权。在很多国家，该基金的收益可以享受税收优惠。客户在投资信托基金之前，必须按照相关法律将资金转到子女名下，这样才能保证将来基金的收益用于教育。而如果子女选择不上大学，则基金的收益按合同转为子女其他资产。

五、其他

股票、公司债券等高风险投资工具一般不适用于教育规划，但如果投资规划期限大于7年，也可以适当采用这些工具。如果客户教育计划开始得比较晚，短期内就需要一笔资金来支付教育费用，贷款是一种比较好的解决办法。但是贷款比较容易影响客户的退休计划，所以需要慎重考虑。或者，贷款债务可以归在子女名下，客户作为第三方或担保人，由子女在学业完成后偿还。

针对不同年龄段的子女，客户可以选择不同的教育规划产品，如表4-4所示。

表4-4　　　　　　　　　　　　　　　教育规划产品选择

阶段	理财规划策略
小学及学前	可投资于成长型股票基金，随着收入增加调整投资金额
中学	以投资增长为主要目标，同时为了加强投资的整体平衡，还应加入债券等稳健投资产品
大学	尽量降低风险，可考虑短期债券、货币市场基金或存款等投资途径

步骤四：制定教育规划方案

同其他理财规划方案一样，教育规划方案也是个性化的。对于教育投资计划期较长的客户，可以根据自身财务收支周期来安排每期的投资金额。例如：客户现在处于创业阶段，教育投资初期的投资额可以相对降低。客户可将资金用来发展事业或做其他投资，而在事业相对稳定后再逐步增加教育投资额。如果客户已接近退休年龄，则应把教育投资所需的大部分投入在投资初期完成，以减轻退休后的负担。

 完成案例要求

一、分析该家庭财务状况

夏先生家庭负债占资产的比重为39.19%，家庭财务较安全，风险评级为中等风险，但仍需采用一定措施保证家庭财产的安全。夏先生家庭处于成长期，最大开支是保健医疗费、教育费，此阶段家庭财务的压力较大。

从家庭收入构成可以看出，男方是家庭经济支柱。家庭的月总支出为1.89万元，其中，日常生活支出为1.1万元，占比58.2%；月房贷还款支出为6 900元，占比36.51%；每月定投基金1 000元，占比5.29%。日常支出占月收入比重为47.83%，低于50%，表明家庭控制开支的能力较强，具有一定的储蓄能力。月房贷还款占月收入的比重为30%，低于40%，表明家庭财务风险较低，处于较为安全的水平。夏先生的家庭每年可结余10.17万元，家庭的储蓄能力较强。

二、明确该家庭理财优先顺序

夏先生家庭处于成长期，家庭最大的开支是保健医疗、教育和智力开发等费用，此阶段家庭财务压力较大。可按照应急准备—长期保障—子女教育—退休养老这4个基本规划的顺序对家庭财务进行梳理。

三、制定教育规划方案

对于5年以上的长期理财目标，建议采用基金定投的投资方式，选择一只稳健型基金，每月进行投资，达到小额投资、聚沙成塔的效果。夏先生夫妇的孩子3岁，计划在其18岁前储备100万元的教育金。假设投资年收益率为7%，通胀率为3%，则每月需要定投4 915元。

技能加血 ▶▶

教育投资资金的所有权归属导致的风险与防范

一般而言，理财规划师都建议客户将资金转移到子女名下，这样可以享受很多税收优惠，优惠程度因各国税收体制不同而异。但也有一些客户会担心，如果让其子女作为教育投资基金的所有人，自己会失去对投资的控制权，即子女可能在上大学之前将教育基金收益挪为他用而不愿意再接受大学教育。从减少缴税的角度来看，把基金转移到子女名下还是明智的，因为子女由于年龄尚小，即使拥有基金，也不懂得如何把它转换成现金，所以客户有足够的时间来判断他们的子女是否已经有能力管理这笔资金了。因此理财规划师在帮助客户进行教育投资规划时，还应该提醒客户在签订投资合同时，加入一定的保护条款，防止前面所提到的情况出现。

思维导图

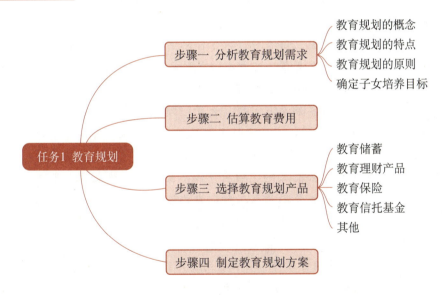

◀ 任务2 理财增值服务 ▶

示范案例

某高校退休教师陈老师是某浙江理财公司的中高端客户，年龄近70岁，一直以来对理财非常感兴趣，时不时会前来进行理财咨询。但由于其年龄较大，对新事物的接受能力明显较弱，尤其是互联网及手机、电脑的运用能力较差。因这一缘故，陈老师总是与公司发生矛盾，甚至投诉理财公司，令公司很苦恼。

案例要求：

1. 处理客户投诉；
2. 提升客户忠诚度；
3. 提供多种形式的非金融增值服务。

 ## 技能目标

熟悉客户关系维护的基本方法，能有效处理客户投诉，并在提升客户忠诚度的同时，掌握非金融增值服务。

 ## 理财故事

一则为特殊群体客户服务的案例启示

一、案例经过

近日，一位客户走进中国工商银行（以下简称工行）淮安北京南路支行，大堂经理上前询问客户需要办理什么业务，客户小心翼翼地问："你们这可以给盲人办卡吗？"大堂经理表示可以办卡，随即询问这位盲人是否可以签字，是否会盲文能自己设置密码。客户表示设置密码、签字都没有问题，大堂经理说当然可以办卡，本人到了立马可以办。客户连忙说："太好了，我跑了好多家银行都说盲人不可以办卡，只有你们这说可以，我现在就叫他过来。"过了一会儿，盲人客户来了，大堂经理将他引导至柜面办卡，并指导客户在双屏交互机上完成相应步骤。业务办理结束后，客户向大堂经理及柜台人员连连道谢，表示如果不是来工行，自己连银行卡都办不了，也没有办法领到补贴了。

二、案例分析

本案例中，网点大堂及柜台工作人员在面对盲人客户时，没有推诿，在为其办理业务时提供耐心细致的服务，赢得了客户的感谢和称赞，真正打响了工行的优质服务品牌。作为金融服务业，工行员工心系客户，急客户之所急，致力于为残障人士提供更加温馨高效的服务，做到"服务无障碍，服务显关怀"，做客户"您身边的银行，可信赖的银行"。

三、案例启示

（1）提高服务特殊群体的认识。网点应该通过晨会等形式学习有关文件和制度，使员工不断提高思想认识，懂业务会业务，不歧视特殊群体客户，养成服务特殊群体的良好行为。

（2）制定服务流程。遇到需上门服务的特殊群体客户，积极落实上门服务工作。同时设立爱心窗口优先办理业务，关键时刻接待特殊群体客户，提高窗口利用率，保证服务质量。

（3）配备服务硬件设施。在网点硬件设置上，应配备盲文卡、交流本之类的工具方便与客户沟通。此外，应准备应急药箱，备好常用的药物，以便不时之急。

（4）服务热情周到。在为特殊群体客户服务时，需要更加热情周到，对行动不便客户，应主动提前打开网点玻璃门接送搀扶客户，对眼睛看不见或无法书写客户，应主动上前为其确认业务，随时关注特殊群体客户的排队机号码，以防听不到，或因行动迟缓导致柜员等候时间长而以为是空号、再次叫号，影响特殊群体客户在我行业务的高效办理。

资料来源：http://jiangsu.china.com.cn/html/finance/banking/10894103_1.html

步骤一： 处理客户投诉与抱怨的程序

（1）建立客户意见表（或投诉登记表）等表格。接到客户投诉或抱怨的信息，在表格上记录下来，如公司名称、地址、电话号码以及原因等，并及时将表格传递到投诉处理人员手中；

（2）投诉处理人员接到信息后立即通过电话、传真或到客户所在地进行面对面的交流沟通，详细了解投诉或抱怨的内容；

（3）投诉处理人员分析这些问题信息，并向客户说明及解释，与客户沟通协商；

（4）将处理情况向领导汇报，投诉处理人员提出自己的处理意见，申请领导批准后，要及时答复客户；

（5）客户确认处理方案后，签下处理协议；

（6）将协议反馈回公司有关部门具体实施；

（7）跟踪处理结果的落实，直到客户答复满意为止。

活动设计

以小组为单位，每组派出 3 位同学，分别扮演客户、客户服务人员、理财规划师（当客户不满意，不接受客户服务人员处理方案或发生冲突时才出场），设计具体的投诉问题，现场演练客户投诉的过程及处理方法，评选出处理客户投诉最成功的一组。

步骤二： 培养客户忠诚度

衡量客户忠诚度主要有两方面，即客户的保持度和客户的占有率。根据"二八法则"，公司 80% 的收益来自 20% 的客户。忠诚的客户群体是一个相对稳定的动态平衡。从来没有永远的忠诚，理财规划师无法买到客户的忠诚，只能增加客户的忠诚。

一、客户忠诚度提升原则

（一）了解自己的客户

"知彼知己，百战不殆。"在为客户提供服务时，如果能够了解客户的基本情况，清楚客户的需求，解答客户的疑问，为客户介绍合适的产品，会让客户察觉到理财规划师的真诚服务，也会让客户觉得产品和服务很适合他，从而产生满意感。所以，理财规划师要千方百计地去了解客户，倾听客户的声音，分析客户的需求和期望，从而制定出适合客户的营销方法，最终赢得客户。

（二）提高服务质量

在现代的营销中，客户买的往往不是产品，更多的是伴随着产品的各种售前、售中、售后服务。服务质量的好坏可以直接影响客户是否愿意接受理财规划师的服务。在同等优质的理财规划面前，客户会选择服务好的理财规划师。因此，理财规划师除了要确保理财规划质量外，还要尽可能为客户提供周到、贴心、热情的服务。要知道，谁能赢得客户的心，谁就拥有了市场。

（三）提高客户满意度

客户满意度在一定意义上是理财机构经营质量的衡量标准。通过客户满意度调查、面谈等，真实了解客户目前最需要的是什么，什么对他们最有价值，掌握、关注客户的潜在需求，并提供优质服务以提高客户的满意度。

（四）超越客户期待

在了解客户的基础上，突破常规，提供让客户惊喜的产品或服务，让客户获得超值的感受。

（五）满足客户个性化需求

根据不同客户的需求特点，提供不同风格的产品和服务，满足不同类型客户追新求异、符合自身特点的个性化需求。

（六）正确处理客户问题

理财规划师要正确应对客户提出的问题，消除客户误解或取得客户的理解，满足客户的合理需求。只有这样才能留住客户，挽回客户的信心，并且借此提高客户的满意度。有研究表明，一个最好的客户往往是受过最大挫折的客户。问题得到满意解决的投诉者，与没有产生过不满意的客户相比，往往更容易成为企业最忠实的客户。

二、客户忠诚计划模式

为了更好地吸引客户，加深与客户的情感联系和对客户的了解，理财机构往往需要制定客户忠诚计划来吸引客户和提升客户的忠诚度。近年来，以累计积分为主要形式的客户忠诚计划在各行各业得到广泛应用。这些客户忠诚计划主要有独立积分、联盟积分、联名卡和认同卡、会员俱乐部等几种模式。

（一）独立积分模式

由客户购买机构产品和服务或推荐其他人购买，机构提供积分，并根据积分额度给予奖励或回馈。这种模式比较适合容易引起多次购买和延伸服务的企业，现在许多服装店、百货公司和大型超市等都采用这种模式。

（二）联盟积分模式

联盟积分是指由多个企业合作共同使用同一个积分系统，使客户能用一张卡在不同的网点享受服务、积分。联盟积分对客户而言，使用更方便、更具有吸引力——客户既能减少管理积分卡的麻烦，又能更快地使积分奖励兑换。

（三）联名卡和认同卡模式

联名卡是银行和营利性机构合作发行的银行卡附属产品，其功能等同于信用卡，一般以某一特定群体为对象，较具有商业导向，常见的有中华航空信用卡、百货公司联名卡等。例如：美国航空公司和花旗银行联名发行的 Advantage 卡就是一个创立较早而且相当成功的联名卡品牌，持卡人用此卡消费时，可以赚取飞行里程，累积一定里程之后就可以到美国航空公司兑换飞机票。

认同卡是银行与非营利团体合作发行的信用卡。持卡人主要为该团体成员或有共同利益的群体，如美国橄榄球协会 NFL。

（四）会员俱乐部模式

会员俱乐部模式一般在以下情况下采用：（1）单个客户创造的利润非常高；（2）客户群集中；（3）密切联系客户有利于企业的业务扩展。会员俱乐部模式对促进企业与客户的沟通、了解客户需求、建立客户对企业的情感有较好的效果。

以上的客户忠诚计划各有优缺点，企业要根据自身的特点，选择合适的模式。另外，针对忠诚客户目标市场的细分情况，有些企业还根据不同的发展阶段，制定了分级忠诚计划，共分为三级，如表 4-5 所示。

表 4-5　　分级忠诚计划

忠诚计划等级	实施手段	表现形式	客户忠诚度
一级	价格刺激、额外的利益	折扣、累计积分、赠送商品、发放奖品	低
二级	建立客户组织	建立客户档案、俱乐部、客户协会	较高
三级	为客户提供有价值的资源	俱乐部等（提供稀缺资源，现实会员的特权）	高

一级忠诚计划：企业通过价格刺激或额外的利益奖励经常来光顾的客户。这个级别的忠诚是非常不可靠的，使用的方式容易被模仿，客户容易被转移，也可能降低企业的服务质量。

二级忠诚计划：通过建立客户组织，了解客户较详细的潜在需求，使企业能更好地提供适合客户的个性化需求的产品和服务，从而满足客户需求，培养忠实的客户，这个级别的客户忠诚度较高。

三级忠诚计划：通过较大成本为会员提供不能通过其他途径得到的有价值的资源，显示会员的特权，满足客户特殊需求，来增加对客户的吸引力，这种客户忠诚度很高。

以上不同级别的忠诚计划，理财机构在实际操作中可灵活交叉运用。

步骤三：提供非金融增值服务

金融企业在专享增值服务方面需积极寻求突破，不断丰富和创新形式和内容，在满足"大众"需求的前提下拓展"小众"个性发展空间。消费已经渐渐成为富裕阶层社交的纽带，通过高端消费来扩大社交范围，已得到广泛的应用。

一、高端医疗服务

在中国，高净值人士很注重养生保健，但他们中只有 10％的人有私人医生。首先，中国人还没有形成聘请私人医生的习惯；其次，综合素质很强的医生目前是稀缺资源；最后，也是最重要的一点，随着自己财富一天天的增长，很多高净值人士认为请私人医生是件不安全的事情。

理财机构等可以利用自己的平台，整合当地最好的医师资源、医疗设备，提供便捷、快速、高质量的医疗、保健咨询和服务。

二、高端旅行咨询

近些年来，随着人们对旅游品质的要求不断提高，个性化、自由式等高端旅行方式更受人们的偏爱，一般意义上的导游服务已不能满足高端用户的需求。

高端旅行定制已倾向于复合型旅游，即将一些其他项目有效地结合到旅游中，例如在国外已经有先例的医疗旅行。这种计划通常是带高净值人士到世界上最好的仪器那里进行身体检查，再到世界上各个领域最好的医生面前接受诊断和治疗，全程结合当地旅游活动，住最好的五星级酒店，享用最好的健康餐饮，乘坐最好的交通工具如私人飞机、游艇、豪车，这样的旅行一般会持续两周的时间。以上说到的医疗旅行是复合型旅游中已存在并较为成熟的形式，其实还能开发出很多的特色项目，如世界电影发展体验旅行、留学考察旅行、朝圣之旅等。

三、子女教育咨询

金融机构应更多地为顶级客户的子女提供增值服务，培养与他们的关系和感情。原因简述有二：一是在东方人的家庭中，父母非常疼爱自己的孩子，如果有人能帮助到他的子女，他会非常感激和开心；二是二代高净值人士更倾向于专业团队的专业服务。一代高净值人士大都白手起家，企业是自己一手打拼出来的，所以很多事情喜欢亲力亲为，不喜欢别人插手，特别是个人财务和公司的资产管理。而二代高净值人士接受过良好的教育和最新的理念，企业和资产也是接手的，所以更倾向于聘请职业经理人帮助打理公司和个人资产。

子女的海外教育在高净值人士的下一代安排中，是绝对优先于离岸信托资产传承和海外税务筹划的。其实理解起来也很简单，教育好比造血，高净值人士希望自己的子女能够有自我"造血"的能力，而不是仅仅靠着信托基金这个"血袋"过活。所以，为客户的子女提供最好的留学咨询和配套的金融服务，是势在必行的。

另外，留学期间金融机构可以延展性地提供当地的置业咨询和未来的移民计划，学习生涯快结束时还可以适当提供一些实习机会，帮助客户的子女增加社会实践经验。

四、物品定制

高净值人士偏爱的运动高尔夫，是大家熟知的运动，而拥有一套量身定制的球杆是一种身份的体现。高净值人士在赠送礼物的时候，赠送男士最多的是手表，赠送女士则多是配饰、包袋和珠宝。据一家顶级高尔夫球杆公司称，他们的定制球杆服务目前在中国用的人很少，中国人多数是直接来挑选成品球杆的。另外，各大奢侈品牌集团，虽然会推出自己的系列产品，包括手表、珠宝、配饰、包袋等，但同时都提供特殊定制服务。珠宝还可以提供设计服务，只是很多人不清楚而已。

其实物品定制在国外的富裕阶层已经是一件非常平常的事情。如果能打造一个物品定制平台，就能够给理财机构的非金融服务增光添彩。

五、收藏咨询

现在的高净值人士最爱的收藏已从名车转向葡萄酒，古玩字画的热度也一天天提高。一位知名的葡萄酒专家曾说，虽然现在很多中国高净值人士的收藏热情很高，也渐渐知道世界上不仅只有拉菲，但知识的广度和深度，以及对葡萄酒文化的理解还远远不够。而关于艺术品，虽然温州出现大批"炒房团"把资金转向艺术品市场，代表中国高净值人士对艺术品投资领域的大举进军，但总体上看，在富豪中还是有将近30%的人是对自己的收藏知识没信心的。谨慎而有效地寻找专家资源，给自己的顶级客户提供专业的收藏咨询对金融机构来说似乎很有必要。

六、慈善与捐助计划

中国很多的高净值人士倾向于小而专的基金会，或是直接参与项目亲手去实践，或是自己设立基金会进行慈善活动。在国外，私人银行提供的慈善咨询服务已经很成熟。如银行和慈善机构发起合作项目接受慈善捐助，资金由银行托管，由银行监控每笔资金的流动情况，并定期给捐款人提供报告；或是银行协助某些知名企业家设立基金会，提供资产托管服务和资金管理。

 同步案例

非金融增值服务，造福银行高端客户

近年来，随着私人财富和高净值人士的快速增长，为了更好地服务高净值客户，不少银行相继推出各种非金融增值服务，提供个性化、定制化、专业化、一站式的服务。

随着高考结束，不少学子选择出国留学之际，各家银行除了在出国金融产品本身发力，也围绕着出国留学前后所需推出各种增值服务。

据了解，农业银行的"金钥匙·留学宝"通过将预约开立境外银行账户、留学贷款、存款证明、贷款证明、西联汇款等个人本外币产品进行打包整合，针对目标美、英、加、澳等国的留学生相应提供一些金融服务。而中信银行则直接打出"要出国找中信"的口号，除了提供一站式基本金融服务，还在语言培训、留学规划、院校申请等方面提供服务。其官网显示，中信银行推出了"中信留学宝"出国训练营，为准留学生提供生活、烹饪、社交等方面的知识技能体验。交通银行依照留学规划、语言提升、学校申请、签证申请及学成归国等环节，分别安排了相应的非金融服务，包括留学规划、课程优惠、模考测试及各类论坛讲座。

日前，备受市场热捧的光大银行更是出手不凡，在该行办理GIC专户业务仅需30万元人民币和1万加元留学保证金，无需担保金历史存期要求，最快5个工作日即可办理完毕。据悉，该行过往拒签率为零。据工作人员透露，目前还免收留学存款证明开立手续费，免电报费。如果办理该行的光大出国卡，境外银联ATM取现每月前三笔免银联渠道手续费，开立资信证明免手续费、境外汇款免电报费、境外消费享受银联白金卡优惠，同时还享受国内推出的各项专属优惠。

值得一提的是，光大银行推出的"金融教育＋金融体验"菁英实践基地助力留学申请，更是备受好评。

菁英实践基地，是光大银行为中高端客户提供的免费增值服务，有意向留学、年满16岁的在校生以及想体验金融工作的在校生均可报名参与。完成实践的学生可获得光大银行出具的中英文权威社会实践证明，成为日后留学、就业的加分利器。

据介绍，菁英实践可为满足条件的客户子女提供一周的学习和实践体验，孩子们将在分行和支行进行学习和实习，内容包括金融实务、财富规划、公益实践、商业运维等多个模块，在实践中不仅可以拓展金融知识面，还可以培养学生团队意识、领导协作等能力。

同时，在实习过程中还会进行模拟家庭资产配置的体验，培养学生财富规划的意识，在模拟人生中收获知识。

资料来源：http://net.cbg.cn/rdzj/2018/0627/10435565.shtml

理财工具

相关书籍推荐

完成案例要求

一、处理客户投诉

从已退休的陈老师情况中了解到，她投诉主要是出于求尊重的心理（因对互联网的运用感到了挫折和不快），对于这一现象，公司处理投诉主要从两方面入手：一是表示充分的理解和高度的重视，设身处地地关心，真诚地道歉；二是开展一些面向老年人客户的有关互联网理财手段的培训讲座。

二、提升客户忠诚度

通过坚持做好对中高端老年人客户的差异化营销和细节服务，使客户逐渐了解互联网理财的优点，适应其功能，从一开始的不接受，到了解、使用，再到信赖，从而一步步提升客户对公司服务和客户维护工作的满意度，提升客户忠诚度。

三、提供多种形式的非金融增值服务

由于陈老师所处的年龄段，她可以选择几类非金融增值服务：高端医疗服务、慈善与捐助计划等。

 技能加血 ▶▶

需要特别呵护的客户关系

不同的客户给金融机构带来的价值是不同的，有时候即使是同一客户，给金融机构带来的价值也不是唯一的。归纳起来，客户带来的价值一般有以下四种：经济价值，即客户能直接带给金融机构的经济效益，主要表现为其经济盈利性，这是金融机构在考虑客户关系时首先考虑的因素；示范价值，即某一特定客户在接受理财专业人员的服务后给周边带来的示范效应，这一点是有目共睹的；推

技能加血 ▶▶

荐价值，即某一特定客户在接受理财专业人员的服务后进行的口碑传播作用；能力价值，即金融机构从客户那里学到和吸收自身缺乏的知识的价值。可见，金融机构要发展和维护客户关系，不能只着眼于客户的经济价值，还要兼顾其他，才能收益丰厚。

思维导图

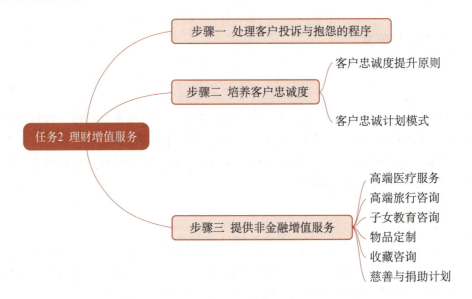

任务2 理财增值服务
- 步骤一 处理客户投诉与抱怨的程序
- 步骤二 培养客户忠诚度
  - 客户忠诚度提升原则
  - 客户忠诚计划模式
- 步骤三 提供非金融增值服务
  - 高端医疗服务
  - 高端旅行咨询
  - 子女教育咨询
  - 物品定制
  - 收藏咨询
  - 慈善与捐助计划

◀ 任务3 家庭成长期理财规划 ▶

步骤一：家庭情况分析和诊断

一、家庭生命周期和生涯分析

方先生今年38岁，方太太37岁，女儿12岁正上小学六年级，这是标准的三口之家，家庭成员固定。方先生在国有科研机构担任高级工程师，收入稳定；方太太在事业单位工作，收入稳定，这是典型的中等收入的双薪家庭。由此可知方先生家正处于家庭成长期。在这一阶段，家庭收入和财富的积累将逐步上升直至达到一生中的最高水平，可以有更多的资金供支配，家庭支出较为稳定。但女儿上大学后教育金的负担会加重，应该趁着女儿还在上小学，学费负担较轻的时候动手准备，筹集子女的高等教育金。方先生经过了近十年职场的历练，事业正处于稳定期，对于未来的生涯发展应该有了明确的方向。且随着财富的积累和阅历的丰富，方先生可以选择更丰富的投资品种，根据自己的资产状况、家庭负担、风险偏好等，设计合适的投资组合，以满足不同期限理财目标的需求。并且此时也达到了家庭保险需要的峰值，方太太除了社保无其他商业保险，方先生是家庭主要经济支柱，两人适当增加保险显得十分重要。此外可以开始准备养老金，早为养老计划做准备。

二、家庭财务比率分析

1. 资产结构比例

方先生家的资产结构比例如图 4-2 所示。投资性资产占了总资产的 90%，其中主要是投资性房地产。流动性资产比例为 7%，可以应付不时之需，但比例较高，降低了资产的收益率，可适当降低流动性资产的比例。自用性资产只占总资产的 3%，主要是因为方先生家的住房是单位分配的公房，自有资产只有汽车。

2. 流动性比率

流动性比率＝流动性资产/流动性负债

该项指标用来评估家庭短期偿债能力，合理范围为 2～10。方先生家的流动性资产为 150 000 元，而没有流动性负债，短期偿债能力很强，但存在资金闲置的情况。

3. 负债比率

负债比率＝总负债/总资产

该项指标用来衡量家庭资产结构是否合理，是否会因为负债太多引发风险，其合理范围在 20%～60%。方先生家的负债比率为 46.38%（＝948 541.35/2 045 000），处于合理范围，家庭资产结构较为合理，不易出现资不抵债的家庭财务危机。

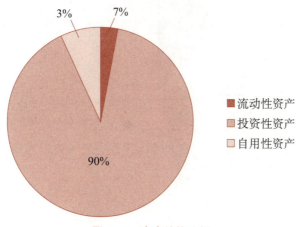

图 4-2　资产结构比例

4. 净资产投资率

$$净资产投资率＝投资性资产/净资产$$

该项指标反映家庭资产（总净值）中投资性资产所占比例，用以衡量家庭资产的增值潜力，该比例大于50％为佳，说明家庭的投资渠道较多，家庭财富的增值能力较强，方先生家的净资产投资率为168.26％（＝1 845 000/1 096 458.65），远远大于50％，说明方先生家家庭资产增值潜力很强。

5. 紧急预备金倍数

$$紧急预备金倍数＝流动性资产/月支出$$

该项指标用来反映家庭资产配置抵御突发意外情况的能力。该比例在3～6较为适宜，即家庭的流动性资产足以应付家庭3～6个月日常支出的需要。方先生家的紧急预备金倍数为22.06（＝150 000/6 800），说明足以应付家庭至少22个月日常支出的需要，比例过高，表明资金相对闲置，过于强调流动性而牺牲了资产的收益率。

6. 收入结构比例

方先生家的收入结构比例如图4－3所示。工资收入是家庭收入的主要来源，占48％，方太太工资收入占24％，男女收入比例2∶1，家庭环境比较稳定；理财产品基金收益占6％，说明方先生选择的理财产品收益率不高，可以选择收益率较高的投资组合；租金收入占12％，说明房地产投资收益率一般，且较稳定。

7. 支出比率

$$支出比率＝总支出/总收入$$

该项指标反映了家庭的收支状况。方先生家的支出比率为52.42％（＝130 746.71/249 400），家庭支出约为家庭收入的一半，较为合理。

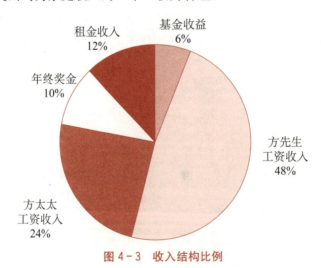

图4－3　收入结构比例

8. 财务负担率

财务负担率＝年本息支出/年收入

该项指标是反映客户在一定时期（如一年）财务状况良好程度的指标，其合理范围为 20%～40%。方先生家的财务负担率为 28.15%（＝70 207.44/249 400），处于合理范围，家庭偿债能力较强，财务负担无压力，财务状况良好，不容易发生债务危机。

9. 债务偿还率

债务偿还率＝月还贷额/月收入

该项指标用以衡量家庭负债与收入是否匹配，合理范围为 50% 以下，否则将直接影响家庭生活质量，降低抵御风险的能力。方先生家的债务偿还率为 31.28%（＝5 850.62/18 700），处于合理范围，不会因债务影响家庭正常生活。

10. 净储蓄率

净储蓄率＝净储蓄/总收入

该项指标反映家庭控制开支和资产积累的能力，合理范围为 20%～60%。方先生家为中等收入家庭，净储蓄率保持在 47.57%（＝118 653.29/249 400）是比较合理的，既不会降低生活品质，也不会影响资产积累增值，因此不会影响未来的生活需要。

11. 平均投资报酬率

平均投资报酬率＝非工资收入/生息资产

该项指标用来衡量资产产生效益的能力，反映家庭的财富增值能力，合理范围为 3%～10%。方先生家的平均投资报酬率为 9.87%（＝44 400/450 000），处于较高水平，说明投资配置有效。

12. 净值成长率

净值成长率＝净储蓄/（总净值－净储蓄）

该项指标用来衡量家庭净值的成长程度，合理范围为 5%～20%。方先生家净值成长率为 12.13%（＝118 653.29/（1 096 458.65－118 653.29）），处于合理范围。

13. 财务自由度

财务自由度＝非工资收入/总支出

该项指标反映家庭在财务方面的自由程度，是检测家庭理财成效的最好指标，因为高资产不一定实现财务自由，家庭财务状况也不一定健康；而当财务自由度大于 1 时，则实现了富现金流，家庭的理财效果优良，通过积累的家庭财产产生的理财收益，完全能满足年支出的需求。方先生家财务自由度为 33.96%（＝44 400/130 746.71），家庭的收益还是依靠工作收入，需要进一步增加理财收入，提高财务自由度。

与家庭财务比率的合理范围（见表 4-6）相比，方先生家庭的收支和资产负债情况，主要有以下问题：

（1）资产结构不是很合理，投资性资产虽然所占比例较大，但主要是因为投资性房地产占了绝大部分，而金融理财产品的投资不多且以基金为主，收益率不高；

（2）流动性资产比例过大，方先生家没有流动性负债，为了应付家庭日常支出和不时之需，造成资产闲置现象；

（3）保险的比例过小，对发生家庭财产损失、人身意外伤害等突发事件的风险抵抗力较弱，任何不测风险都会对家庭的正常生活造成危机；

（4）无任何商业养老保险投资，对实现养老计划不利。

表4-6　　　　　　　　　　　家庭财务比率合计

家庭财务比率	数值	定义	合理范围
流动性比率	分母为0，无法计算	流动性资产/流动性负债	2～10
负债比率	46.38%	总负债/总资产	20%～60%
净资产投资率	1.68	投资性资产/净资产	大于50%
紧急预备金倍数	22.06	流动性资产/月支出	3～6个月
支出比率	52.42%	总支出/总收入	合适
财务负担率	28.15%	年本息支出/年收入	20%～40%
债务偿还率	31.28%	月还贷额/月收入	50%以下
净储蓄率	47.57%	净储蓄/总收入	20%～60%
平均投资报酬率	9.87%	非工资收入/生息资产	3%～10%
净值成长率	12.13%	净储蓄/（总净值－净储蓄）	5%～20%
财务自由度	33.96%	非工资收入/总支出	20%～100%

三、家庭保险需求分析

方先生、方太太和女儿都参加了社会保险（简称社保），由于社会医疗保险定位于提供基本的医疗保障，如果因病住院治疗或罹患重大疾病，即使参加了社会医疗保险，超出的治疗费用也需要通过补充医疗保险或商业医疗保险途径予以解决。

同时，对于有贷款的家庭来说，寿险保障也是必需的，以免由于一方发生不测而遭受家庭经济压力。而方先生仅有一份20年期定期寿险及意外险，方太太则无其他任何商业保险，方先生家庭对突发事件的风险抵抗力较小。方先生作为家庭经济支柱应该增加保额，同时为方太太投保一份商业寿险。

女儿仅有社保和杭州市少儿住院医疗互助基金，应该为女儿再投保一份商业医疗保险或者意外险。

方先生和方太太都无养老商业保险，为了保障退休后的生活，可以选择投保一份养老保险，如分红型养老保险，且越早投保越便宜，还可以在一定程度上对抗通货膨胀。

四、家庭风险特征分析

1. 风险承受能力

根据表 4-7 展示的情况，方先生家得分合计 71 分，可承受中高风险。

表 4-7　　　　　　　　　　　　风险承受能力评估表

分数	10分	8分	6分	4分	2分	得分
年龄	总分50分，25岁以下者50分，每多1岁少1分，75岁以上者0分					37
就业状况	公职人员	工薪阶层	佣金收入者	自由职业者	失业者	10
家庭负担	未婚	双薪，无子女，自用住宅	双薪，有子女	单薪，有子女	单薪，养三代	6
置产状况	投资不动产	无房贷	房贷<50%	房贷>50%	无自用住宅	8
投资经验	10年以上	6～10年	2～5年	1年以内	无	6
投资知识	有专业证照	财经类专业	自修有心得	懂一些	一片空白	4
合计得分						71

2. 风险承受态度

根据表 4-8 展示的情况，方先生家得分合计 68 分，属于中高风险承受态度。

表 4-8　　　　　　　　　　　　风险承受态度评估表

分数	10分	8分	6分	4分	2分	得分
对本金损失的容忍程度	可承受亏损的百分比（以一年的时间为基准），总分50分，不能容忍任何损失为0分，每增加1个百分点加2分，可容忍25%以上损失者为满分50分					30
首要考虑因素	短期价差	长期利得	年现金收益	抗通胀保值	保本保息	8
过去投资绩效	只赚不赔	赚多赔少	损益两平	赚少赔多	只赔不赚	8
赔钱心理状态	学习经验	照常过日子	影响情绪小	影响情绪大	难以成寐	8
目前主要投资	期货	股票	房地产	债券	存款	6
未来希望避免投资的工具	无	期货	股票	房地产	债券	8
合计得分						68

3. 风险矩阵

方先生家的风险承受能力 71 分，风险承受态度 68 分，对照风险矩阵表（见表 4-9），可建议投资债券 30%、股票 70% 的投资组合，合理的长期预期报酬率为 8.5%，标准差估计为 22.4%。

表 4 - 9　　　　　　　　　　　　　　　　风险矩阵

风险态度	工具	风险能力				
		低能力 0~19分	中低能力 20~39分	中能力 40~59分	中高能力 60~79分	高能力 80~100分
低态度 0~19分	货币	70%	50%	40%	20%	0%
	债券	20%	40%	40%	50%	50%
	股票	10%	10%	20%	30%	50%
	预期报酬率	3.4%	4.0%	4.8%	5.9%	7.5%
	标准差	4.2%	5.5%	8.2%	11.7%	17.5%
中低态度 20~39分	货币	50%	40%	20%	0%	0%
	债券	40%	40%	50%	50%	40%
	股票	10%	20%	30%	50%	60%
	预期报酬率	4.0%	4.8%	5.9%	7.5%	8.0%
	标准差	5.5%	8.2%	11.7%	17.5%	20.0%
中态度 40~59分	货币	40%	20%	0%	0%	0%
	债券	40%	50%	50%	40%	30%
	股票	20%	30%	50%	60%	70%
	预期报酬率	4.8%	5.9%	7.5%	8.0%	8.5%
	标准差	8.2%	11.7%	17.5%	20.0%	22.4%
中高态度 60~79分	货币	20%	0%	0%	0%	0%
	债券	30%	50%	40%	30%	20%
	股票	50%	50%	60%	70%	80%
	预期报酬率	5.9%	7.5%	8.0%	8.5%	9.0%
	标准差	11.7%	17.5%	20.0%	22.4%	24.9%
高态度 80~100分	货币	0%	0%	0%	0%	0%
	债券	50%	40%	30%	20%	10%
	股票	50%	60%	70%	80%	90%
	预期报酬率	7.5%	8.0%	8.5%	9.0%	9.5%
	标准差	17.5%	20.0%	22.4%	24.9%	27.5%

步骤二：子女教育规划

　　方先生希望女儿在明年可以进好一些的民办初中，民办初中需要一次性支付3万元，所以女儿初中学费的现值合计为3万元。此外，假设高中学杂费1 200元/年，学费增长率为 5%，投资报酬率为 8%。

高中每年的学杂费为：

$$FV = PV \times (FV/PV, 5\%, 3) = 1\ 200 \times 1.157\ 6 = 1\ 389.12\ （元）$$

上高一时，高中三年的学杂费为：

$$PV = A \times (PV/A, 5\%, 3) = 1\ 389.12 \times 2.723\ 2 = 3\ 783\ （元）$$

高中三年学杂费从现在开始准备，每年需要投入的金额为：

$$A = FV/(FV/A, 8\%, 3) = 3\ 783/3.246\ 4 = 1\ 165\ （元）$$

大学学费现值为 10 万元，六年后，大学学费为：

$$FV = PV \times (FV/PV, 5\%, 6) = 100\ 000 \times 1.340\ 1 = 134\ 010\ （元）$$

大学学费从现在开始准备，每年需要投入的金额为：

$$A = FV/(FV/A, 8\%, 6) = 134\ 010/7.335\ 9 = 18\ 268\ （元）$$

由于子女教育在时间上没有弹性，且教育费用不能承受较大投资风险，建议将现有资产进行整笔投资。考虑在 5% 的学费增长率和 8% 的投资报酬率的情况下，方先生可现在就按照 8% 的年化目标收益率以基金定投的方式进行投资。从现在开始，前 3 年，每年投资 19 433 元；从第 4 年开始往后的 3 年，每年投资 18 268 元即可，就能确保在未来 10 年里学费合理上涨的前提下，仍然能保证孩子顺利完成大学学业。

步骤三 家庭理财规划

一、家庭保障计划

（一）紧急预备金

紧急预备金是为了满足家庭对资产的流动性需求，一般应准备 3~6 个月的家庭固定开支作为紧急预备金。考虑有女儿上学、房屋还贷以及赡养老人等因素，建议方先生准备 27 200 元左右的流动资产作为紧急预备金。然而方先生家实际有 5 万元的现金和活期存款，以及 10 万元的货币市场基金，流动性资产过多，造成了一定程度的资产闲置，建议拿出 4 万元的现金和活期存款、8 万元的货币市场基金投资到更高收益的产品上，提高家庭资产的总体收益率。同时申请一张信用卡，利用信用卡额度补充紧急预备金，以备不时之需。方先生家的紧急预备金足以满足 5~6 个月的生活开支和意外所需，且可以享受信用卡的免息期，安全方便。

（二）家庭保险规划

家庭理财中，保险能够抵御家庭主要收入来源突然中断而给家庭财务造成的不良影响。方先生是家庭的经济支柱，但只有社保和一份定期寿险，而方太太仅有一份社保，无任何其他的商业保险，女儿也无任何商业保险。一旦一方出现意外，家庭财务就可能陷入危机，因此必须考虑增加寿险和意外险的保额。

所需保险金额按照财务需求法计算如表 4-10 所示。

表 4-10　　　　　　　　　　　寿险需求表　　　　　　　　　　　　单位：元

弥补遗属需要的寿险需求	方先生	方太太
当前的家庭生活费用	98 600.00	98 600.00
减少个人支出之后的家庭费用	49 300.00	49 300.00
家庭未来生活费准备年数	43	42
家庭未来支出的年金现值	171 773.67	171 772.71
当前上大学4年学费支出	100 000.00	100 000.00
未成年子女数	1	1
应备子女教育支出	100 000.00	100 000.00
家庭房贷余额及其他负债	948 541.35	948 541.35
丧葬最终支出当前水平	50 000.00	50 000.00
家庭生息资产	450 000.00	450 000.00
财务需求法应有的寿险保额	820 315.02	820 314.06
薪资占家庭收入比重	0.71	0.29
个人应投保保额	580 208.81	240 105.93
保额调整分析		
已经投保的金额	12 000.00	0.00
建议投保金额	580 208.81	240 105.93
应该增加的保额	568 208.81	240 105.93
需增加保额合计	808 314.74	

考虑到方先生整个家庭的财务状况，建议方先生购买定期寿险和意外险，根据"双十"原则，年保费支出控制在 24 940 元，占年家庭收入的 10%，保额为 2 494 000 元，是家庭收入的 10 倍，在合理范围之内。

二、购换房计划

方先生希望在明年底以 80 万元购买单位经济适用房一套。

方先生一年可累积购房资金：

方先生每月缴存住房公积金＝10 000×（7%＋7%）＝1 400（元）

30 000＋FV(0.05/12,12,−1 400)＝30 000＋17 190.40＝47 190.40（元）

方太太一年可累积购房资金：

方太太每月缴存住房公积金＝5 000×（7%＋7%）＝700（元）

15 000＋FV(0.05/12,12,−700)＝15 000＋8 595.20＝23 595.20（元）

合计可累积购房资金＝47 190.40＋23 595.20＝70 785.60（元）

由于这是方先生家的第二套房，假设当地住房公积金规定，第二套住房公积金贷款首付比例不低于 70%，因此方先生需要支付 56 万元的首付款，且到明年底，方先生需要偿还朋友的借款 20 万元，并且还有投资用房贷款 748 541.35 元未还，债务压力巨大。所以，建议方先生将先前购买的商品房出售。商品房现市值保守估计 200 万元，按照 4% 的通货膨胀率，今年底，方先生可以 208 万元出售。首付 70% 经济适用房款 56 万元，余款 24 万元，公积金 20 年贷款按 4.00% 每月等额还款 1 454.35 元，并用每月公积金冲还贷款，还清投资用房贷款 748 541.35 元，归还朋友借款 20 万元，结余资金 771 458.65 元。

三、退休养老计划

方先生和方太太还有 20 年退休，方先生计划在退休前筹得夫妻两人的养老金 150 万元。

根据 4% 的通货膨胀率，20 年后，150 万元养老金为：

$$FV(0.04,20,-150)=328.67（万元）$$

根据 8% 的投资报酬率，方先生可以每个月投入 5 600 元退休储蓄：

$$PMT(0.08/12,20×12,-328.67)=5 600（元）$$

方先生和方太太没有任何的养老保险，方先生可以为自己和太太再配置一些分红型的养老保险。

四、投资规划建议

（一）家庭现有投资品分析

方先生家主要的投资品为投资性房地产（见图 4-4），现用于出租的商品房占投资支出的 76%；金融产品的投资以基金为主，占了 20%；现金和活期存款的比例为 3%，可以再适当降低，将其中一部分向收益率较高的产品转换，增加资产的收益率；保险的比率过低，只占 1%，对风险的抵抗力较弱，应该增加对保险的投资。

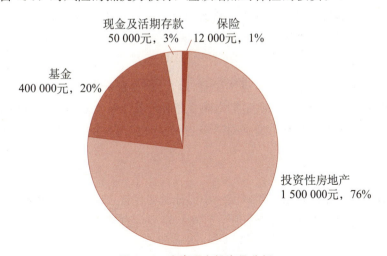

图 4-4 家庭现有投资品分析

　　方先生家的金融投资产品主要是基金（见图 4 - 5），其中债券型基金占 50％，股票型基金占 25％，货币市场基金占 25％，稳定性和流动性较好，但收益率不高，建议降低货币市场基金的比率，增加股票型基金的比率，提高基金整体的收益率。

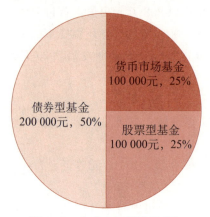

图 4 - 5　家庭金融投资品分析

（二）资产配置及相关投资建议

1. 40％的股票投资

　　基于方先生的风险承受能力和风险承受态度，方先生可以承受中高风险，他可以选择一些行业前景较好、处于行业龙头地位、业绩较好的蓝筹股并长期持有，增加资产的收益率。

2. 30％的基金投资

　　方先生家现有的金融产品投资以基金为主，其中可分为货币市场基金、债券型基金和股票型基金。方先生的基金投资组合是以债券型基金为主，稳定性较好，但收益率不高，建议方先生调整基金组合的结构，将股票型基金、债券型基金和货币市场基金的比例调整为 3：2：1，还可以为筹集女儿的高等教育金投资一些教育基金。

3. 25％的保险投资

　　方先生家的保险投资过低，一旦发生意外，会严重影响家庭正常生活，建议方先生增加自身的保额，为妻子购置一些定期寿险及意外险，为女儿购置一些健康险和意外险，为夫妻两人购置一些养老保险，增强对未来各种不确定事件的应对能力，还可以在一定程度上对抗通货膨胀。

4. 5％的活期存款

　　为了应对日常开支和紧急需要，留一小部分活期存款。建议方先生办理一张信用卡，可以保障必要的流动性资产，安全方便，还可以享受免息期。

◀ 理财与育人 ▶

兴学重教是最好的投资

据媒体报道，一个连出租车都没有的深度贫困县——云南省绿春县，却花了 2 亿元修建了一所中学，成为日前舆论热议的一个话题。可能有人认为，贫困地区经济落后，财政收入相对有限，投入 2 亿元巨资办校似乎不理性，也没必要。笔者则以为，投资于教育、投资于人是最有价值的投资，应该大力鼓励支持贫困地区兴学重教。

诚然，单从经济角度考虑，投资办学短期内很难有丰厚的经济效益，远不如投入某些经济产业见效快。相对于经济较为发达的地区来说，贫困地区在财政收入上捉襟见肘，能够挤出资金兴学办教育，极其不容易。何况教育经费投入远不止建几栋校舍那么简单，后续还有教学设备设施、后勤保障等一系列投入。但抛开经济层面的考虑，从实际情况来看，一个县城在此之前都没有一所高中，也很难想象。在办学条件有限的情况下，大量优秀生源流失，当地一些家长对"教育改变命运"的信念和信心也明显不足。随着办学条件改善而带来的教育状况的改变，远非短期的经济效益可比。如果只重视经济效益而忽视社会效益，无疑是一种急功近利的短视行为。

在 2018 年的全国教育大会上，习近平总书记强调"把优先发展教育事业作为推动党和国家各项事业发展的重要先手棋"。改革开放以来，特别是 21 世纪以来，坚持教育优先发展已成为我国的重要战略。我国教育多年来取得了历史性成就，这一切都源于党和国家对教育的重视，以及持续不断地增加投入。从 2012 年开始，我国实现了财政性教育经费支出占 GDP 比重达 4% 的目标，截至 2019 年，已连续七年保持在这一水平上。可以说，大力发展教育事业，无论对于国家还是区域发展来说，都是功在当代、利在千秋的事业。因此，贫困地区兴学重教，是落实国家教育优先发展战略的具体体现。

对贫困地区来说，能够克服各种困难，坚持兴学办教育，应该说是一种难得的远见。但这些教育经费用在什么地方，究竟是学前教育、义务教育还是高中教育，从理论上来讲，需要进行充分调研和论证。从媒体报道的情况来看，人民群众对这所新高中予以了充分肯定，认为给当地孩子们带来了走出大山的希望。显然这所高中的兴起，改变了当地教育生态，回应了人民群众对优质高中的关切。2019 年 7 月，笔者正好到云南省调研，从了解的情况来看，许多地方的确存在优质高中教育资源稀缺问题，办优质高中成为偏远贫困地区人民群众的教育新期待。在推动高中教育普及化、特色化、多样化和优质化的进程中，人民群众普遍希望获取更多优质高中教育。事实上，在我国中部一些省份，或多或少也存在类似情况。

当前国家正在大力推进扶贫攻坚工作，到 2020 年我国农村贫困人口将全部实现脱贫。*对于偏远贫困地区来说，打赢脱贫攻坚战，扶持经济产业发展固然重要，但扶智、扶教同样重要。这样的典型例子有很多。相关单位在对口支援云南省芒市的过程中，始

---

　* 本文发表于 2019 年，2020 年我国已实现全面脱贫。

终坚持把发展教育事业作为稳定脱贫的治本之策，聚焦"志智"双扶，拔除"穷根"，阻断贫困代际传递。通过教育扶贫有关的教育规划、教师培训、学生资助、设施设备配置等方面工作的助力，芒市成为云南省首批摘帽脱贫的15个县市之一。从这个角度来看，教育扶贫对于贫困地区早日脱贫并实现长远可持续发展，具有重大而深远的价值。

投资修建校舍教室，只是办好人民满意教育的基础条件。对于贫困地区来说，推动教育高质量发展，要充分利用政策红利，借助发达地区和对口扶贫支援单位的帮扶，学习先进教育理念，培养或引进一批优秀师资，优化教育结构以及提供相应政策和制度保障，推动区域教育治理体系和治理能力现代化，进而实现贫困地区教育事业的快速发展，为全面巩固提升脱贫攻坚成果提供源源不断的人才支撑。

资料来源：姜朝晖. 兴学重教是最好的投资. 中国教育报，2019－11－12.

◀ 习题库 ▶

一、单选题

1. 刘先生预计其子10年后上大学，届时需学费50万元，刘先生每年投资4万元于年投资回报率6%的平衡型基金，则10年后刘先生筹备的学费（　　）。

A. 够，还多约2.72万元　　　　　　B. 够，还多约0.7万元

C. 不够，还少约2.72万元　　　　　D. 不够，还少约0.7万元

2. 詹先生打算为儿子准备大学教育资金，现在离詹先生儿子上大学还有12年，目前上大学包括出国留学的总花费（学费加食宿费等）约为100万元，且每年涨幅为5%。则每年至少需要投入（　　）资金于年报酬率为10%的股票型基金，才可能在12年后足额准备出这笔资金。

A. 6.3万元　　　　B. 7.4万元　　　　C. 8.9万元　　　　D. 8.4万元

3. 面对目前越来越热的"出国潮"，许太太也有些动心，但又不能准确判断孩子出国留学是否值得。对此，许太太应考虑（　　）因素对出国留学的影响。

Ⅰ. 每年留学费用开销　　　　　　Ⅱ. 读书的机会成本

Ⅲ. 深造回国后的薪资差异　　　　Ⅳ. 预计深造时间

A. Ⅰ、Ⅳ　　　B. Ⅰ、Ⅱ、Ⅳ　　　C. Ⅰ、Ⅲ、Ⅳ　　　D. Ⅰ、Ⅱ、Ⅲ、Ⅳ

4. 在日益激烈的市场竞争环境下，企业仅靠产品的质量已经难以留住客户，（　　）成为企业竞争制胜的另一张王牌。

A. 产品　　　　B. 服务　　　　C. 竞争　　　　D. 价格

5. 著名的经济学"二八法则"是指（　　）。

A. 企业80%的销售额来自20%的老顾客

B. 企业有80%的新客户和20%的老客户

C. 企业80%的员工为20%的老客户服务

D. 企业的 80％ 的利润来自 20％ 的老顾客

6. 提升客户忠诚度的原则不包括（　　）。

A. 了解自己的客户　　　　　　　　B. 提高服务质量

C. 提高客户满意度　　　　　　　　D. 设计多样化的产品

7. （　　）是指客户对某一特定产品或服务产生了好感，形成了偏好，进而重复购买的一种趋向。

A. 客户满意度　　　B. 客户价值　　　C. 客户忠诚度　　　D. 客户利润率

8. 客户忠诚度是建立在（　　）基础之上的，因此提供高品质的产品、无可挑剔的基本服务，增加客户关怀是必不可少的。

A. 客户的利润率　　　　　　　　　B. 客户的总成本

C. 客户的满意度　　　　　　　　　D. 客户价值

9. 用好会员卡的忠诚计划不包括（　　）。

A. 随机积分模式　　　　　　　　　B. 联盟积分模式

C. 联名卡和认同卡模式　　　　　　D. 会员俱乐部模式

10. 下面哪个选项不是实施个性化服务所必须的条件？（　　）

A. 完善的基本服务　　　　　　　　B. 良好的品牌形象

C. 良好的企业盈利率　　　　　　　D. 完善的数据库系统

11. 对于企业来说，达到（　　）是基本任务，否则产品卖不出去，而获得（　　）是参与竞争取胜的保证。

A. 客户忠诚，客户满意　　　　　　B. 客户价值，客户忠诚

C. 客户满意，客户价值　　　　　　D. 客户满意，客户忠诚

12. 下面哪项工具一般不适用于教育规划？（　　）

A. 教育储蓄　　　　　　　　　　　B. 教育理财产品

C. 股票　　　　　　　　　　　　　D. 教育保险

二、案例分析题

刘先生今年 40 岁，儿子 13 岁，刘先生计划 5 年后送儿子去澳大利亚留学，读本科和硕士。刘先生家庭经济实力较强，已为儿子准备了 80 万元出国留学费用。经过澳大利亚留学机构估算，刘先生的儿子赴澳大利亚读书的费用预计为：本科 4 年，每年 20 万元；硕士 2 年，每年 22 万元。假设留学费用年均增长 3％，刘先生期待的投资回报率为 6％。刘先生的教育准备金是否够用？如果不够用，应该如何为刘先生的儿子进行教育规划？

项目五　家庭成熟期理财

◀ 项目准备 ▶

 生命周期分析：家庭成熟期

对于"财务独立"的含义，国内和国外在认识上有很大的差别。外国的孩子在大学毕业后，会逐步脱离家庭，甚至大多会搬出去住，对父母的依赖较小；但国内的情况有很大的不同，孩子普遍对家庭的依赖较大，大多要到成婚后才能财务独立，甚至还有"啃老"一族的存在。这个阶段，孩子的教育支出将大幅上升，儿女上大学或留学的目标也均在此阶段实现。在此阶段，一些家庭的房贷问题也已经解决，家庭收入随着夫妻职场经验和能力的增长而稳定上升，同时可能已经积累了一定的资产。也有一些家庭正考虑创业。赡养义务开始显现，还有可能出现一些意外支出。总体上说，家庭生活质量得到提升。

理财重点：

1. 保险方面：保险需求依然处于高峰期，如在此期间有购房或房贷增加的情况，应及时加保重大疾病险、定期寿险和意外险。但因前期可能有了一定的资本积累，可以在保险额度上有适当的调整。

2. 现金规划：虽然此阶段由于教育目标的临近和实现、赡养义务的显现以及家庭对生活质量要求的上升，家庭支出整体上升，但房贷减少甚至消失，收入也呈稳定增长，因此收支基本平衡。但如果有高于平均水平的教育目标，如安排孩子出国留学，家庭资产可能出现负增长。赡养义务的逐步显现可能使得家庭的现金储备需要适当增加。

3. 投资规划：在此阶段，流动性要求有增长的趋势，所以在资产配置上要做出一定的安排。如果在这一阶段刚刚开始金融理财的话，家庭应尽早制定全生涯的理财目标，以退休后的生活水准为终极目标，在保证终极目标的基础上制定短期、中期、长期的目标，包括孩子的教育目标，并在有重大的消费和投资决定的时候，了解中短期目标对长期目标的影响。同时，在此基础上通过资产配置提高达到理财目标的可行性。通过对长期理财目标的明确和量化，结合可以预见的家庭储蓄能力和已累积的生息资产，计算出达到这些目标所需要的投资回报，并通过资产配置进行投资。

4. 养老规划：已经累积的生息资产可按其制定的各种理财目标实现的时间和先后顺序，通过合理的资产配置进行投资，投资工具还是以基金为主。关注投资风险和投资回报之间的关系，学习分散投资和长期投资的理念，以求得长期而稳定的投资回报。

5. 教育规划：儿女留学需量力而行，必须和家庭长期的理财目标结合起来，因为这是一笔相当大的费用。

6. 遗产规划：订立遗嘱应受到关注，如有需要的话，可找律师和相关专业人士制定。

随着家庭支出的稳定，以及家庭已经累积了一定的资产，在此阶段创业的可行性较高，但还是要关注家庭整体资产的流动性和资产配置，对创业失败可能造成的家庭财务方面的风险要有前瞻性的考虑。

目标客户

一、客户背景

刘先生和刘太太今年同为 49 岁，刘先生在事业单位工作，刘太太在国企行政部门工作，两人收入稳定，有一个今年大学毕业的女儿，女儿工作还未有着落。

前年 5 月，刘先生将原有的 100 平方米的房产出售，心想着如果股市赚一笔，可以换一套更大些的房子。没想到，才高兴了没多久，股市上行的势头就扭转了，并且一路走低。截至今年 5 月，他卖房得到的 150 万元在股市中只剩下 85 万元左右，可谓损失惨重。

二、客户财务状况

月度收支：夫妻每人均有 8 000 元的月收入。但是刘先生夫妻已经身临退休的边缘，未来收入有下降的趋势，两人 5～10 年内月收入均可能减少至 2 000～3 000 元。支出方面主要是租房 3 000 元，生活费 3 500 元。每月净结余 9 500 元，净结余比例较大。

年度收支：两人的年终奖金合计约有 2 万元，基本会在过年过节的时候全部花掉。在旅游、保费方面基本无支出。

资产负债：现金 1 万元，基金 8 万元，股票 85 万元，无房产，无其他负债。

任务清单

1. 进行家庭财务分析；

2. 进行投资规划；

3. 进行养老规划；

4. 完成成熟期家庭理财规划。

 **理财测一测**

你是哪种投资型的人？请扫描二维码查看测试。

◀ 任务1　投资规划 ▶

 示范案例

　　田先生和田太太今年都 57 岁，再过 3 年即将退休；儿子刚刚步入职 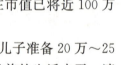 场，基本能够经济独立。夫妇俩目前的年收入总计将近 16 万元，加上 4 万元的利息收入，每年总收入将近 20 万元。除去日常消费，每年能结余 15 万元。两人的收入大部分都转化成储蓄，以前单位分的福利房现在市值已将近 100 万元，没有任何贷款，现在家庭净资产已经达到 180 多万元。

　　家庭处于成熟期，田先生还有两个理财目标有待实现：首先，为儿子准备 20 万～25 万元的结婚费；其次，希望能通过进行一种稳健的投资，未来保持目前的生活水平。请为该家庭进行理财规划。

案例要求：

1. 分析家庭财务状况；

2. 分析家庭风险属性；

3. 给出投资规划建议。

 **技能目标**

　　熟悉不同投资产品的风险收益特点，掌握家庭投资规划的步骤，能根据风险特质进行资产组合。

 理财故事

环球家庭资产配置状况概览

普通投资者该如何进行大类资产配置？不妨参照其他国家和地区家庭的资产配置比例。

摩根的报告——《环球市场纵览》发布了截至 2017 年一季度全球各地家庭的金融资产配置状况，其对美国、欧元区、英国、日本、中国内地、中国香港、中国台湾、新加坡、韩国、澳大利亚十个国家和地区的家庭的现金及储蓄、固定收益资产、股票、共同基金、保险及退休金配置比例进行统计，从中可以看出各地家庭的资产配置偏好。

美国是金融市场发展最成熟的国家，各类资产比例较为均衡。统计显示，美国家庭持有现金及储蓄的比例最少，只有 14%。占比最高的是保险及退休金，为 32%。此外，固定收益资产比例为 9%，共同基金比例为 11%。值得一提的是，美国家庭股票资产比例为 31%，在纳入统计的国家和地区中最高。这与美股走势较为稳定有关——2009 年以来，道琼斯指数从 7 000 点附近一路涨至 20 000 多点。

西方国家的人都不是很爱存钱。英国和澳大利亚家庭持有现金及储蓄的比例也较低，分别只有 29% 和 22%，占比最高的均是保险及退休金，分别达 54% 和 57%。

亚洲地区的家庭持有现金及储蓄的比例则普遍较高。最多的是中国内地，占比高达 72%。此外，持有股票占 7%，保险及退休金占 11%，共同基金只有 2%，没有固定收益资产。

相比之下，中国内地家庭股票配置比例排名靠后。A 股市场牛短熊长、波动剧烈，投资风险较高，很多投资者并不敢过多涉足。同时，中国内地家庭保险及退休金的配置比例也偏低，家庭保障力度不够，可见保险产品还有很大的发展空间。

日本家庭的投资风格也偏于稳健，持有现金及储蓄的比例高达 54%。持有保险及退休金的比例也不低，为 26%，而股票及共同基金的比例仅分别为 9% 和 4%。

中国香港和韩国家庭持有现金及储蓄的比例均为 45%。不过，中国香港家庭持有股票的比例较高，达到 30%。恒生指数 2017 年前后亦持续走高，赚钱效应明显，和 A 股形成鲜明对比。

资料来源：http://money.hexun.com/2017-07-20/190117277.html

步骤一：投资规划准备

虽然理财并不等同于投资，但家庭理财离不开投资。在个人理财规划中，投资是指投资者运用自己持有的资本，用以购买实际资产或金融资产，或是取得关于资产的某种权利，以期在一定时期内获得固定的或非固定的收益。投资规划是结合所处的经济形势、金融状况、投资产品收益与风险等，对各类投资项目进行组合，以实现家庭或个人的整体目标。

一、平衡收益与风险

收益与风险是进行投资规划时需要同时面对的问题。收益和风险形影相随，收益以风险为代价，风险用收益来补偿。投资者投资的目的是得到收益，与此同时，又不可避免地面临风险，即风险与收益并存。若只单纯追求高收益而忽略了风险因素，则往往会导致较为严重的亏损后果。相反，若一味畏惧风险，不敢做任何投资，则也会导致通货膨胀情况下的资产贬值。因此，进行投资规划前，解决收益与风险的平衡问题尤为重要。作为投资者，既需要对收益有一定的认识，又要考虑高收益高风险的客观现实，以对风险进行一定的管理。作为理财规划师更需要对客户的风险偏好、风险承受能力做出评估。如某客户打算购买中国工商银行的理财产品"工银理财 48 天（2017 第 35 期）"（产品说明书见表 5 - 1）。该产品为非保本浮动收益型产品，期限为 48 天，预期年化收益率为4.62%，产品风险等级为 PR3。同期的"中国工商银行保本型个人 35 天稳利人民币理财产品"（产品说明书见表 5 - 2）的预期年化收益率为 3.2%，风险等级为 PR1。因此，理财规划师需要客观评估客户风险承受能力等级，只有符合相应风险承受能力等级的客户才能购买相应产品。如"工银理财 48 天（2017 第 35 期）"针对的目标客户为风险评估等级为平衡型、成长型和进取型的有投资经验的客户。

表 5 - 1　　　　　　　　工银理财 48 天（2017 第 35 期）说明书

产品代码	CFXT7 107
产品风险评级	PR3（本产品的风险评级仅是中国工商银行内部测评结果，仅供客户参考）
销售对象	个人高净值客户
目标客户	经中国工商银行客户风险承受能力评估为平衡型、成长型、进取型的有投资经验的客户
期限	48 天
产品类型	非保本浮动收益类
起始日	2017 年 08 月 25 日
到期日	2017 年 10 月 12 日
托管费率（年）	0.02%
销售手续费率（年）	0.4%
预期收益率测算	本产品拟投资 0%～80% 的高流动性资产，20%～100% 的债权类资产，0%～80% 的权益类资产，0%～80% 的其他资产或资产组合，按目前市场收益率水平测算，资产组合预期年化收益率约 4.62%，扣除销售手续费、托管费，产品到期后，若所投资的资产按时收回全额本金和收益，则客户可获得的预期最高年化收益率约 4.2%。测算收益不等于实际收益，投资需谨慎。

表 5 − 2　　　　中国工商银行保本型个人 35 天稳利人民币理财产品说明书

产品代码	BBWL35
产品风险评级	PR1（本产品的风险评级仅是中国工商银行内部测评结果，仅供客户参考）
销售对象	个人普通客户
目标客户	经中国工商银行风险评估，评定为保守型、稳健型、平衡型、成长型、进取型的有投资经验和无投资经验的个人客户
产品类型	保本浮动收益类
起始日	2014 年 11 月 3 日
投资周期	2014 年 11 月 3 日起每 35 天为一个投资周期（遇节假日投资周期会延长，规则请详见"投资周期顺延"相关内容）
业绩基准	按目前市场收益率水平，扣除托管费后，产品业绩基准为 3.2%（年化）。测算收益不等于实际收益，投资需谨慎。

二、计算成本与收益

投资规划不仅是追求收益的过程，而且要考虑该项投资的成本。作为客户，其最为关心的并不是收益的绝对值，而是收益率的高低，同时，还要考虑在众多投资中该项投资涉及的机会成本。例如：一些银行理财产品收益率较高，但起购金额通常在 100 万元以上，这样高的投资金额要求不是一般家庭或个人所能够达到的。另外，在投资项目中，投资某项理财产品的机会成本也不能忽视。例如：某客户投资了 5 万元购买上述"中国工商银行保本型个人 35 天稳利人民币理财产品"，年化收益率为 3.2%，则一期将获得 153 元。如果这 5 万元投资于股票，股票 35 天后收益率为 10%，则该客户投资中国工商银行保本理财产品的机会成本就是投资股票可能获得的 5 000 元。因此，在投资规划中，客户需要计算成本与收益，从而做出合理的选择。

三、兼顾短期与长期

客户考虑投资规划时，还需要注意投资的短期与长期问题。一般而言，在投资中存在投资时期越长收益越高的规律，这是牺牲短期流动性得到的价值补偿。例如：客户考虑购买"中国工商银行保本型个人 273 天稳利人民币理财产品"（产品说明书见表 5 − 3），年化收益率为 3.6%，与上文中的"中国工商银行保本型个人 35 天稳利人民币理财产品"的 3.2% 的年化收益相比，高出的部分就是对较长期的投资所牺牲的流动性的补偿。因此，理财规划师和客户在进行投资规划时，需要考虑短期与长期兼顾的问题，以免顾此失彼。

表 5－3　　　　　　　中国工商银行保本型个人 273 天稳利人民币理财产品说明书

产品名称	保本稳利 273 天
产品代码	BBWL273
产品风险评级	PR1（本产品的风险评级仅是中国工商银行内部测评结果，仅供客户参考）
销售对象	个人普通客户
目标客户及期限	经中国工商银行风险评估，评定为保守型、稳健型、平衡型、成长型、进取型的有投资经验和无投资经验的个人客户开放式无固定期限产品（273 天投资周期）
产品类型	保本浮动收益类
销售范围	全国
起始日	2017 年 06 月 26 日
投资周期	2017 年 6 月 26 日起每 273 天为一个投资周期（遇节假日投资周期会延长，规则请详见"投资周期顺延"相关内容）
业绩基准	按目前市场收益率水平，扣除托管费后，产品业绩基准为 3.6%（年化）。测算收益不等于实际收益，投资需谨慎。

步骤二　分析投资需求

一、建立投资目标

投资目标主导着投资规划，通常将目标划分为短期（短于 2 年）、中期（2～5 年）、长期（5 年以上）三种。例如：客户设立一个在今后 18 个月内储蓄账户积累 3 万元的短期目标，其可以使用这 3 万元购买股票或者基金来帮助实现中期或者长期的投资目标。

一些理财规划师建议投资目标以金钱的形式设立，例如：在 2019 年 12 月 31 日前，我的总资产额会达到 150 万元。为了更有效果，投资目标要非常具体和有衡量性，它必须同客户的特定财务需求相适应。下面的问题有助于客户建立有效的投资目标：

（1）你使用这些钱干什么？

（2）为了满足你的投资目标，你需要多少钱？

（3）你怎样获得这些钱？

（4）要挣到这些钱你需要多长时间？

（5）你愿意在投资计划中冒多大风险？

（6）若考虑现阶段你的经济情况，你的投资目标是否合理？

（7）如果没能达到你的投资目标，会造成什么结果？

二、收集、分析与投资规划相关信息

与投资规划相关的信息大体有以下几种：

（一）客户现有投资组合的信息

这类信息反映了客户现有的资产配置情况：金融资产和实物资产、流动资产和固定资产各占多大比重，各类资产中具体又有哪些投资产品。为客户进行投资规划之前需要对客户的现有资产配置情况做出各种分析，包括编制家庭负债表、收入支出表等，并运用一定的财务比率加以分析，判断整体家庭的财务状况是否健康，或者存在哪些可以改进的空间。

（二）客户风险偏好的信息

在对财务信息进行分析的基础上，风险分析也是不可或缺的，这是选择适合客户的投资产品的重要依据。客户究竟属于哪种风险类型的投资者，可以通过问卷方式来进行测评和划分。参照中国工商银行对客户风险承受能力的评估，客户的风险承受能力可以分为五个等级，如表5-4所示。

表5-4　　　　　　　　　　　客户投资风险承受能力等级表

风险等级	风险水平	评级说明	目标客户
PR1级	很低	产品保障本金，且预期收益受风险因素影响很小；或产品不保障本金但本金和预期收益受风险因素影响很小，且具有较高流动性。	经中国工商银行客户风险承受能力评估为保守型、稳健型、平衡型、成长型、进取型的有投资经验和无投资经验的客户。
PR2级	较低	产品不保障本金但本金和预期收益受风险因素影响较小；或承诺本金保障但产品收益具有较大不确定性的结构性存款理财产品。	经中国工商银行客户风险承受能力评估为稳健型、平衡型、成长型、进取型的有投资经验和无投资经验的客户。
PR3级	适中	产品不保障本金，风险因素可能对本金和预期收益产生一定影响。	经中国工商银行客户风险承受能力评估为平衡型、成长型、进取型的有投资经验的客户。
PR4级	较高	产品不保障本金，风险因素可能对本金产生较大影响，产品结构存在一定复杂性。	经中国工商银行客户风险承受能力评估为成长型、进取型的有投资经验的客户。
PR5级	高	产品不保障本金，风险因素可能对本金造成重大损失，产品结构较为复杂，可使用杠杆运作。	经中国工商银行客户风险承受能力评估为进取型的有投资经验的客户。

（三）客户家庭预期收入的信息

客户的收入信息是客户最为重要的财务信息之一。客户家庭预期收入是客户未来现金流入的主要来源，也是客户投资的主要依据。收集和分析家庭预期收入信息，应掌握以下几点：

1. 各项预期家庭收入的来源

预期收入来源决定了该收入项目的性质，而不同性质的收入项目对客户财务状况、投资规划的影响以及其相应的用途不同。例如：某客户的预期家庭收入中，工资、奖金、利息和红利所得等属于客户的经常性收入，这些收入发生的频率、金额相对确定性较大。

2. 各项预期家庭收入的规模

预期家庭收入是财富基础，预期家庭收入的规模在一定程度上决定了投资规模。

3. 预期家庭收入的结构

不同性质的收入由于发生频率、确定性、规模等不同，对客户财务状况、投资理财的影响不同，可以安排的用途也不同。因而明确客户预期家庭收入的结构，确定客户各种类型的收入项目在客户家庭收入总额中所占的比例，一方面有助于理财规划师发现客户财务结构的缺陷，并提出修改意见，另一方面有助于理财规划师根据客户的收入结构安排客户的投资规划。

（四）客户投资目标的各项相关信息

客户往往不能明确指出自己的投资目标，需要理财规划师通过适当的方式，循序渐进地加以引导，帮助客户分析将模糊的、混合的目标逐渐细化、具体化。为了帮助客户较为客观地制定出适合自己的投资目标，理财规划师需要掌握反映客户关于投资收益以及投资收益用途的各项相关信息。确定投资目标的原则包括：

（1）投资目标要具有现实可行性。

（2）投资目标要具体、明确。

（3）投资目标的期限要明确。

（4）投资目标的实现要有一定的时间弹性和金额弹性。

（5）投资目标要与总体理财规划目标相一致。投资规划是客户整个理财规划的一个组成部分，投资是实现其他理财目标的重要工具，投资目标应该是客户整体理财目标的组成部分。

（6）投资目标要与其他目标相协调，避免冲突。在制定规划目标的时候，各个规划要相互协调，不能只为某一项规划独立地设定目标而忽视其他规划的配合。

（7）投资目标要兼顾不同期限和先后顺序。

三、分析未来需求

客户投资规划的目标往往就是客户未来需求的一方面或者其中一个组成部分。每个客户由于基本情况不同，对未来的各种需求也不同。只有明确了客户未来的各项需求，才可能根据客户情况帮助客户确定合理的投资规划目标，从而为客户制定出能够满足其需求的投资方案。根据客户的财务与风险分析的结论，结合客户自身投资的要求，明确客户最终的投资需求。理财规划师往往从专业的角度提出投资规划与建议，但对于客户自身而言，他们有着自己的投资偏好。理财规划师同时也需要考虑客户自身的知识层次、可利用的投资时间、家庭成员状况等情况。

步骤三：配置资产

投资规划中配置资产的目标是风险相同时理财目标效益最大化，以及理财目标效益相同时风险最小化。就投资的产品而言，不同性质的资产及不同资产的比例，在相同的市场条件下可能呈现截然不同的反应。

一、分析宏观经济形势

在不同的经济环境下制定的理财方案可能完全不同。经济处于上升阶段，居民收入将随之提高，各类投资者对经济前景抱有信心，从而会有较高的投资预期。企业在经济上升期可以取得较高的利润水平，客户投资股票与企业债券可以获得较高的投资收益。而在经济处于下降阶段，宏观经济运行则会产生相反的效果。宏观经济政策就是短期的调控宏观经济运行的政策，需根据形势的变化而做调整，不宜长期化，因为经济形势是不断变化的。在经济全球化趋势不断发展的今天，一国的经济形势不仅取决于国内的经济走势，还在相当程度上取决于全球经济的走势。只有密切关注各种宏观经济因素，如利率、汇率、税率的变化，才能抓住有利的投资机会。理财规划师应结合宏观经济政策、经济周期、宏观经济指标产业政策与行业分析等方面对投资产品组合的影响进行综合考虑。

(一) 宏观经济政策

宏观经济政策对投资理财具有实质性的影响。宏观经济政策是指国家或政府有意识、有计划地运用一定的政策工具，调节控制宏观经济的运行，以达到一定的政策目标。这是解决经济问题的总体性指导原则和保障手段，所以直接影响投资策略的制定。

1. 财政政策

财政政策是指国家政府根据一定时期政治、经济、社会发展的任务，通过财政支出与税收政策的变动来影响和调节总需求。财政政策是国家整个经济政策的组成部分。宽松的财政政策往往可以有效地刺激投资需求的增长，紧缩的财政政策则可以熨平通货膨胀带来的影响。

2. 货币政策

货币政策是指中央银行为实现其特定的经济目标而采用的各种控制和调节货币供应量或信用量的方针和措施的总称，包括信贷政策、利率政策和外汇政策。货币政策可以分为紧缩的货币政策和宽松的货币政策。在宽松的货币政策下，中央银行通过降低存款准备金率、再贴现率和减少公开市场买进的政策，促使资本价格上涨；反之，中央银行采取紧缩政策，造成资本价格下跌。

3. 其他政策手段

收入分配政策是指国家为实现宏观调控总目标和总任务，针对居民收入水平高低、收入差距大小，在分配方面制定的政策和方针。偏紧的收入分配政策会降低投资需求，造成资本价格下跌；反之，偏松的分配政策会刺激投资需求。

(二) 经济周期

经济周期也称商业周期、景气循环，一般是指经济活动沿着经济发展的总体趋势所经历的有规律的扩张和紧缩。经济周期是国民总产出、总收入和总就业的波动，是国民收入或总体经济活动扩张与紧缩的交替或周期性波动变化。过去把它分为衰退、萧条、复苏、繁荣四个阶段（见图 5-1），表现在图形上叫衰退、谷底、扩张、顶峰更为形象，也是现在普遍使用的名称。

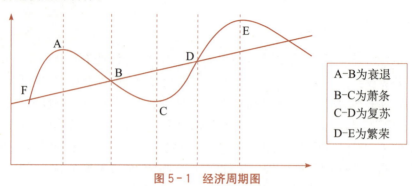

图 5-1　经济周期图

经济周期不同阶段的特征能够有效地反映在各个经济变量上。在经济复苏、繁荣阶段（上升阶段），GDP 快速增长，工业产值提高，就业率上升，个人可支配的收入增加，对应的企业股票估值上升，证券投资的表现尤为明显，投资策略应尽量分享周期向上带来的回报，持有对周期波动敏感行业的相应资产（如房地产、金融行业股票），减少储蓄类和固定收益类产品（债券）的配置。当经济处于衰退、萧条阶段（下降阶段），个人和家庭应考虑增加抗风险能力较强、受周期波动影响较小的行业资产（如医药、电力等行业股票），增加债券和储蓄类产品，避免周期波动带来的资产缩水。经济周期与资产配置关系如表 5-5 所示：

表 5-5　　　　　　　　　　　　　经济周期与资产配置

配置产品	预期经济增长，处于上升阶段		预期经济衰退，处于下降阶段	
	资产配置策略	调整原因	资产配置策略	调整原因
储蓄	减少配置	收益偏低	增加配置	收益稳定
债券	减少配置	收益偏低	增加配置	风险较低
股票	增加配置	企业盈利增加，股票价格上涨	减少配置	企业盈利减少，股票价格下跌
基金	增加配置	投资市场繁荣，基金价值上涨	减少配置	投资市场萧条，基金业绩不佳
房地产	增加配置	市场火爆，价格上涨	适当减少	市场转淡，价格下跌

（三）根据宏观经济指标调整资产组合

以利率预期变化、通货膨胀的情况为例，调整资产组合，如表 5-6、表 5-7 所示：

表 5-6　　　　　　　　　　　　利率预期变化与资产配置

配置产品	预期利率上调		预期利率下调	
	资产配置策略	调整原因	资产配置策略	调整原因
储蓄	增加配置	收益将增加	减少配置	收益将减少
债券	减少配置	市场价格将下降	增加配置	市场价格将上涨
股票	减少配置	市场价格将下降	增加配置	市场价格将上涨
基金	减少配置	相对收益减少	增加配置	收益将提高

续前表

配置产品	预期利率上调		预期利率下调	
	资产配置策略	调整原因	资产配置策略	调整原因
房地产	减少配置	贷款成本增加	减少配置	贷款成本降低
外汇	减少配置	人民币回报高	增加配置	外汇利率相对高
保险	适当增加	储蓄类保险收益增加	适当减少	收益低

表 5 - 7　　　　　　　　　　　　通货膨胀与资产配置

配置产品	通货紧缩		通货膨胀	
	资产配置策略	调整原因	资产配置策略	调整原因
储蓄	增加配置	收益将增加	减少配置	收益将减少
债券	增加配置	净回报良好	减少配置	净回报低
股票	减少配置	收益不高	增加配置	收益将提高
基金	减少配置	收益不高	增加配置	收益将提高
房地产	减少配置	房价回落	增加配置	房价上涨
外汇	保持	币值稳定	增加配置	增加高利率币种
保险	适当增加	储蓄类保险收益增加	减少配置	收益低

（四）产业政策与行业分析

宏观经济政策和经济周期都是从宏观层面分析理财影响因素，而产业政策与行业分析侧重于从中观和微观角度进行解析。

1. 产业政策

产业政策是指政府为了实现一定的经济和社会目标而对产业的形成和发展进行干预的各种政策的总和。在市场经济运行中，产业政策的导向作用主要是：可以调整商品供求结构，有助于实现市场上商品供求的平衡；可以通过差别利率等信贷倾斜政策对资金市场进行调节，有助于资金合理流动和优化配置；可以打破地区封锁和市场分割，促进区域市场和国内统一市场的发育和形成。

2. 行业分析

行业分析是指根据经济学原理，综合应用统计学、计量经济学等分析工具对行业经济要素进行深入的分析，进而预测未来行业发展的趋势。行业分析是介于宏观经济分析与微观经济分析之间的中观层次的分析，是发现和掌握行业运行规律的必经之路。理财规划师只有充分结合行业分析，才能更加明确地知道某个行业的发展状况，以及它所处的行业生命周期的阶段，并据此做出正确的投资决策。

行业与产品一样都是有生命周期的，一个行业的生命周期可以划分为初创期、成长期、成熟期、衰退期四个阶段。一般而言，处于初创期的行业或产品，其机会与威胁并存，成功的回报高，但潜在的风险大；处于成长期的行业或产品，一般蕴藏机会，企业应加大市场投入；处于成熟期的行业或产品机会不大，企业应以巩固市场地位为主；处

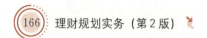

于衰退期的行业或产品蕴藏威胁，企业应减少投入，抽取利润。

二、分析微观经济因素

（一）流动性

流动性是指某资产迅速转变为现金而不遭受损失的能力。现金和银行支票存款的流动性最高，而股票和债券的流动性较差，房地产和艺术品等资产的流动性最差。一般来说，如果两种资产的其他条件相同，投资者对流动性差的资产要求的回报率也高。投资者在制定投资策略的时候必须考虑将来什么时间需要多少现金。从流动性需求出发，确定在投资组合中持有现金或现金等价物的最低比例。例如：客户计划在不久的将来装修房屋，对于现金具有较大的需求，这就需要以更大比例投资于流动性高的资产。

（二）投资的可获取性

市场上投资产品繁多，出于竞争，很多金融机构推出的金融产品明显具有市场细分的特点。例如：市场上的证券投资集合资金信托计划收益较高，但其设置了较高的进入门槛，少则100万元，多则上千万元，很多人望而兴叹。另外，有些金融产品虽然适合客户，但也可能出现客户无法直接购买的情况。例如资产支持证券目前只能在银行间市场进行交易。

（三）税收状况

在对投资决策的结果进行评价时，应该以税后收益率来衡量。对于面对较高税率的客户而言，采取适当的投资策略以达到合理避税和延迟纳税的目的，对投资策略的成功非常重要。

三、选择投资工具

（一）股票

股票是股份公司发行的所有权凭证，是股份公司为筹集资金而发行给各个股东作为持股凭证并借以取得股息和红利的一种有价证券。股票是股份公司资本的构成部分，可以转让、买卖，是资本市场主要的长期信用工具，但不能要求公司返还其出资。

股票市场的分析方法主要有三种：基本分析、技术分析、演化分析。其中，基本分析主要应用于投资标的物的选择，技术分析和演化分析则主要应用于具体投资操作的时间和空间判断，作为提高投资分析有效性和可靠性的重要补充。

基本分析通过对决定股票内在价值和影响股票价格的宏观经济形势、行业状况、公司经营状况等进行分析，评估股票的投资价值和合理价值，将之与股票市场价进行比较，相应形成买卖的建议。

技术分析是以预测市场价格变化的未来趋势为目的，通过历史图表对市场价格的运动进行分析。技术分析是证券投资市场中普遍应用的一种分析方法，包括道氏理论、波浪理论、江恩理论等。

演化分析是以演化证券学理论为基础，将股市波动的生命运动特性作为主要研究对象，从股市的代谢性、趋利性、适应性、可塑性、应激性、变异性和节律性等方面入手，对市场波动方向与空间进行动态跟踪研究，为股票交易决策提供机会和风险评估的方法。

（二）债券

债券是一种金融契约，是政府、金融机构、工商企业等直接向社会借债筹措资金时，向投资者发行，同时承诺按一定利率支付利息并按约定条件偿还本金的债权债务凭证。

1. 债券分类

（1）政府债券。政府债券是政府为筹集资金而发行的债券，主要包括国债、地方政府债券等，其中最主要的是国债。国债因其信誉好、利率优、风险小而又被称为"金边债券"。

（2）金融债券。金融债券是由银行和非银行金融机构发行的债券。在我国，目前金融债券主要由国家开发银行、中国进出口银行等政策性银行发行。

（3）企业债券。在我国，企业债券是按照《企业债券管理条例》规定发行与交易、由国家发展和改革委员会监督管理的债券，在实际中，其发债主体为中央政府部门所属机构、国有独资企业或国有控股企业，因此，它在很大程度上体现了政府信用。

（4）公司债券。公司债券在证券登记结算公司统一登记托管，可申请在证券交易所上市交易，其信用风险一般高于企业债券。

2. 债券评级

公司公开发行债券通常需要由债券评信机构评定等级。债券的信用等级对于发行公司和购买人都有重要影响。债券评级是度量违约风险的一个重要指标，债券的等级对于债务融资的利率以及公司债务成本有着直接的影响。一般说来，资信等级高的债券，能够以较低的利率发行；资信等级低的债券，风险较大，只能以较高的利率发行。另外，许多机构投资者将投资范围限制在特定等级的债券之内。

（三）基金

基金是指为了某种目的而设立的具有一定数量的资金，如信托投资基金、公积金、保险基金、退休基金、各种基金会的基金。而本书中所说的基金主要是指证券投资基金。

1. 基金分类

根据基金单位是否可增加或赎回，可分为开放式基金和封闭式基金。开放式基金通常不上市交易（视情况而定），通过银行、券商、基金公司申购和赎回，基金规模不固定；封闭式基金有固定的存续期，一般在证券交易场所上市交易，投资者通过二级市场买卖基金单位。

根据投资风险与收益的不同，可分为成长型基金、收入型基金和平衡型基金。

根据投资对象的不同，可分为股票型基金、债券型基金、货币市场基金、期货型基金等。

2. 基金定投策略

一是选基金也选基金公司。定投需要较长的时间才能发挥效益，得到较佳的投资成果，因此在定投时，要比一次性投资更加慎重地选择基金公司。长期可靠的基金公司，才是长期定投过程中值得信赖的投资伙伴。客户可以参考基金公司的股东组成、公司治理、品牌形象、投资服务、基金规模以及历史业绩表现等几个方面来挑选出理想的基金公司。

二是选波动幅度大的基金。波动幅度越大的基金，越能凸显平均成本的功效。以资产类型做区分，波动较大的股票型和偏股型基金，要比债券型和货币型金更适合作为定投的标的；以投资区域来说，单一市场的波动性较区域市场大，而区域市场的波动性又高于全球市场；再以投资风格来说，小盘成长型的基金波动最大，而大型价值型的基金波动最小；最后，投资特定行业的基金，波动性就高于分散投资各类股的综合式基金。投资者在选择投资标的时，除了参考波动性外，也要同时将"投资市场的趋势"列入综合考量。

三是选长期趋势向上的基金。选择长期趋势成长向上的基金，才能享有定投平均成本的好处。要如何判断自己所投资的基金是不是长期趋势向上呢？第一，检视基金所投资市场的成长前景；第二，检视所投资基金是否历经了一个完整的景气循环，且仍然稳定成长；第三，检视所投资基金相较于同类型基金，是否长期表现优于平均水平。

四是定期检视。虽然定投着眼于长期的投资收益，但并不表示一旦开始定投，就可以从此高枕无忧。因为投资市场有可能出现长期反转，基金经理有可能有异动，还有不可预期的天灾人祸等影响。此外，个人的理财需求也会随着年龄增长而改变。因此，定期检视定投的行为不能少，建议做定投的投资者至少一年检视一次。

技能加血 ▶▶

基金定投是定期定额投资基金的简称，是指在固定的时间（如每月8日）以固定的金额（如500元）投资到指定的开放式基金中，类似于银行的零存整取方式。这样投资可以平摊成本、分散风险，比较适合进行长期投资。办理定投后，资金会每月自动从客户的银行账户里扣除。基金定投是工薪阶层积累资金非常好的方式，也可用于教育、养老等长期理财规划。

活 动 设 计

请你根据天天基金网信息，确定自己的投资目标，从基金评级、基金业绩、基金公司实力、基金经理的投资能力等维度，选出1~2只基金，并撰写一份基金投资报告。

（四）期货

期货与现货完全不同，现货是实实在在可以交易的货物（商品），期货主要不是货物，而是以某种大宗产品如棉花、大豆、石油等，及金融资产如股票、债券等为标的物的标准化可交易合约。因此，这个标的物可以是某种商品（如黄金、原油、农产品），也可以是金融工具。

（五）外汇

外汇投资是指投资者为了获取投资收益而进行的不同货币之间的兑换行为。适合普通投资者的外汇投资方式有：定期外币储蓄、外汇理财产品、期权型存款（含与汇率挂钩的外币存款）、外汇汇率投资等。

（六）黄金

黄金长久以来一直是一种投资工具。它价值高，并且是一种独立的资源，不受限于任何国家或贸易市场，它与公司或政府也没有牵连。因此，投资黄金通常可以帮助投资者避免经济环境中可能发生的问题，而且黄金投资是世界上税务负担最轻的投资项目。黄金投资意味着投资于金条、金币甚至金饰品，投资市场中存在众多不同种类的黄金账户。

（七）收藏品

收藏品有自然历史、艺术历史、人文历史和科普历史四类，具体分为文物类珠宝、名石和观赏石类、钱币类、邮票类、文献类、票券类、商标类、徽章类、标本类、陶瓷类、玉器类、绘画类。

四、构建投资组合

投资组合是投资者对各种投资工具进行一定的选择而进行相对固定的若干个品种的投资，以达到在一定约束下，实现投资收益最大化的基本目标。投资组合是一种常用的风险规避方式，其目的在于分散风险，即"不把鸡蛋放在一个篮子里"。

（一）投资组合类型

好的组合投资可以在收益和风险中找到平衡点，即在风险一定的条件下实现收益的最大化，或在收益一定的条件下使风险尽可能降低。当投资者对投资组合的风险和收益做出权衡时，他能够得到比投资单个资产更为满意的收益与风险的平衡。常用投资工具风险收益见表 5-8。

表 5-8　　　　　　　　　　　常用投资工具风险收益一览表

投资工具	风险性	收益性	流动性
股票	高	高	高
债券	低	中	中
基金	中	中	中
外汇	高	高	高
期货	高	高	高
黄金	中	中	低
收藏品	中	中	低

1. 低风险型投资组合

低风险型投资者更适合构建以现金和债券为主的投资组合，而股票投资的比例应较低。这种类型的投资组合尽管资本增值的潜力较小，但其波动性要远远低于持有股票比例较高的投资组合。

2. 中等风险型投资组合

这类投资组合更倾向于实现在股票和债券之间的投资平衡，同时也可能持有部分现金和其他资产。这类投资组合希望从股票投资上获取资本的增值而从债券投资上获得稳定收益。

3. 高风险型投资组合

这类投资组合将绝大部分资金投资于股票，仅持有少量债券和现金。投资组合的价值可能实现长期的大幅度增值，但股票的波动性特征也使得组合在对抗市场下跌方面表现脆弱。

（二）影响投资组合的因素

1. 投资者的风险承受能力

它可以细分为主观风险偏好和客观风险承受能力。一般来说，投资者越年轻，风险承受能力越强，可以适当多配置风险较高的品种。

2. 投资者的专业知识

在投资时，专业知识丰富的投资者会更加冷静，选择更加稳妥地投资组合，面对金融市场的波动时也能更准确地判断形势，做出有利的选择；专业知识不足的投资者，往往将投资看得过于简单，他们做投资会有一种跟风心理，无法准确地判断各种情况，投入大量的时间和精力却很难获得很大的收益。

3. 投资规模

投资规模是指投资者所有的、能够用于投资的资金实力。投资者应该根据资金情况构建投资组合，量力而行。

4. 投资期限和资产流动性

投资者预期的投资期限也很重要。期限越长，资本市场的平滑风险作用越明显，短期的市场波动就会显得没那么重要。同时，资产的流动性与投资者的流动性要相互匹配。

5. 家庭储蓄现状

如果投资者除去投资的资金外，还有一定储蓄，那么投资的那部分资金就能承受较高的风险，因为即使发生了损失，也不会对投资者产生很大影响。相反，如果所有资金都用于投资，那么投资者的投资压力会增大，进而影响投资行为。

6. 投资市场

投资是一个长期的过程，是一件灵活的事情，投资者可以根据投资市场的变化对投资组合进行一定的调整。

（三）选择投资组合策略

1. 投资三分法

这一策略是指将自有资产分为三部分，第一部分用于投资收益稳定、风险较小的投资品种，如债券、优先股等；第二部分用于投资风险较大、收益较高的投资品种；第三部分以现金形式作为备用金。这三部分在比例上合理搭配，就可以达成相应的投资目标。

2. 固定比例投资法

这一策略是在投资操作过程中努力保持投资品种的比例不变，如投资者把投资分成股票和债券两部分，并在投资操作过程中努力使股票投资总额和债券投资总额保持某一固定比例。当股价上涨使股票总投资比例上升时，即出售一定比例的股票，购入一定数量的债券，使股票和债券恢复到既定的比例水平。反之，当股价下跌时，出售债券，购入股票以保持固定的比例。这一方法的关键是确定合理的分配比例。

3. 固定金额投资法

这一策略在投资操作过程中不是努力保持投资品种的比例不变，而是保持投资总额不变。

 完成案例要求

一、分析家庭财务状况

假定未来 40 年年平均通货膨胀率为 4.5%，田先生儿子的结婚费随时需要使用，现有 4 万元利息收入假定为银行一年定期存款利息收入，田先生退休以后余寿为 25 年。田先生目前还将工作 3 年，他每年支出为 5 万元，现有现金存款 103 万元（以 4 万元利息和 3.87% 一年存款利率推算而得）。田先生要为儿子准备 20 万～25 万元的结婚费，假定是需要当即使用的，以上限 25 万元做准备，根据现金模拟表，若以将来平均年存款利率 3%、通货膨胀率为 4.5% 来测算，田先生在 80 岁的时候将出现入不敷出的情况。

二、分析家庭风险属性

田先生目前已临近退休，假定田先生的风险偏好为保守型，则为田先生做的投资规划应以风险最小的投资产品作为资产配置。

三、投资规划建议

首先，将儿子的结婚费单独存入一个账户，可将 25 万元购买货币市场基金，因为这笔钱田先生可以随时支取，而购买货币市场基金收益将比现有活期利息 0.81% 高出 2～3 倍。

其次，田先生可考虑将剩余资金分为三部分。首先拿出 40%，即（103－25）×40%＝31 万元，购买目前各银行推出的打新理财产品，这类产品风险较低，一般为一年期一次，按收益率约 8% 估算，一年收入可达 2.4 万元。另外，田先生未来三年的家庭收入剩余，可以考虑追加至此作为投资。此外的 50%，约 40 万元，可考虑购买银行保本保收益的理财产品，此类产品类似于长期定期存款，但利率高于储蓄。余下的 5%，约 4 万元，可考虑购买 1～2 只平衡型开放式基金，可将此笔钱做长期投资，按年平均 10% 收益测算，该笔投资在田先生 75 岁时将累积至 25 万元。最后的 5%，可作为家庭流动现金。

 技能加血 ▶▶

资产配置策略

一、"哑铃"模式

哑铃，两头大，中间小——一头是高风险/高收益，一头是低风险/低收益；一部分资金是进攻型的，一部分资金是防守型的。它的优点在于如果进攻失败了，还有防守的部分顶着，不至于全盘皆输；如果进攻成功了，则能赚得盆满钵满。

二、"核心-卫星"模式

这种模式把资产分成两种，即核心资产和卫星资产。核心资产一般是低风险的，资产配置比较集中；而卫星资产是高风险的，资产配置比较分散。这种模式的运行思路是：卫星变大以后，就把收益抽出来，归入核心，让核心不断变大，而卫星则始终保持原来的大小，就像卫星绕着地球转，大到一定程度就被吸入地球一样。

它的优点在于，始终把风险控制在一定的范畴内（卫星），就算某项投资亏损甚至赔尽了（卫星毁灭了），也不至于危及主体资产的安全（核心），本钱还是在的，而且会越滚越大。

三、"金字塔"模式

金字塔的特点是一层一层又一层，而且每往上一层都会比下面那层更小，用在资产配置上就是：资产的风险和规模与金字塔的结构一样，越是上面的资产，风险越大、规模越小。我们知道，金字塔是世界上最稳固的一种建筑形态，用在资产配置上也是如此，这种形态下的资产配置无疑能在"风险—收益"问题上达到最佳状态。

理财工具

投资收益计算器

思维导图

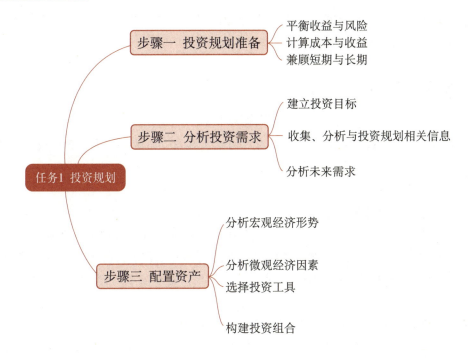

◀ 任务 2　养老规划 ▶

 示范案例

　　徐先生夫妇家住绍兴市，分别是企业的销售员和财会人员，今年都是 30 岁。夫妇两人的年收入为 12 万元，每月的各类支出在 6 000 元左右，退休后每年估计有 5 万元的退休金收入。为积累退休养老基金满足退休后的生活所需，徐先生夫妇准备采取"定期定投"的方式进一步建立退休养老基金。假设通货膨胀率为 3%，退休前打算采用相对积极的投资策略，预计年收益率为 8%，退休后采用相对保守的投资策略，预计年收益率为 6%。

案例要求：

1. 分析徐先生夫妇的养老目标；
2. 估算徐先生夫妇的养老金需求；
3. 制定养老规划方案。

技能目标

了解当前主要的养老方式，掌握养老规划的基本原则，能估算养老金需求和缺口，能应用相关工具制定养老规划。

理财故事

古人如何养老？

随着当今人口老龄化，养老已经成为人们越来越关心的话题。那么在中国古代社会，没有养老金、退休金，人们又是如何养老的呢？

1. 依赖家庭养老

北魏时期，政府为保证老人由儿女所养，首创"存留养亲"制度。其规定，如果犯人（犯罪极其严重的除外）的直系长辈老无所养，则国家应当对这个犯人减刑或刑罚缓期执行，即便坐牢，也一般关押在当地，不会流放到外地，以便其可以随时回家照顾老人。"存留养亲"制度从北魏开始，一直延续到清代，是中国古代重视家庭养老和保障家庭养老的一个缩影。

到了清代，家庭养老的法律规定相当严苛，其中，如果老人因为养老无着而自杀，那么儿子要以过失杀人罪论处。这一点虽然在现代法治社会不可能实现，但某种道德上的约束却是必要的。

2. 官办养老院

古代较高的死亡率和较低的寿命，注定了相当数量的人会没有后代。公元521年，中国有了历史上第一家由政府开办的养老院——南朝的梁武帝命令设立的独孤院，专门收养老人和孤儿。从此，中国的养老院开始官办化。

南宋初年，出现了专门为包括老人在内的各种贫民设立的福利医疗机构，叫作惠民和剂局。刚开始，该机构会象征性地收取费用，后来干脆免费，全部由各地方财政埋单。

3. 民间资本养老

家庭养老的一个重要补充是民间养老或社会养老，这一点，明、清两个朝代做得最好。

朱元璋时期，政府下令，或强制或引导，让富人出钱，在全国各地建立公共墓地，使那些死后没钱买坟地的老人能够落叶归根。此外，养济院和施棺局等救济机构的运行资金，很多都是民间大户人家和官宦贵族捐助的。

明清时期政府财政对养老的补贴和资助，对于中国这样一个幅员辽阔的大国来说，毕竟是十分有限的。故而，养济院等养老机构必须由民间资本参与管理和运营，才能形成普遍的效应，才能有所保障。在明清时期，各类养老机构大都是民办的，养老资金来自各地中产阶层以上人家的大力捐赠。如施棺局，在清代，90％以上都是民办的。

资料来源：https://mp.weixin.qq.com/s?__biz＝MzI1NjUwMjUwNA％3D％3D&idx＝1&mid＝2247484061&sn＝42172995bb4ab88cbe5e7e243147b4ff

步骤一 确定退休目标

一、重视退休规划

美国的某项调查报告显示，在美国，每 100 个老人中，只有 9 个退休后会有富裕的财产，46 个过着一般人的生活，20 个处于贫困状态，还有 25 个已经过世了。在中国，很多大城市已经提早进入老龄化。人口老龄化日趋严重，这已成为中国未来人口发展过程中不可逆转的趋势。随着人均寿命的延长，一般人在退休后还有 20～30 年或更长的退休生活。大多数人在退休之后即失去了主要的收入来源——工资，为了使退休后的生活更有保障，未雨绸缪，需要预先进行基于退休目的的财务规划，将年老时各种不确定因素对生活的影响程度降到最低。

要安享晚年必须具备 3 个基本条件：住房、现金、医疗。退休规划主要是针对现金而言，提供养老金。退休规划就是为保证将来有一个自尊、自立、保持水准的退休生活，而从现在起就开始实施的财务方案，主要包括：退休后的消费、其他需求及如何在不工作的情况下满足这些需求。单纯靠政府的社会养老保险只能满足一般意义上的养老生活，要想退休后生活得舒适、独立，一方面可以在有工作能力时积累一笔退休基金作为补充，另一方面可在退休后选择适当的业余工作为自己谋得补贴性收入。

退休规划的总原则是：本金安全，收益适度，抵御生活费增长和通货膨胀。具体而言包括以下几个方面：

（一）尽早开始计划

许多人发现很难为退休打算。房贷、生活开销、孩子的教育占据极大比重的支出，结果直到 40 岁左右或更晚，他们才意识到养老安排需要提上议程，可惜为时已晚。越早开始为退休规划，达到退休生活目标的可能性越大，从短期市场低迷和投资失误中恢复过来就越容易。

（二）投资讲究安全

相对于年轻时候而言，退休之后已经没有时间接受失败重新开始了，所以针对退休所做的投资应该倾向于安全性，在此基础上尽量追求收益性。如果规划时间长，可选收益和风险相对较高的产品，时间会摊平风险；如果规划时间短，可选储蓄和短期债券，确保本金安全。

（三）目标有一定弹性

因为通货膨胀以及其他不确定的因素的影响，在进行退休规划时，不要对未来收入和支出的估计太过乐观，很多人往往高估了退休之后的收入而低估了退休之后的开支，在退休规划上过于吝啬，不愿意动用太多的财务资源。所以应该制定一个比期望略高的退休理财目标，多做财务上的准备以应付意料之外的退休费用增长，宁多勿少。

二、了解退休规划流程

一份完整的个人退休规划包括职业生涯状况和可领退休金分析、退休生活目标与总需求分析，以及自筹养老金部分的投资设计（见图5-2）。通过职业生涯状况分析，可以估算出个人工作时的大体收入水平和在退休时可以领取的退休金水平；通过退休生活目标分析，可以推算出个人退休后消费支出的大体数额；最后根据退休后消费总需求与可以用的社会退休金的差额，估算出需要自筹的养老金数额。再结合个人工作时的收入水平等指标所反映的个人养老储蓄能力，就可以制定出个人退休规划方案。

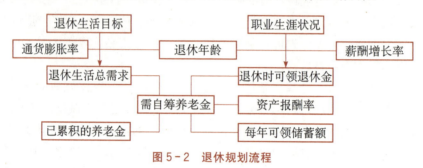

图5-2　退休规划流程

三、退休目标

退休目标是人们所追求的退休之后的一种生活状态，目标的因素分解成两个：退休年龄和理财目标。

（一）退休年龄

预估客户的退休年龄对退休规划非常重要，退休年龄直接影响个人工作积累养老金的时间和退休后所需要的生活费用。我国延迟退休的政策。此外，经济的景气状况以及自身的身体和精神状况也会对客户的退休年龄产生影响。如果客户选择提前退休，他将不可避免地面临较短的剩余工作时间内积累较多养老金的压力。

（二）理财目标

客户退休时的财务状况取决于其制定的退休计划，也受客户职业特点和生活方式的约束。客户的生活方式和生活质量应当建立在对收入和支出合理规划的基础上，不切实际的高标准只能让客户的退休生活更加困难。

步骤二　估算退休养老费用

估算退休养老费用，主要根据退休第一年费用、退休生活费用年增长率、退休金报酬率、退休后余寿、是否给子女留遗产等确定。退休后是只想过仅满足三餐温饱并支付一些小病医疗费的生活，还是希望退休后过着有品质的生活？因此，退休规划要设定退休生活方式，以此推算出每年所需的退休养老费用，再结合第一步推出的退休后的生活时间，测算出退休后所需总费用。

一、估算退休第一年费用

每个家庭的消费习惯不同，但同一个家庭的消费习惯并不会因退休而有大幅改变。从现在开始就记录家庭收支习惯，按照目前的支出细目调整来编制退休后的支出预算，调整如下：

（1）调整家庭人口数。按照目前家庭人口数与退休后家庭人口数的差异调整衣食费用，一般到退休时，父母和子女可不考虑，退休时的生活费用可以按夫妇两个人计算。

（2）减去不相关费用。减去退休前应支付完毕的负担，如房贷等应在工作期间偿还完毕。此外，还要减去因工作而额外支出的费用，如交通费。

（3）加上退休后增加的费用。增加因年老而增加的费用，如医疗支出等。

二、估算退休期间费用总需求

估算出退休第一年的费用后，需要估算退休期间费用总需求。

（一）简单法

最简单的方法是用退休后第一年费用乘以退休期间寿命，这种方法的缺点是退休没有考虑通货膨胀。

 同步案例

> 王先生夫妇月生活费 3 000 元，10 年后退休，并希望退休后能保持和现在一样的生活水准，通货膨胀按年 5% 计算，则王先生夫妇 10 年后退休时的年消费支出的计算方式为 $36\,000 \times 1.05^{10}$ 元；预计退休期间寿命为 20 年，则退休期间费用总需求的计算方式为 $36\,000 \times 1.05^{10} \times 20$ 元。

还有一点需要注意，退休后所面临的风险不是过早去世的风险，而是生命过长以至于生活费不够用的风险。因此，财务上越保守的人应该假设自己可以活得越长。例如超过平均死亡年龄，或超过平均余寿，甚至假设自己可以活到 100 岁，并以此为基础，计算自己的退休总需求，以应对未来医学科技的突破可全面提高人类寿命的情况。

（二）精确法

在简单法中，剔除了很多财务变量因素，同时采用了一个最简单的思路，就是个人或夫妻俩退休后需要花多少钱，那么就按照这个数字来准备。若考虑投资报酬率与退休后生活费的增长率，则退休期的费用总额为：

$$S = E \frac{1 - (\frac{1+c}{1+r})^n}{r - c}$$

S 代表退休期间总费用需求，E 代表退休后第一年生活费用，c 代表退休后生活费用年均增长率，r 代表养老金的年均投资报酬率。

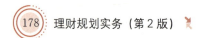 同步案例

假设赵先生夫妇退休后第一年生活费为 19.682 8 万元，如果他们退休后生活费用年均增长 5%，退休资金运用的年均投资报酬率 8%，退休后余寿为 20 年，则夫妻俩在退休时需要准备的养老金估算如下：

$$S = 19.682 \times \frac{1 - \left[\frac{1+5\%}{1+8\%}\right]^{20}}{8\% - 5\%} \approx 282.6(万元)$$

 理财工具

退休后总费用计算

为了方便计算，在不同生活费用年增长率和退休金投资年均报酬率下，如果退休后余寿为 20 年，那么需要总费用约是第一年费用的多少倍，可以直接按表 5-9 查得。

表 5-9　　退休后总费用是退休第一年费用的倍数速查表（以退休生活 20 年计）

		不同生活费用年增长率									
		0%	1%	2%	3%	4%	5%	6%	7%	8%	9%	10%
退休金投资年均报酬率	2%	16.35	17.88	19.61	21.55	23.73	26.19	28.96	32.08	35.61	39.59	44.09
	3%	14.88	16.22	17.73	19.41	21.32	23.45	25.86	28.56	31.61	35.05	38.93
	4%	13.59	14.77	16.09	17.57	19.23	21.09	23.18	25.54	28.18	31.16	34.51
	5%	12.46	13.50	14.67	15.96	17.42	19.05	20.87	22.92	25.22	27.81	30.71
	6%	11.47	12.39	13.42	14.56	15.84	17.27	18.87	20.66	22.67	24.92	27.44
	7%	10.59	11.41	12.32	13.33	14.46	15.72	17.12	18.69	20.45	22.41	24.62
	8%	9.82	10.55	11.35	12.25	13.25	14.36	15.60	16.98	18.52	20.24	22.17
	9%	9.13	9.78	10.50	11.30	12.18	13.16	14.26	15.48	16.83	18.35	20.04
	10%	8.51	9.10	9.74	10.45	11.24	12.11	13.08	14.16	15.36	16.69	18.18
	11%	7.96	8.49	9.06	9.70	10.40	11.18	12.04	13.00	14.06	15.24	16.56
	12%	7.47	7.94	8.46	9.03	9.66	10.36	11.13	11.98	12.92	13.97	15.13
	13%	7.02	7.45	7.92	8.43	9.00	9.62	10.31	11.07	11.91	12.84	13.87
	14%	6.62	7.01	7.43	7.90	8.41	8.97	9.58	10.26	11.01	11.84	12.76
	15%	6.26	6.61	6.99	7.41	7.87	8.38	8.93	9.54	10.22	10.96	11.78

续前表

		不同生活费用年增长率										
		0%	1%	2%	3%	4%	5%	6%	7%	8%	9%	10%
退休金投资年均报酬率	16%	5.93	6.25	6.60	6.98	7.40	7.85	8.35	8.90	9.51	10.17	10.91
	17%	5.63	5.92	6.24	6.58	6.96	7.38	7.83	8.33	8.87	9.47	10.13
	18%	5.35	5.62	5.91	6.23	6.57	6.95	7.36	7.81	8.30	8.84	9.43
	19%	5.10	5.35	5.61	5.90	6.22	6.56	6.93	7.34	7.78	8.27	8.81
	20%	4.87	5.10	5.34	5.61	5.89	6.21	6.55	6.92	7.32	7.76	8.25

步骤三 准备养老金

一、测算退休收入

准备养老金首先得测算退休时自己所能领到的社会养老保险、企业年金、商业养老保险以及手边的股票、基金、存款投资收益和兼职工作收入等，预计到退休时，共可积累多少可用资金。

技能加血 ▶▶

社会养老保险根据个人累计缴费年限、缴费工资、当地职工平均工资、个人账户金额、城镇人口平均预期寿命等因素确定，由统筹养老金和个人账户养老金组成。所谓统筹养老金，原先称为基础养老金，是指从用人单位缴费组成的统筹基金中向退休者支付的那部分养老金；所谓个人账户养老金，是指从职工个人账户积累中向退休者支付的那部分养老金。这两部分养老金的计发方法是：

基本养老金＝统筹养老金＋个人账户养老金

 理财工具

退休后养老金的测算

计算自己退休后能领到多少养老金，可以借助新浪财经的理财工具进行测算。扫描二维码进入相关页面。

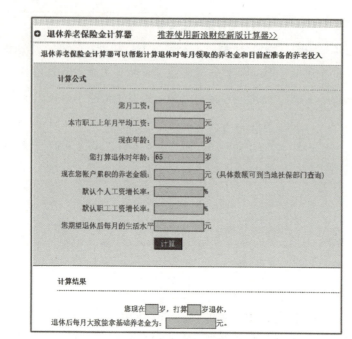

图 5-3　退休养老保险金计算器

二、计算养老金缺口

根据退休后所需费用的估算和退休收入计算，可以确定在退休后是否有足够的养老金。如果资金充裕，那么资金的安全性是首要的；如果存在资金缺口，则需要在退休前储蓄更多钱或找寻更高的投资回报。养老金缺口计算公式为：

养老金缺口＝退休需求（折现）－退休收入（折现）
　　　　　＝预计退休总费用在退休时现值－预计退休收入在退休时的现值

通常可以用分期投资计划来弥补养老金的缺口，使用的年金终值公式如下：

年金终值公式：$FV = A \times (F/A, r, n)$

FV 为养老金缺口，A 为分期投资计划中每年所需承担的费用，r 为投资回报率，n 为距离退休的年数。

三、选择养老规划工具

选择养老规划工具来弥补养老金的缺口，可根据个人接受风险程度和对投资收益率的要求选择理财产品，如商业养老保险、储蓄、国债、房地产等均可作为退休理财规划的产品。

（一）商业养老保险产品

商业养老保险是社会保险的补充，怎么买最划算？总结来说就是三点：买分红型养老保险、缩短缴费期限、早点买。

1. 最好具有分红功能

当前，我国商业养老保险主要有两种：一种是固定利率的传统型养老险，预定年利率最高为 2.5%；另一种是分红型养老险，养老金的多少和保险公司的投资收益有一定关系。分红型养老险将固定利率转变为浮动利率，其实际分红和结算利率视寿险公司的经营水平而定。

2. 尽量缩短缴费期限

商业养老保险有多种缴费方式，除了一次性趸缴外，还有 3 年缴、5 年缴、10 年缴、20 年缴等几种期缴方式，可根据自身的具体情况做出选择。

3. 早买比晚买好

对于商业养老保险，保险公司给付被保险人的养老金是根据保费复利计算产生的储蓄金额。因此，投保人年龄越小，储蓄时间越长，缴纳的保费就相对较少。此外，消费者投保商业养老保险，年龄最好在 50 周岁以下，否则需缴付的保费比较高。

（二）稳健型理财产品

很多人选择金融投资方式，使自己的资金保值增值，这也成为时下储备养老金的一种流行方式。金融市场投资品种和渠道增多，风险和收益各不相同。通过投资来储备养老金之用，建议"稳"字当先，尽量选择一些安全性投资工具，例如，定期存款，1 年期年利率 1.5%；保本型基金，年利率 4% 左右；保本型的银行理财产品，年利率 5% 左右；低风险的固定收益类理财产品，年利率 12% 左右等。

（三）"以房养老"

"以房养老"是指利用住房寿命周期和老年住户生存余命的差异，将广大老年人拥有的巨大房地产资源，尤其是人们死亡后住房尚余存的价值，通过一定的金融或非金融机制的融会以提前套现、变现，实现价值上的流动，为老年人在其余存生命期间，建立起一笔长期、持续、稳定乃至延续终生的现金流。房地产本身强大的经济价值，令它完全可以作为养老金储备的一种形式。当然，"以房养老"更要注意流通性风险和产权风险。而且由于房地产市场在未来走向不明，价格上也存在变动风险。

活动设计

"中国访谈，世界对话，欢迎您的收看。随着经济社会的发展，人口老龄化加剧。民政部预计，到 2020 年，我国老年人口将达到 2.43 亿的规模。根据相关数据显示，到 2020 年，80 岁以上的高龄老年人将达到 2 900 万，而空巢和独居老年人将达到 1.18 亿。我国人口老龄化的最大特点是未富先老。中国老年人的养老问题已经成为人们关注的焦点，'十三五'期间，我国构建养老、孝老、敬老政策体系和社会环境，健全居家为基础、社区为依托、机构为补充、医养相结合的养老服务体系，以积极应对人口老龄化。"

观看 2019 年的中国访谈《以居家、社区养老为主体探索中国特色养老文化》（网址为 http://fangtan.china.com.cn/2019—04/15/content_74681042.html）。

根据你对居家养老、社区养老和机构养老的了解，谈谈你认为中国的老人更适合哪一种养老方式。

完成案例要求

一、分析徐先生夫妇养老目标

根据案例资料分析，徐先生夫妇会在 60 岁即 30 年后退休，预计退休后可以生活 25 年。目前的年支出为 72 000 元，退休后的支出按照目前 70% 估算为 50 400 元。

二、估算徐先生夫妇的养老金需求

根据目前物价水平测算的退休支出为 50 400 元，考虑每年 3% 的通货膨胀率，则 60 岁退休时的年退休支出费用使用复利终值公式估算为 $FV = 50\ 400 \times (F/P, 3\%, 30) = 122\ 336$ 元，其中复利终值系数为 2.427 3。

退休收入为每年 50 000 元，则退休养老金每年缺口为 72 336 元，则退休后生活 25 年的养老金缺口为 1 297 349.50 元。

计算方法：在先付年金模式下 $A = 72\ 336$，$n = 25$，$i = 3$，使用年金现值公式计算得出 $PV = 72\ 336 \times (P/A, 3\%, 25) \times (1 + 3\%) = 1\ 297\ 382$ 元，其中年金现值系数为 17.413 1。

注：折现率 3% 使用的是近似法，投资回报率和通货膨胀率互抵消。如果使用精确法计算，折现率 $= (1 + 6\%) \div (1 + 3\%) - 1 = 2.91\%$。

三、制定养老规划方案

为弥补养老金缺口，可以选用一些养老规划工具，这在前面已经介绍过，比较便利的方式是选用证券投资组合，构建达到徐先生夫妇要求的收益率为 8% 的投资组合，每年投入固定的 11 452.88 元养老储备资金。

计算方法是使用年金终值公式：$FV = A \times (F/P, 8\%, 30)$。

其中 $FV = 1\ 297\ 382$，$r = 8\%$，$n = 30$，年金终值系数 $= 113.28$，计算得出 $A = 11\ 452.88$ 元。

思维导图

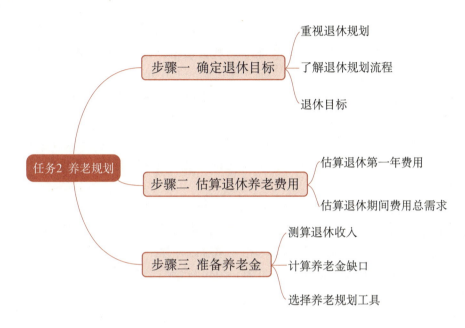

任务3 家庭成熟期理财规划

 步骤一 家庭财务状况分析

一、家庭财务比率表

刘先生夫妇的家庭财务比率如表5-10所示。

表5-10　　　　　　　家庭财务比率表

项目	实际数值	参考值
结余比例	54%	30%
净资产投资率	99%	50%
负债收入比率	0%	40%
流动性比率	1.54	3
清偿比率	100%	50%

（1）结余比率＝年结余/年税后收入＝114 000/212 000＝54%。这说明刘先生家的财富积累速度较快，在资金安排上面有很大的余地，如果考虑购置房产，可以选择贷款，以增加资金的流动性和收益性。

（2）净资产投资率＝投资性资产/净资产＝930 000/940 000＝99%。前年5月，刘先生将原有的100平方米的房产出售，全部资金投入股市，可是之后股市上行的势头就扭转了，并且一路走低，截至今年5月，他卖房得到的150万元在股市中只剩下85万元左右。刘先生将几乎全部家庭资产用于金融投资，而且大部分投资于股市，导致家庭资金稳定性和安全性很差，而且收益性也不稳定。

（3）负债收入比率＝年债务支出/年可任意支配收入＝0/114 000＝0。因为刘先生家庭没有房产和汽车贷款，目前压力为零，不过因为之后有购房打算，所以负债压力不久就会显现。

（4）流动性比率＝流动性资产/每月支出＝10 000/6 500＝1.54。刘先生家庭的流动性资产可以支付1.54个月的支出，低于3个月的参考值，建议减少风险偏高的股票投资，可以选择安全性高、流动性强的货币市场基金或存款。

（5）清偿比率＝净资产/总资产＝940 000/940 000＝100%。

二、理财现状评述

（1）投资金额比例过大，几乎全部资产都用于金融投资，且集中投资于高风险投资类型，资产配置不健康，容易造成资产随着市值的大幅波动，收益也没有保证。

（2）没有固定资产，而房价偏高，购置房产压力较大。随着年龄的增大，刘先生夫妇应该尽早结束租房生活，拥有一套自有房产，为未来退休生活奠定最重要的基础。

（3）刘先生夫妇已年近半百，几年后收入会有所减少。夫妇二人就职于福利较完善的事业单位和国有企业，应该享有一般社会保险和养老保险。为了保障退休后生活水平不下降，养老规划迫在眉睫。

步骤二 ： 家庭成熟期理财规划

一、理财目标

（1）短期目标：配合房屋抵押贷款在1~2年内购入一套小户型房产。

（2）中期目标：调整资产配置，通过理财规划将财富保值、增值，保证家人的生活水平。

（3）长期目标：刘先生夫妇还有5~10年退休，除了公司提供的一般社会保险和养老保险之外，自己并没有购买任何商业保险。所以如何利用商业保险和资金积累保证养老生活，是刘先生夫妇的长期目标。

二、基本参数设定

假设刘先生60岁退休，刘太太55岁退休，退休后生活至80岁，退休生活水平保持不变。

假定退休后夫妻两人领取的社会养老金各为3 000元/月，共给付10年。

假定每年CPI平均为3%。

假定投资股票每年收益为30%，股票型基金收益为20%，债券型基金收益为10%，货币市场基金收益为5%。

假定房屋贷款利率为5%。

三、制定住房规划

目前刘先生年近半百，近期购置一套房产是非常必要的。考虑到费用问题，建议刘先生购入总价不超过120万元、房龄在15年内的小户型二手房，可以马上入住，尽快消除租金支出，又可以避免装修费用，具体安排如表5-11所示。

表5-11　　　　　　　　资金安排

拟购楼宇售价	1 200 000元
申请贷款额	600 000元
还款期	15年
按揭年利率	5%
还款方式	每月本息等额
每月还款额	4 745元

步骤三 制定投资规划

在购置房产后，可投资资金大概在30万元左右，建议进行投资组合配置，分散风险，最大限度提高收益率。

财务安全规划是整个理财规划的基础，可以有效地应对由于家庭经济支柱出现疾病、死亡、失业或其他意外而给家庭的财务状况带来的影响，从而可以确保理财目标的实现。紧急预备金是为了应对家庭出现意外的不时之需，一般应准备3~6个月的家庭固定开支数额。考虑到基本生活支出及房屋还贷等因素，刘先生家庭每月固定支出在8 000元左右，建议提取3万元作为紧急预备金（紧急预备金的存放形式可以为存款或流动性强的货币市场基金等固定收益类金融产品），具体规划如表5-12所示

表5-12　　　　　　　　财务安全规划表

投资项目	所占投资比重	预期收益率	综合收益率
股票型基金	20%	20%	4%
债券型基金	20%	10%	2%
货币市场基金	20%	5%	1%

续前表

投资项目	所占投资比重	预期收益率	综合收益率
股票	30%	30%	9%
现金	10%	2%	0.2%

步骤四 制定养老规划

作为家庭理财中风险管理的一部分，人寿保险能够帮助抵御家庭成员发生不测而对家庭财务带来的不良影响——当家庭的收入来源突然中断时，获得的保险金可以使家人在预计的年限中仍然拥有同样的生活水平。通常，在选择保险保障金额时，主要考虑的两个因素是：对保险保障需求的大小，以及自身对保费的负担能力。刘先生夫妇所在的事业单位和国有企业，都应该有完善的社会保险和养老保险，这些仅能满足退休后最基本的生活需要。为了不降低退休后生活水平及提高发生意外事件的接受能力，建议刘先生每年用于购买保险的费用不超过1.8万元（占家庭可支配收入的15%），例如中国人寿保险推出的"潇洒人生"人寿保险产品（见表5-13）：

表5-13　　　　　　　　　　　"潇洒人生"人寿保险

姓名	投保险种	单位保额（元）	交费期（年）	基本保费（元/年）	推荐份数	保费小计（元/年）	个人小计	
							保费（元/年）	保额（万元）
刘先生	康宁终身	10 000	10	2 180	2	4 360	8 910	10.5
	鸿寿年金	10 000	10	2 150	2	4 300		
	附加住院医疗	1 000	每年	50	5	250		
刘太太	康宁终身	10 000	10	2 150	2	4 300	8 790	10.5
	鸿寿年金	10 000	10	2 120	2	4 240		
	附加住院医疗	1 000	每年	50	5	250		
合计							17 700	21

每年只需17 700元支出，就能拥有近21万元的保障：

(1) 重疾保险金：十类重大疾病保障为4万元；

(2) 残疾保险金：最高保障为6万元；

(3) 身故保险金：80岁前为10万元，80岁后为6万元；

(4) 医疗补偿金：最高可享受0.5万元的住院医疗补偿；

(5) 养老金：60～79岁每年可领取1 000元的养老金；

(6) 祝寿金：80岁时一次领取4万元的祝寿金；

(7) 保单红利：分享保险公司的经营成果，红利领取灵活方便；

(8) 豁免保费：发生重大疾病后获得高额给付，且免交康宁终身保险以后各期保费，保险合同继续有效；

（9）附加功能：保单借款、减额交清。

进一步理财意见：

（1）刘先生目前的投资偏好过于激进，尤其随着年纪的增大，应该尽快调整投资策略，增加投资渠道，不要集中投资于高风险的股票市场，债券、基金、银行理财产品、保险都是不错的选择。刘先生要保持正确的理财观念，根据家庭的生活目标，时刻审视资产配置情况和风险承受能力，兼顾风险和收益，不断调整投资组合，选择相应的投资产品和比例，从而达成理财目标。

（2）刘先生夫妇还有5～10年退休，由于退休后收入减少，可以考虑在退休前将房屋贷款还清，减少退休后生活的压力。

（3）刘先生一向很重视投资，但是财务安全意识和保险意识薄弱。建议其尽早增加保险投入，为养老生活做好准备。

◀ 理财与育人 ▶

事关"一老一小"！国家将有大动作！

2021年全国两会期间，"一老一小"话题热度非常高。围绕着"幼有所育、老有所养"，政府工作报告、"十四五"规划和2035年远景目标纲要草案（以下简称"规划纲要草案"）有一些新部署，代表、委员们也提出了一些"接地气"的建议。

1. 积极应对人口老龄化上升为国家战略

随着人口老龄化加剧，中国的养老问题日益凸显。数据显示，截至2019年末，中国60岁及以上人口约有2.54亿。预计"十四五"期间，中国的老年人口将超过3亿，中国会从轻度老龄化进入到中度老龄化阶段。

在养老方面，中国有大动作。关于"十四五"期间的主要目标任务，2021年政府工作报告提出，实施积极应对人口老龄化国家战略，以"一老一小"为重点完善人口服务体系，推动实现适度生育水平。

国家发展和改革委员会副主任胡祖才在国务院新闻办公室发布会上表示，规划纲要草案回应社会关切，将积极应对人口老龄化上升为国家战略。

在规划纲要草案中，完善养老服务体系有了"路线图"——大力发展普惠型养老服务，构建居家社区机构相协调、医养康养相结合的养老服务体系，完善社区居家养老服务网络，推进公共设施适老化改造，多措并举扩大养老机构床位供给，提升服务能力和水平，护理型床位占比提高到55%。

2. 代表委员们支招"老有所养"

——给老年人留一扇人工服务窗

老年人无法像年轻人一样畅享数字生活，"数据鸿沟"问题凸显。全国人大代表、联想集团董事长兼首席执行官杨元庆认为，医院、车站、社区等公共服务部门不要"一刀切"地关闭人工窗口，而要保留实体咨询、现场指引、人工服务等项目，为老年人提供方便。

——推动"适老化改造"

全国人大代表、小米集团董事长兼 CEO 雷军建议，应该推动各级公共数字平台和服务体系完成"适老化改造"，优先解决老人网上预约、交通出行、智能扫码等高频服务事项。

——建立老年科，不用楼上楼下跑

全国政协委员、河南省人民医院老年医学科主任黄改荣建议，应该尽快建立老年科，给可能患有多种慢性疾病的老年人提供就诊"绿色通道"，使其在一个科室就能得到诊疗，不用楼上楼下跑很多地方。

——建议强制缴纳长期护理保险

长期护理保险被称为社保"第六险"。国家医保局数据显示，全国已有 49 个城市试点长期护理保险，报销水平总体为 70% 左右。全国政协委员、对外经济贸易大学保险学院副院长孙洁建议，进一步促进长期护理保险发展，通过法律法规等形式强制法定参保人及其单位缴纳长期保险费，满足失能、半失能老年人的照护费用支出。

资料来源：https://new.qq.com/rain/a/20210309A0F59B00

◀ 习题库 ▶

一、单选题

1. 按基金单位是否可增加或赎回，可将基金分为（　　）。
   A. 封闭式基金和开放式基金　　　　B. 契约型基金和公司型基金
   C. 离岸基金和在岸基金　　　　　　D. 主动型基金和被动型基金

2. （　　）不是债券的基本要素。
   A. 面值　　　　B. 期限　　　　C. 票面利率　　　　D. 价格

3. 某基金的资产配置长期地维持在如下水平：股票 80%、债券 15%、现金 5%，则基本上可以判断，该基金是（　　）。
   A. 成长型基金　　B. 股票型基金　　C. 平衡型基金　　D. 收入型基金

4. 根据客户的年龄和风险承受能力，将一部分资产投资于风险型资产，另一部分资产以银行存款、国债等安全型资产持有，这在投资规划中称为（　　）。
   A. 资产配置　　B. 证券选择　　C. 基本面分析　　D. 投资策略

5. 某投资组合含有 60% 股票、20% 债券、20% 活期存款。这一组合最适合（　　）年龄层次。
   A. 青年时期　　B. 中年时期　　C. 退休以后　　D. 均适用

6. 被称为"金边债券"的是哪一类债券？（　　）

　　A. 国债　　　　　　　B. 政府债　　　　　　C. 金融债　　　　　　D. 公司债

　　7. 退休后需要花费的资金和退休收入的资金之间的差额就是客户应该自筹的退休资金，即退休养老金缺口。下列关于退休养老金缺口的说法不正确的是(　　　)。

　　A. 退休养老金缺口是指退休后需要花费的资金和可收入的资金之间的差距

　　B. 退休养老金缺口＝养老金总需求－养老金总供给

　　C. 养老金总需求是指在保持一定生活水平下的总费用需求在退休时点的现值

　　D. 养老金总供给是指退休后社保养老金等既定养老金在退休时点的现值

　　8. 如今，随着金融产品的创新和丰富，退休规划可以选择更多的理财工具。下列不属于退休养老金的主要投资方式的是(　　　)。

　　A. 银行存款　　　　　B. 债券　　　　　　　C. 基金　　　　　　　D. 现金

　　9. 制定退休规划应注意(　　　)之间的平衡，选择合适的投资工具或投资组合。

　　A. 稳健性和收益性　　　　　　　　B. 开放性和稳健性

　　C. 风险性和收益性　　　　　　　　D. 多元性和稳健性

　　10. 下列哪一类产品不适合作为养老规划工具?(　　　)

　　A. 商业养老保险产品　　　　　　　B. 储蓄

　　C. 期货　　　　　　　　　　　　　D. 国债

二、案例分析题

　　王先生夫妇今年均刚过 35 岁，他们俩打算 55 岁退休，在退休后的第一年，王先生夫妇估计两人需要 10 万元的生活费用，由于通货膨胀的原因，这笔生活费用每年按照 3% 的速度增长。王先生夫妇估计会活到 85 岁，假设王先生夫妇退休后没有基本养老保险金，也没有企业年金等定期的收入，其退休费用只能靠退休前积累的养老金进行生活。假设退休前的投资收益率为 6%，退休后的投资收益率为 3%，王先生夫妇现在已有 25 万元的养老金了。请问：如果采取定期定投的方式，每年年底还需投入多少钱才能实现理想的退休目标? 请写出简要步骤。

◆ 项目准备 ◆

 生命周期分析：退休期

退休初期，因有时间、有钱、有健康，所以在个人休闲和个人爱好方面的支出较大；退休后期，因健康状况趋差，医疗支出大幅增加，同时保健方面的支出也是退休后生活支出的重要部分。在收入方面，工作收入因退休而停止，虽说有不多的退休工资尚能维持基本生活开支，但随着现代人对生活质量的要求不断提高，理财收入将会是其收入的重要来源。在资产方面，不排除在退休阶段出现"有房产、没现金"的局面，此外还有遗产传承方面的需求显现，一些老人开始为自己的身后事做准备。

理财重点：

1. 投资规划："你退休了，不要让你的钱退休"，在退休初期，家庭核心资产的配置不要单纯地追求保险，因为低风险意味着低投资回报。如果资金不是很多的话，更不应该早早地就放弃较高投资回报的投资方式，资产配置在此时显得尤为重要。不要低估退休后的生活所需，休闲、医疗等支出均应充分考虑。明确退休后自己想要的生活目标，将其量化，根据自己积累的资产额度，确定投资回报。根据所需的投资回报和风险属性制定投资规划，制定相应的资产配置，主要还是通过基金进行投资。退休老人的健康状况不同，一般在 70 岁以后，逐步转向投资回报稳定、风险较小、流动性较强的资产品种。

2. 遗嘱规划：控制好在财务上支持儿女的程度，凡事要和自己的养老保障结合起来。通过专业人士制定好遗产传承计划，订立遗嘱。要有一定的社交活动，积极锻炼，颐养天年。

目标客户

　　李先生今年 65 岁，李太太今年 60 岁。两人均已经退休。为了拥有高质量的退休生活，李先生夫妇向理财规划师征求了意见。李先生夫妇退休后每年的开支预计 10 万元，按照通胀为 3% 计算物价。目前有 150 万元退休启动金，退休后的投资回报率为 4%。家中有房屋 1 套，市价约 120 万元。房屋按照每年 4% 增值。李先生夫妇有两个儿子，大儿子李达，二儿子李旺，均已成家。李先生预测自己与老伴还能有 20 年的寿命，为了能够妥善安排遗产，李先生立了遗嘱，遗嘱中将一套房屋给李太太，现金由李旺继承，汽车留给李达。遗嘱由李旺妻子代书，上面有李先生的签字，李旺及李先生朋友作为见证人在遗嘱上面签了名。

 任务清单

　　1. 确定理财规划的基本假设；

　　2. 确定退休期间的投资产品；

　　3. 确定遗产工具；

　　4. 确定遗产总价值；

　　5. 合理分配遗产。

 理财测一测

　　你"发财"路上的绊脚石是什么？请扫描二维码查看测试。

◀ 任务 1　遗产分配和传承规划 ▶

 示范案例

　　现年 62 岁的刘先生是一位著名学者，尽管退休在家，但经常应邀外出讲学，收入颇丰。刘先生中年丧偶，其后也未再婚，多年来一直与年迈的老母亲生活在一起。刘先生自己育有二子一女，如今均已成家立业，且在各自事业上小有成就。刘先生的子女又分

别育有一个孩子，全家聚会时四世同堂，11口人其乐融融。刘先生还有一个弟弟生活在老区农村，由于长期患病导致家庭经济情况很差，多年以来都靠刘先生接济。不幸的是，今年刘先生在一次交通意外中不幸罹难，没有来得及留下任何遗嘱。勤劳俭朴一生的刘先生身后留下不少财产，总值约为160万元。

案例要求：

1. 继承遗产的方式；
2. 继承遗产的顺序；
3. 合理分配遗产。

 ## 技能目标

熟悉基本的遗产继承法律法规知识，了解如何界定财产权利，掌握并能运用基本的遗产规划工具，掌握遗产规划基本流程。

 ## 理财故事

老龄化背景下的财产传承

近年来，随着人口老龄化进程的加快和财富的不断积累，中国人的观念也在发生变化，而当今我国社会上发生的许多遗产纠纷，多数来源于未在生前订立遗嘱，由不懂得预立遗嘱的重要性而引发。所以一些家族企业和大集团的拥有者，都在专业律师的陪同下早早地立下了遗嘱。

赵某和贺某系夫妻关系，婚后两人一直未生育。2021年9月，赵某突发心脏病过世。其遗产经确认后有位于北京市朝阳区的商品房一套、湖南省株洲市某区商品房一套、持有某上市公司的股份10 000股（员工股权激励所得）、社保余额5万元、住房公积金余额10万元。

赵某和贺某在婚前就有共识，自愿不要孩子。当时就惹来了赵某父母的坚决反对，他们在赵某婚后一直催促夫妻俩抓紧生孩子，好让他们能够早点抱上孙子，而且认为孩子也可以让他们夫妻感情更为坚固。因此，赵某的父母与贺某的矛盾自婚后就一直存在，且没有得到缓解。现赵某因心脏病去世，其又无任何子嗣，关于赵某的遗产如何分配，其父母与贺某一直未有共识。在一气之下，赵某的父母委托律师将贺某起诉至人民法院，要求分割赵某的遗产。

经人民法院审理认定有以下事实：

1. 赵某和贺某共同所有以下财产：位于北京市朝阳区的商品房一套、湖南省株洲市某区商品房一套、持有某上市公司的股份10 000股（员工股权激励所得）、社保余额5万元、住房公积金余额10万元。

2. 湖南省株洲市某区的商品房现由赵某父母居住，且该商品房的购买款项系由赵某父母所支付，该商品房现价值人民币80万元。

3. 北京市朝阳区的商品房现有银行贷款 200 万元未还清，每月按揭还贷金额为 1.2 万元，该商品房现价值人民币 450 万元。

法院认为：

1. 赵某名下所有的遗产应当先进行析产，即被继承人的所有财产中属于夫妻共同财产的部分，贺某应当先拿走 50% 的份额，而余下的 50% 份额再由三位继承人按照《中华人民共和国民法典》的规定进行法定继承。

2. 鉴于商品房的居住属性以及双方的实际情况考虑，位于北京市朝阳区的商品房由贺某一人继承，且后续按揭还贷由贺某个人承担。

3. 位于湖南省株洲市某区的商品房由赵某父母共同继承并居住，贺某对该商品房无任何所有权属。

4. 某上市公司的股份 10 000 股应当先由贺某分得其中的 5 000 股，另外 5 000 股再由三位继承人共同继承，即贺某可以分得该上市公司股份 6 666 股，另外的 3 334 股由赵某的父母继承。

5. 社保余额 5 万元、住房公积金余额 10 万元先由贺某分得其中的 7.5 万元，另外的 7.5 万元由三位被继承人共同继承，即贺某可分得社保及住房公积金余额共 10 万元，赵某的父母分得 5 万元。

步骤一：收集客户信息

在遗产继承中，生前享有财产因死亡而转移给他人的死者为被继承人；被继承人死亡时遗留的财产为遗产；依照法律规定或者被继承人的合法遗嘱承接被继承人遗产的人为继承人；继承人依照法律的直接规定或者被继承人所立的合法遗嘱享有的继承被继承人遗产的权利就是继承权。

收集客户信息是理财规划师为客户提供理财规划服务的前提和关键，是开展理财规划服务最基础也是最重要的一步。在遗产分配和传承规划中，理财规划师需要收集的信息不仅包括客户家庭的财产结构信息，还包括其家庭基本构成及家庭成员之间的关系等信息。这就要求理财规划师充分了解客户的家庭成员构成信息。

一、婚姻

（一）婚姻的成立及法律效果概述

（1）实质要件：男女双方完全自愿、达到法定年龄、符合一夫一妻制。

（2）形式要件：办理登记。

（3）结婚的禁止条件：①禁止一定范围内的血亲结婚；②禁止患一定疾病的人结婚；③结婚当事人不能与第三者有婚姻关系存在。直系血亲和三代以内的旁系血亲禁止结婚；患麻风病未经治愈或患其他在医学上认为不应当结婚的疾病的人禁止结婚。

（二）夫妻之间有相互扶养的义务

夫妻相互扶养是指在夫妻关系存续期间，夫妻双方在物质上和生活上互相扶助、互相供养的义务。在扶养问题上应特别注意保护女方的合法权益。

（三）夫妻对共同财产有平等处分权

夫妻共同财产制是指夫妻对共同所有的财产有平等的占有、使用、收益和处分的权利。夫妻双方在对财产进行处理时，应当平等协商，达成一致，任何一方都无权违背另一方意志擅自处理夫妻共同财产。

（四）夫妻有相互继承遗产的权利

夫妻在婚姻关系存续期间所获得的共同财产，除事先约定的以外，在分割遗产时，应当先预提其配偶所拥有的双方共同财产的一半，剩余的则为被继承人的遗产，并且夫妻互为第一顺序法定继承人。

（五）婚姻关系特殊形态的理解及财产的处理

婚姻是家庭财产关系形成的前提，婚姻是否有效直接影响婚姻关系双方的财产界定和分配结果。

二、子女

法律意义上的子女，包括婚生子女和非婚生子女。子女对父母享有要求被抚养的权利，父母对子女享有要求被赡养的权利。

 同步案例

王某现年 35 岁，其 3 岁时父母离婚，王某随母亲生活，从此也未再与父亲见面，父亲从未对王某尽抚养的责任。母亲随后又结婚，而继父一直抚养照顾王某至成年。现在继父年老体弱，由王某负责赡养。可前几天，30 多年未谋面的父亲突然出现，穷困潦倒，要求王某为他养老送终。请问，王某该赡养继父还是该赡养生父？

三、父母

法律上的亲子关系即父母子女的关系，可以分为两类：
（1）自然血亲：包括父母与婚生子女、父母与非婚生子女；
（2）拟制血亲：包括养父母与养子女、继父母与受其抚养教育的继子女。

四、兄弟姐妹

兄弟姐妹是血缘关系中最近的旁系血亲。依据法律的有关规定，兄弟姐妹在一定条件下，相互负有法定的扶养义务。

五、祖父母、外祖父母

祖父母、外祖父母是孙子女、外孙子女除父母以外最近的直系亲属。

步骤二：界定财产权

在制定退休期理财规划前，理财规划师首先要对客户的财产进行界定，以确保客户的财产公平公正地进行传承。在界定财产权时，要注意收集客户的各个方面的财产信息，避免遗漏，并且要注意财产的合法性。

一、夫妻法定财产

夫妻法定财产分为法定共有财产和法定特有财产。

（一）夫妻法定共有财产

《中华人民共和国民法典》第一千零六十二条规定，夫妻在婚姻关系存续期间所得的下列财产，为夫妻的共同财产，归夫妻共同所有。具体包括：

（1）工资、奖金、劳务报酬；

（2）生产、经营、投资的收益；

（3）知识产权的收益；

（4）继承或者受赠的财产，但是本法第一千零六十三条第三项规定的除外；

（5）其他应当归共同所有的财产。

夫妻对共同财产，有平等的处理权。

（二）夫妻法定特有财产

夫妻法定特有财产又叫夫妻个人财产或夫妻保留财产，是夫妻在拥有共有财产的同时，依照法律规定，各自保留的一定范围的个人所有财产。具体包括：

（1）一方的婚前财产。婚前财产是指夫妻在结婚之前各自所有的财产，包括婚前个人劳动所得财产、继承或受赠的财产以及其他合法财产。

（2）一方因身体受到伤害获得的医疗费、残疾人生活补助费等费用。

（3）遗嘱或赠予合同中确定只归属于夫妻其中一方的财产。因继承或赠予所得的财产，属于夫妻共同财产。

（4）一方专用的生活用品。

（5）其他应当归一方的财产。

二、夫妻约定财产

夫妻财产约定制的三种类型：

（1）一般共同制，是指一般共同财产制，即夫妻双方婚前和婚姻关系存续期间全部财产均归夫妻双方共同所有，包括动产和不动产，除非法律有特别的规定。

（2）部分共同制，又叫限定共同制，是指当事人双方协商确定一定范围内的财产归夫妻双方共有，共有范围外的财产均归夫妻各自所有的财产制度。

（3）分别财产制，是指夫妻双方婚前财产及婚后所得财产全部归各自所有，并且各自行使管理、使用、收益和处分权的夫妻财产制度。

步骤三：分析遗产分配方式

遗产分配的方式多种多样，但是根据的实际情况不同，理财规划师应为客户配备不同的遗产分配方式。

一、遗产的特性

（1）遗产只能是公民死亡时遗留的财产，具有时间上的特定性。

（2）遗产的内容具有财产性和概括性，因而凡被继承人生前享有的财产权利和负担的财产义务，只要在其死亡时存在，均属于遗产。

（3）遗产在范围上有限定性和合法性。

二、遗产的范围

（一）遗产包括的财产范围

（1）公民的收入，包括公民的工资、奖金存款的利息、从事合法经营的收入，以及接受赠予、继承等所得的财产。

（2）公民的房屋、储蓄和生活用品。

（3）公民的林木、牲畜和家禽。

（4）公民的文物、图书资料。

（5）法律允许公民所有的生产资料。

（6）公民的著作权、专利权中的财产权利。

（7）公民的其他合法财产，包括国库券、债券、支票、股票等有价证券和履行标的为财物的债权等。公民个人承包应得的个人收益，为公民的合法收入的组成部分，也属于遗产的范围。

（二）遗产中不包括的事项

遗产中不能包括的事项主要是一些权利义务，常见的如：

（1）与被继承人人身不可分的人身权利，如名誉权等人格权。

（2）与人身有关的、专属性的债权债务，因为这些债权债务具有不可转让性，故不属于遗产。

（3）国有资源的使用权。

（4）承包经营权。

三、影响遗产分配顺位的因素

家庭财产传承是指家庭财产在家庭成员之间的转移，通常是在家庭中的一员去世后，对其财产进行继承的行为。

按照法律规定，根据家庭成员与死者关系的远近，第一顺序继承人为：配偶、子女、父母。第二顺序继承人为：兄弟姐妹、祖父母和外祖父母。参与家庭财产分配的主要家庭成员通常有：配偶、子女、父母、兄弟姐妹。祖父母、外祖父母、对公婆或岳父母尽了主要赡养义务的丧偶儿媳、女婿等。

四、丧失继承权

《中华人民共和国民法典》第一千一百二十五条规定，继承人有下列行为之一的，丧失继承权：

（1）故意杀害被继承人；

（2）为争夺遗产而杀害其他继承人；

（3）遗弃被继承人，或者虐待被继承人情节严重；

（4）伪造、篡改、隐匿或者销毁遗嘱，情节严重；

（5）以欺诈、胁迫手段迫使或者妨碍被继承人设立、变更或者撤回遗嘱，情节严重。

继承人有前款第（3）项至第（5）项行为，确有悔改表现，被继承人表示宽恕或者事后在遗嘱中将其列为继承人的，该继承人不丧失继承权。受遗赠人有前款第（1）项规定行为的，丧失受遗赠权。

五、财产传承工具

（一）遗嘱

遗嘱是遗嘱人在法律允许的范围内按照自己的意愿处分自己财产和安排与此有关的其他事务，并于遗嘱人死后发生法律效力的声明。遗嘱必须符合法定的形式。

1. 遗嘱的形式

按照《中华人民共和国继承法》的规定，遗嘱必须符合下列 5 种形式之一：（1）公证遗嘱，是指经过公证机关公证的遗嘱。（2）自书遗嘱，是指遗嘱人亲笔书写的遗嘱。（3）代书遗嘱，是指由他人代笔书写的遗嘱。（4）录音遗嘱，即以录音录像形式立的遗嘱。（5）口头遗嘱，是指立遗嘱人仅有口头表述而没有其他方式记载的遗嘱。

2. 遗嘱的内容

主要包括：指定遗产继承人或者受馈赠人；说明遗产的分配办法或份额；对遗嘱继承人或受遗赠人附加的义务；再指定继承人；指定遗嘱执行人。

（二）遗产信托

遗产信托是一种法律契约，当事人通过它来指定自己或他人管理自己的部分或全部遗产，从而实现其遗产规划目标。根据遗产信托的制定方式，可将其分为生前信托和遗嘱信托。

生前信托是当事人仍健在时设立的遗产信托。遗嘱信托是指委托人预先以订立遗嘱的方式，将财产的规划内容，包括设立信托后的管理、分配、运用及给付等，详订于遗嘱中。等到遗嘱生效时，再将信托财产转移给受托人，由受托人依据信托的内容管理信托财产。

遗产信托的作用：合法地避免缴付高昂遗产税；作为遗嘱的补充来规定遗产的分配方式；增强遗产计划的可变性；资产保护，不受《中华人民共和国企业破产法》影响；对年幼子女做生活和教育上安排；避免后人争产。

（三）人寿保险信托

人寿保险信托是信托企业为信托人保管人寿保险事项的信托业务。信托人是人寿保险的托保人，受益人是投保者的遗属。信托企业作为受托人，是保险金的领收人，同时还代办保险受益证券的保管和保险费的交纳等事项。在保险期满或发生保险事故时，由受托人领取保险金，然后按信托合同的规定，交给受益人，或代受益人对领到的保险金进行管理、运用和支配。作为受托者的信托部门，接受信托人的人寿保险信托，是按照信托人的意愿承办，即忠实而公正地履行合同，其所得收益归于指定的受益人。信托企业只能从信托人或受益人那里得到约定的信托酬金，即手续费。

（四）赠予

赠予是指财产所有人将自己的财产无偿地赠送给他人，经他人接收后发生所有权变更效力的行为。

活动设计

周女士早年丧偶，担心自己去世后三个子女会因遗产分割产生纠纷，于是在2020年3月自己写了一份遗嘱，并到公证机关进行了公证。为防止三个子女不执行遗嘱，周女士在2020年6月重新写了一份遗嘱，并在其中指定让王律师充当遗嘱执行人，以监督遗嘱的执行。2021年9月，周女士无意中听到有理财规划师在为客户制定财产传承规划，便来到一家理财规划专业机构，就自己的财产传承事宜向专业的理财规划师咨询。

请讨论：

1. 如何界定周女士的两份遗嘱的效力？
2. 评价王律师的介入对周女士财产传承愿望实现的意义。
3. 如果你是周女士的理财规划师，你会按照什么程序为其制定财产传承规划？请将你对周女士财产传承规划提出的建议列入其中。

步骤四：制定遗产规划流程

理财规划师应根据客户的实际情况制定相应的理财规划流程。理财规划流程的繁复情况是根据客户的需求和状况确定的。家庭结构、财产情况越简单，遗产规划流程也相应越简洁，反之则越复杂。

一、了解客户个人情况

客户的个人情况通常需要了解如表 6－1 所示的内容。

表 6－1　　　　　　　　　　　　　　　客户个人情况

原始遗嘱的放置位置	保险单据
信托文件的放置位置	房产证明
顾问名单	投资组合纪录
孩子监护人名单	有价证券证明
计划的葬礼安排信息	汽车发票证明
出生和结婚证明	分期付款/贷款证明
姓名改变证明	养老金文件
保险箱证明及记录	信用卡
社会保障证明	遗嘱及遗产信托文件
银行存款证明	

二、计算和评估客户的遗产价值

通过计算客户的遗产价值，可以帮助其对资产的种类和价值有一个总体了解，方便客户了解与遗产有关的税收支出。

遗产的种类和价值是理财规划师在选择遗产工具和策略时需要考虑的重要因素，可以在收集客户财务数据时获得，并将其进行归纳和计算。

同步案例

> 金先生 2019 年因病去世，家中有房屋 2 套，市价约 120 万元；汽车 1 辆，市值约 12 万元。金先生住院期间欠医院治疗费 6 万元。金先生的爱人万女士因为身体不好，2004 年从单位办了病退手续，一直在家养病。请问：金先生留下了多少资产给子女和妻子？

三、确定遗产规划目标

理财规划师在为客户制定遗产计划时应该留有一定的变化余地，并且要和客户一起定期或不定期地审阅和修改遗产计划。遗产规划一般应考虑以下内容：

（1）确定遗产的继承人及其份额；

（2）确定遗产转移的方式；

（3）降低遗产转移的成本；

（4）遗产要具有足够的流动性，以偿还其债务；

（5）保持遗产规划的可变性；

（6）确定由谁来清算遗产，即选择遗嘱执行人；

（7）计划慈善赠予。

四、制定遗产规划的原则

（一）保证遗产分配方案的可变通性

遗产分配从它的制定到生效有一段不确定的时间，而在该时间内的客户财产状况和目标都是处于不断变化中的，其遗产分配的方案也一样。因此理财规划师要时常与客户沟通，对规划方案不断地调整，以保证满足客户的不同需要。

（二）确保遗产规划现金流动性

客户过世后的遗产，要先用于支付相关的税收及遗产处置费用，如法律和会计手续费、丧葬费以及还清债务，剩余的部分才可以分配给受益人。所以如果客户遗产中的现金数额不足，反而会导致其家人陷入债务危机。为避免这种情况的发生，理财规划师必须帮助客户在其遗产中预留足够的现金以备支出。现金收入的来源通常有银行存款、存单、可变现的有价证券等。客户应该尽量减少遗产中的非流动性资产，如房地产、珠宝和收藏等，这些资产不仅无法及时变现，还会增加遗产处置的费用，所以，理财规划师可以建议客户将之出售或赠予他人，从而减少现金支出。

（三）减少遗产纳税金额

多数客户都希望能够尽可能留下较多的遗产，然而，在遗产税赋严重的国家往往要支付较高的遗产税（尤其是遗产数额较大者）。而且遗产税不同于其他税种，受益人要在将全部遗产登记并计算和缴纳税金以后，才可以处置财产。因此，受益人必须先筹第一笔现金，把税款缴清，才能获得遗产，所以减少税收支出也是规划中的重要原则之一。由于各个国家的税制有所差异，理财规划师需要根据不同客户的情况进行处理，一般可采用捐赠、不可撤销性信托和资助慈善机构等方式减少纳税额。

然而在未开征遗产税的国家，理财规划师在制定财产规划方案时，首先应当考虑如何将遗产正确地分配给客户希望的受益人，而不是减少纳税金额。即使在遗产税率较高的国家也不能过于强调遗产税的影响，因为客户的目标和财产状况在不断变化。如果为了减少纳税金额而采用许多减少财产规划方案可变性的遗产管理工具，可能导致客户的最终目标无法实现。

（四）保证规划方案的可变性

客户向理财规划师征求规划意见就是为了在其突然去世或丧失行为能力时确保其财产有一个适当的安排。所以说，客户在制定财产传承规划时也无法确定何时会执行。如果客户在较长一段时间内不会执行规划方案，其价值取向、财务状况、目标期望、投资偏好等往往会发生变化，其规划方案也可能随之发生改变。

1. 客户已婚且子女已成年

将遗产留给其配偶、子女或其他受益人。需要考虑遗产数额大小，客户是否愿意将遗产交给配偶。若客户很富有，可采用不可撤销性信托或捐赠的方式。

2. 客户已婚但子女尚未成年

若其配偶在子女成年前去世，可保证有托管人来管理其遗产，并据其子女需要进行分配。若客户想自己安排遗产在子女间的分配比例，可将遗产加以划分，分别由几个不同信托基金来管理。

3. 未婚或离异客户

若遗产数额不大，且受益人已成年，可通过遗嘱留给受益人。若遗产数额较大，且不打算更换受益人，可采用不可撤销性信托或捐赠的方式，以减少纳税金额。若遗产的受益人尚未成年，可用遗产信托进行管理。

五、定期检查和修改

遗产规划制定后，应定期检查家庭的基本情况和财富情况，并密切跟踪相关法律法规的变化。相关内容见表 6-2：

表 6-2　　　　　　　　　　遗产规划定期检查内容

子女的出生或死亡	配偶或其他继承者的死亡
结婚或离异	本人或亲友身患重病
家庭成员成年	遗产继承
房地产的出售	财富的变化
有关税制和遗产法的变化	

 完成案例要求

一、继承遗产的方式

由于刘先生未留遗嘱，因此遗产应当按照法定继承方式继承。

二、继承遗产的顺序

由第一顺序继承人刘先生母亲、刘先生二子一女共四人继承，法定继承按人数等分，因此每人分得 40 万元。

三、合理分配遗产

如果刘先生生前立下遗嘱，那么遗产规划将更加科学。遗嘱继承优先于法定继承，因此立遗嘱可有效实现被继承人意愿。遗产安排应当体现照顾弱者的特点，刘先生母亲应获得超过 40 万元的份额。由于刘先生的弟弟一直靠刘先生接济，尽管属于第二顺序继承人，也可通过遗嘱指定的方式成为遗嘱继承人，获得部分遗产。刘先生母亲由于年迈难以自行管理遗产，应当安排受托人对其财产进行管理。

老年人理财规划方案

一、健康投资

健康投资是老人需要考虑的因素。老人在退休之后，随着应酬、娱乐等方面的开销减少，支出也会有所下降。所以，对于儿女来说，只要工作收入稳定，满足父母在衣、食、住、行等方面的消费需求是不会有太大压力的。但是，随着父母的年龄渐长，身体健康就容易出现问题，这时，子女需要为父母适当添置一些保险，如重疾险和意外事故险等，结合父母本身情况，为父母送上一份保障。

二、精神愉悦

孤独老人渴望子女多回家，这种精神上的需求是金钱和物质满足不了的。所以，为了让父母的晚年少些孤独感，儿女一定要舍得多花时间陪伴父母或者打电话问候，让父母精神愉悦，少一点孤独感。另外，为了排解内心的孤独感，保持愉悦的心情，不论是住在儿女家、敬老院、养老院，还是独自生活，老人都应该有自己的朋友圈，经常参加一些集体活动，如下棋、跳广场舞等，培养自己的兴趣，多参与社交，让生活充实。

三、物质充足

很多老人退休之后，收入也随之降低很多，如何才能保证自己的生活质量？儿女应给父母储备足够的养老金。另外，老人还要学会利用养老金收入进行投资理财，这样不仅能减轻儿女的养老压力，还可使自己的晚年生活更加丰富。但是，老人要明白一点：在投资理财时须以稳健为主。

理财工具

预期收益计算器

思维导图

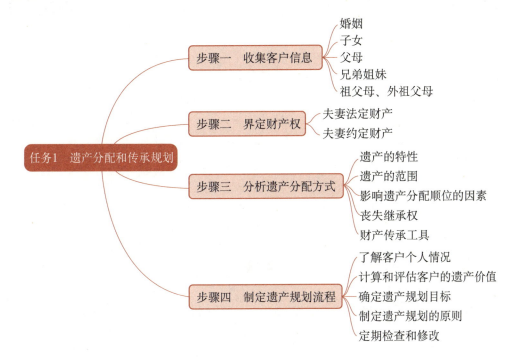

任务1 遗产分配和传承规划

- 步骤一 收集客户信息
  - 婚姻
  - 子女
  - 父母
  - 兄弟姐妹
  - 祖父母、外祖父母
- 步骤二 界定财产权
  - 夫妻法定财产
  - 夫妻约定财产
- 步骤三 分析遗产分配方式
  - 遗产的特性
  - 遗产的范围
  - 影响遗产分配顺位的因素
  - 丧失继承权
  - 财产传承工具
- 步骤四 制定遗产规划流程
  - 了解客户个人情况
  - 计算和评估客户的遗产价值
  - 确定遗产规划目标
  - 制定遗产规划的原则
  - 定期检查和修改

◀ 任务 2　理财效果预测 ▶

示范案例

　　朱女士一家正处于属于典型的家庭成长期,资产负债表和现金流量表如表 6-3 和表 6-4 所示。夫妻二人现年 23 岁,均为某企业普通职工。夫妻二人税后月收入 6 000 元,每年底还有一次性奖金 3 万元。3 个月后,夫妻二人的孩子即将出世。夫妻二人现有贷款购买的自有住房一套,价值约 50 万元,6 年后将还清贷款。夫妻二人对自己的资产进行了简单分配,但投资品种仅限于定期存款,并且保险品种较少,不能合理地抵御未来可能带来的各种风险。

　　短期目标:短期资金安排,全家的保险规划;

　　中期目标:筹集教育基金,使孩子获得最好的教育;

　　长期目标:自己的养老金规划;

　　其他目标:归还贷款、投资规划。

表 6 - 3　　　　　　　　　　　　　　　资产负债表

日期：20×1 年 12 月 31 日

资产	金额（元）	负债	金额（元）
现金及现金等价物		长期负债	
现金	0	汽车贷款	0
活期存款	0	房屋贷款	100 000
定期存款	40 000	长期负债小计	100 000
现金及现金等价物小计	40 000	负债总计	100 000
个人资产			
房屋不动产	500 000		
个人资产小计	500 000	净资产	440 000
资产总计	540 000	负债与净资产总计	540 000

表 6 - 4　　　　　　　　　　　　　　　现金流量表

日期：20×1 年 1 月 1 日至 20×1 年 12 月 31 日

收入	金额（元）	百分比	支出	金额（元）	百分比
经常性收入			经常性支出		
工资	72 000	70.6%	日常费用	30 000	38.5%
奖金	30 000	29.4%	保姆费	4 200	5.4%
经常性收入小计	102 000	100%	怀孕费用	2 800	3.5%
收入总计	102 000	100%	房屋贷款	18 000	23%
			保险费	3 000	3.8%
			经常性支出小计	58 000	74.2%
			非经常性支出		
			旅游费用	10 000	12.9%
收入总计（＋）	102 000		人情费等	10 000	12.9%
支出总计（－）	78 000		非经常性支出小计	20 000	25.8%
结余	24 000		支出总计	78 000	100%

案例要求：

1. 确定基本假设；

2. 预测家庭资产负债表；

3. 预测家庭现金流量表；

4. 预测家庭财务比率。

技能目标

掌握理财方案基本假设的内容，熟悉理财效果预测的基本流程，独立自主进行理财效果预测。

理财故事

个人理财在身边

李先生夫妇是一对"90后"的小夫妻，生活在广州，刚结婚，两个人的月薪合起来有 2 万元左右。结婚前，他们各自都有良好的个人理财规划。但是，在广州单凭个人的理财能力和积蓄，要买房是一件很困难的事情。买房首付 50 万元，李先生夫妇经过购买个人理财产品投资、股市投资、基金投资等的形式，经历 5 年的时间赚了回来。

李先生是一个激进的投资者，喜欢股票、基金、外汇等投资方式。前几年的大好行情下，股市、基金、外汇确实帮李先生赚了不少的个人理财的启动基金。个人能力再好，股市、基金这类的投资都是充满不确定性的。

李太太是一个谨慎且聪明的女子，她对个人理财有独到的见解。李太太通过朋友介绍，自己也在网络上观察了一段时间后发现，购买个人理财产品比股市的风险低很多，而且收益并不比股市低。于是，她在网络上选择了一家个人理财平台，是创新投资理财平台，开始利用 20 万元购买个人理财产品。个人理财平台的投资周期可以很短，提取方便。李太太在股市行情好的时候，把资金提取进行股市投资；在行情差的时候，购买个人理财产品进行理财投资，这样间隔地进行投资理财。

短短 3 年时间，李太太的个人财富从 20 万元激增到 60 万元。作为一个稳健的理财投资者，李太太的个人理财能力得到了丈夫的认可。最重要的是，李太太帮助家庭还清了房贷，实现了立足广州的置业梦想。

随后的几年，李先生夫妇通过购买个人理财产品，组合其他的理财方式，除了支出家庭消费以外，还各自购买了一辆 20 万元的汽车，成为很多人羡慕的对象。他们从零开始，通过个人理财实现了创收百万元的收益，上演了一部个人理财致富励志剧。

步骤一 确定基本假设

理财规划师进行全面和专项理财规划分析、提出理财规划方案时，需要基于一定的合理的假设前提，其中包括年通货膨胀率、客户收入的年增长率、股票型基金投资平均年回报率、房产的市场价值和子女教育费的年增长率。

假设现有章先生一家需要做理财规划，并想要了解一年后的理财效果。某理财规划师接受章先生的请求，在了解了章先生的基本情况后，确定其理财预测的基本假设。以下为章先生的家庭背景（见表 6-5～表 6-7）：

一、客户家庭成员基本情况

表 6 - 5　　　　　　　　　　　　　　客户家庭成员基本情况

姓名	年龄	职业	收入
章先生	35 岁	外企职员	税后收入 10 000 元/月，年终效益收入 8 万元
章太太	35 岁	财务职员	税后收入 4 000 元/月，年终奖金 5 000 元
章韬	9 岁	学生	无

二、家庭财务报表

表 6 - 6　　　　　　　　　　　　　　家庭资产负债表

日期：20×1 年 12 月 31 日

资产	金额（元）	负债与净资产	金额（元）
定期存款	250 000	短期借款	0
活期存款	50 000	信用卡透支	0
股票	50 000	房贷	0
基金	50 000	车贷	0
房产	600 000	负债合计	0
车产	150 000	净资产	1 150 000
资产合计	1 150 000	负债与净资产合计	1 150 000

表 6 - 7　　　　　　　　　　　　　　现金流量表

日期：20×1 年 1 月 1 日至 20×1 年 12 月 31 日

年收入	金额（元）	百分比	年支出	金额（元）	百分比
工资和薪金			章韬支出		
章先生	120 000	47.43%	学杂费	4 000	3.97%
章太太	48 000	18.97%	兴趣班	2 000	1.98%
奖金	85 000	33.60%	家庭生活开支	36 000	35.71%
投资收入			养车费	24 000	23.81%
			车险费	4 600	4.56%
			车船使用税	200	0.20%
			服装及休闲开支	5 000	4.96%
			旅游	10 000	9.92%
			探亲交通费	5 000	4.96%

续前表

年收入	金额（元）	百分比	年支出	金额（元）	百分比
			对双方父母表示的孝心	10 000	9.92%
收入总计	253 000	100%	支出总计	100 800	100%
年结余	152 200				

三、客户理财目标

（一）章先生家庭理财目标

现金规划：保持家庭资产适当的流动性；

保险规划：增加适当的保险投入进行风险管理；

购房计划：购买一套小区环境优雅的 70 万元的新房；

子女教育规划：供孩子考入大学到硕士研究生毕业大概计划 35 万元；

退休养老计划：夫妻二人都打算 55 岁退休，退休时筹集到 200 万元退休费。

（二）理财基本假设

由于客户基础信息的不完整，以及未来我国经济环境的变化可能对情况产生的影响，为便于理财规划师做出数据翔实的理财方案，基于客户提供的信息，在征得章先生同意的前提下，对相关内容做如下假设和预测：

（1）年通货膨胀率为 5%；

（2）活期储蓄存款利率为 0.81%，一年期定期存款利率为 3.60%；

（3）"四金"提缴率为：医疗 2%，失业 1%，住房公积金 5%，养老金 8%；

（4）换房后房贷住房公积金利率为 5%，一般贷款利率为 7%，贷款 20 年；

（5）教育投资收益率为 2%。

步骤二 制定理财规划

理财规划师在为章先生家庭制定了理财方案后，对其方案进行资产负债表的预测。并提出了如下理财建议。

一、现金规划

章先生、章太太收入比较稳定，建议保留 3 万元的家庭备用金。3 万元家庭备用金可以分为：1 万元活期银行存款、1 万元一年期定期存款（运用十二存单法）、1 万元货币市场基金。

二、购房规划

章先生要购买的新房价值 700 000 元，包含税费总共是 711 200 元。从章先生的家庭经济情况看，建议在一年内买房，可以从存款中支取 250 000 元，另外 461 200 元可以从以后每年的收入结余中支取。建议章先生采用公积金贷款方式支付余款。章先生可以贷款 47 万元，贷 20 年，现行公积金贷款利率 5%，等额本息还款，未来每月还款 3 102 元。

三、教育规划

章先生的孩子 9 年以后上大学，可以为孩子买一份教育保险，在孩子上大学四年期间每年可获教育资金 1 万元。从考入大学到硕士毕业，考虑各种因素，大概需要 35 万元，利用剩余的活期存款 2 万元，还需 33 万元。教育基金的筹集可以靠投资来完成。距孩子上大学还有 9 年，假设投资收益率为 10%，需要每年为他投资 2.2 万元，9 年后即可得到 33 万元的教育基金。

四、风险管理和保险规划

章先生家庭的风险保障可以通过商业保险完成，考虑家庭的收入水平，所有风险保障费用总额不应超过 1 万元。以章先生年收入的 10 倍计算，建议章先生购买 150 万元人寿保险和 30 万元重疾险，章太太购买 80 万元的人寿保险和 20 万元的重疾险，为儿子购买一份健康医疗商业保险，为房产投保家庭财产综合险，保险金额 80 万元。

五、投资规划

（1）房产投资分析：章先生计划再购买一套新房，现在的住房也可以以每月 2 000 元的价格出租，每年增加收入 24 000 元。

（2）股票投资分析：章先生目前只有股票市值 5 万元的投资，股票投资账面基本持平，目前股市有望重新复苏，可继续持有或转化成购买成长型股票基金。

（3）基金投资分析：目前投资基金 5 万元，获利 3 000 元，建议章先生追加基金投资到 15 万元。

六、退休养老规划

章先生需在退休当年筹备好约 200 万元的养老金。章先生与章太太到退休前有 20 年的时间来筹备退休金，假设投资收益率为 8%。

章先生从现在开始到退休前每年尚须追加投入 40 244 元用于养老金的筹备，该部分年金投入可从每年的家庭收入结余中提取进行资产配置后获得。

步骤三　预测家庭资产负债表

在为客户进行理财规划后，由于客户的资产项目和负债项目产生变化，需要估测理财方案执行后为家庭带来的资产负债变化。

针对以上理财规划编制一年后资产负债预测表（见表 6-8）：

表 6-8　　　　　　　　　　　　　家庭资产负债预测表

日期：20×2 年 12 月 31 日

资产	金额（元）	负债与净资产	金额（元）
活期存款	10 000	短期借款	
货币市场基金	20 000	信用卡透支	

续前表

资产	金额（元）	负债与净资产	金额（元）
股票	50 000	房贷	470 000
基金	150 000	车贷	
自住房	600 000	负债合计	470 000
车产	150 000	净资产	1 210 000
投资的房地产	700 000		
资产合计	1 680 000	负债与净资产合计	1 680 000

步骤四：预测家庭现金流量表

在为客户进行理财规划后，由于现金流量表中的收入和支出项目产生变化，需要估测理财方案执行后为家庭带来的现金流量的变化。

编制一年后章先生家庭现金流量预测表（见表6-9）：

表6-9　　　　　　　　　　　　　现金流量预测表

日期：20×2年1月1日至20×2年12月31日

年收入	金额（元）	百分比	年支出	金额（元）	百分比
工资和薪金			章韬支出		
章先生	120 000	43.32%	学杂费	4 000	1.95%
章太太	48 000	17.33%	兴趣班	2 000	0.97%
奖金	85 000	30.69%	家庭生活开支	36 000	17.54%
投资收入			养车费	15 000	7.3%
租金收入	24 000	8.66%	车险费	4 600	2.24%
			车船使用税	200	0.01%
			服装休闲	5 000	2.43%
			旅游	10 000	4.87%
			探亲交通费	5 000	2.44%
			对双方父母孝心	10 000	4.87%
			商业保险费用	10 000	4.87%
			房屋按揭还贷	37 224	18.14%
			教育投资	26 000	12.67%
			退休金准备	40 224	19.70%
收入总计	277 000	100%	支出总计	205 248	100%
年结余			71 752		

步骤五：比较家庭财务比率

家庭财务比率是否合理是衡量理财方案是否有效的标准之一。在预测完家庭资产负债表和家庭现金流量表之后，需要预测家庭财务比率，并且与在制定家庭理财方案之前的家庭财务比率进行比较。在比较家庭财务比率时，要注意在完全相同的指标间进行比较。

对理财方案制定前后章先生的财务状况进行比较，如表 6-10、表 6-11 所示。

表 6-10　　　　　　　　　　　理财方案制定前财务状况分析

日期：20×1 年 12 月 31 日

项目	参考值	实际数值
结余比率	30%	60.16%
净资产投资率	50%	8.7%
清偿比率	60%～70%	100%
负债比率	50%	0
即付比率	70%	100%
负债收入比率	40%	0
流动性比率	3	6

表 6-11　　　　　　　　　　　理财方案制定后财务状况分析

日期：20×2 年 12 月 31 日

项目	参考值	实际数值
结余比率	30%	25.9%
净资产投资率	50%	16.53%
清偿比率	60%～70%	72.02%
负债比率	50%	27.98%
即付比率	70%	6.38%
负债收入比率	40%	13.44%
流动性比率	3	1.75

在方案制定后，家庭财务比率更合理，虽然清偿比率偏高，即付比率、负债收入比率和流动性比率偏低，但这是购房按揭贷款的结果，随着时间的推移，这部分比率会逐渐趋于合理。

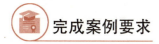 **完成案例要求**

一、确定基本假设

（1）国内政治、经济环境将不会有重大改变。

（2）利率、税率。随着 CPI 的不断增长，预计我国的利率水平将会有所提高，但由于存在不确定性，现假设利率、税率基本保持不变。

（3）不可抗拒因素和不可预见因素。假设无其他人力不可抗拒因素和不可预见因素的重大不利影响。

（4）预测通货膨胀率。随着我国经济持续发展，以及经济发展中深层次矛盾问题的逐步解决，预计未来几年我国经济发展会进入一个温和通胀期。从过去 20 多年的五轮经济增长周期来看，5% 的 CPI 是温和通胀的下限，比较关键，可以以此数值作为本理财规划中通货膨胀率的假定值。

（5）预测收入增长率。预计未来几年的收入将有一个稳定的增长，增长率约为 10%。但考虑到薪酬增长结构中的不均衡性及保守的原则，所以在此理财规划中暂不考虑工资增长情况。

（6）预测主要产品收益率。假设股票型基金投资平均年回报率为 25%，债券型基金投资平均年回报率为 10%，货币市场基金投资平均年回报率为 2%，信托产品年收益率为 6%，股票投资平均年回报率为 15%。

二、预测家庭相关报表

预测一年后朱女士一家的资产负债表、现金流量表、财务比率表分别如表 6-12、表 6-13、表 6-14 所示。

表 6-12 资产负债表

日期：20×2 年 12 月 31 日

资产	金额（元）	负债	金额（元）
现金及现金等价物		长期负债	
活期存款	5 000	房屋贷款	100 000
货币市场基金	15 000	长期负债小计	100 000
现金及现金等价物小计	20 000		
其他金融资产			
债券型基金	20 000		
股票型基金	20 000		
其他金融资产小计	40 000		
个人资产			

续前表

资产	金额（元）	负债	金额（元）
房屋不动产	500 000	负债总计	100 000
个人资产小计	500 000	净资产	460 000
资产总计	560 000	负债与净资产总计	560 000

表 6 - 13 现金流量表

日期：20×2 年 1 月 1 日至 20×2 年 12 月 31 日

收入	金额（元）	百分比	支出	金额（元）	百分比
经常性收入			经常性支出		
工资	72 000	65.97％	日常费用	30 000	39.89％
奖金	30 000	27.49％	保姆费	4 200	5.59％
存款利息	137	0.13％	房屋贷款	18 000	23.94％
基金收益	7 000	6.41％	人寿和其他保险	10 000	13.30％
经常性收入小计	109 137	100.00％	经常性支出小计	62 200	82.71％
收入总计	109 137	100.00％	非经常性支出		
			旅游费用	3 000	3.99％
收入总计（＋）	109 137		人情费等	10 000	13.30％
支出总计（－）	75 200		非经常性支出小计	13 000	17.29％
结余	33 937		支出总计	75 200	100.00％

表 6 - 14 财务比率表

日期：20×2 年 12 月 31 日

项目	数值	参考值	说明
结余比率	0.32		结余/收入
净资产投资率	0.087	0.1~0.5	投资/净资产
清偿比率	0.82		净资产/总资产
负债比率	0.18		负债总额/总资产
即付比率	0.2		流动资产/负债总额
负债收入比率	0.16	<0.4	负债/税后收入
流动性比率	3.2	3~6 个月开支	流动性资产/每月支出

技能加血 ▶▶

理财规划"五步曲"

第一步，回顾自己的资产状况，包括存量资产、未来收入及预期支出。知道自己有多少财可以理，这是最基本的前提。

第二步，明确自己的理财目标，知道自己想要干什么，有什么样的生活目标和理财目标。这个目标是一个量化的目标，需要具体的金额和时间。

第三步，清楚自己的风险偏好，不做不考虑任何客观情况的风险偏好的假设。例如：有的客户因为自己偏好于风险较大的投资工具，把钱全部放在股市里，而没有考虑他有父母、子女，没有考虑家庭责任，这个时候他的风险偏好偏离了他能够承受的范围。

第四步，做战略性的资产分配，根据前面的资料决定如何分布个人或家庭资产，调整现金流以便达到目标或修改不切实际的理财目标。例如：有多少钱用于储蓄，用多少钱购买基金，用多少钱购买保险等。在做好了资产分配的工作后，才到投资操作层面，可以进行具体的投资品种和投资时机的选择。

第五步，做绩效的跟踪。市场是变化的，每个人的财务状况和未来的收支水平也在不断地变化，应该做一个投资绩效的跟踪，不断调整理财规划，这样才能更好地实现财务安全、资产增值和财务自由。

活 动 设 计

赵先生今年（2022年）26岁，在一家高科技公司担任普通职工，每月税后收入为7 500元。他的同龄妻子是一名大学辅导员，每月税后收入在5 500元左右。两人于去年（2021年）结婚，并在同年购买了一套总价200万元的住房，为此他们向银行申请了一笔贷款，目前每月需按揭还款2 500元，贷款余额为120万元。赵先生夫妇每月除1 800元左右的基本生活开销外，额外的购物和娱乐费用不过1 000元。除了日常保留的零用现金1 000元外，目前他们的家庭资产主要包括9万元的银行存款（其中包括去年全年收到的税后利息1 600元），3万元的债券型基金（其中包括去年收到的税后收益1 000元）和一套房子。赵先生夫妇除参加基本社会保险外没有购买任何商业保险，所以赵先生希望给自己和妻子买些必要的保险。此外，赵先生夫妇打算明年（2023年）生育后代，考虑未来可能的庞大教育支出，所以现在过得比较节俭。而且，一直对赴海外留学报有良好预期的他们计划在孩子高中毕业后（18岁，从2041年当年起计算）送往英国读书（本科四年），预计届时在国外就读四年所需费用为80万元。同时，赵先生夫妇希望在65岁时退休，按照他们的身体状况，不出意外他们都可以活到80岁。他们希望在退休后尽量保持现有生活水平（综合考虑各种因素后，预计退休后两人每年共需生活费用15万元）。

提示：（1）信息收集时间为 2022 年 1 月，财务数据截止时间为 2021 年 12 月 31 日；（2）分别列明保险种类、必要额度和保费支出，无须标明具体险种；（3）教育投资收益率设为 6％；（4）退休前的投资收益率设为 6％，退休后的投资收益率设为 3％。

请为赵先生夫妇做理财规划，并做理财方案的预期效果分析。

思维导图

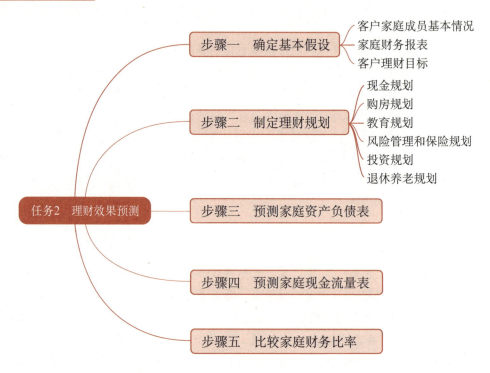

◀ 任务3 退休期理财规划 ▶

步骤一 确定理财规划的基本假设

退休期理财规划是个人理财规划的重要组成部分，是人们为了在将来拥有高品质的退休生活，而从现在开始进行的财富积累和资产规划。所谓"兵马未动，粮草先行"，科学合理的退休养老规划的制定和执行，将会为人们幸福的晚年生活保驾护航。具体的规划内容包括：合适的年龄、合理安排退休生活、生活费用来源渠道、养老投资工具。

理财规划师进行全面和专项理财规划分析、提出退休期理财规划方案时，需要基于一定的合理的假设前提，其中包括年通货膨胀率、财产的变现能力、资产的市场价值等。

一、预测通货膨胀率

随着全球性通胀周期的来临，同时伴随我国经济持续发展以及经济发展中深层次矛盾问题的逐步解决，目前国内通胀预期不断增强，预计未来几年我国经济发展会进入一个温和通胀期。从过去 20 多年的五轮经济增长周期来看，5% 的 CPI 是温和通胀的下限。在此以 5% 作为本理财规划中通货膨胀率的假定值。

二、财产的变现能力

李先生的资产为汽车和房产，汽车变现能力良好，房产位于市中心，处于资产增值状态，所以李先生的资产估计能在 1 年内变现。

三、预测支出增长率及消费水平增长率

结合收入增长率的假定，以及目前本市消费水平增长水平，未来的支出及消费水平将与收入水平趋向同步，在此假设为 3%。

四、实物资产计价原则

在对实物资产计价时，均采用市场重置价格计价的方法。房价短期内会有波动，但随着国家和本市地区经济的快速持续增长，本市房产的长期走势还是被看好的，所以假设房产每年的增值率为 4%，租金回报率为 4%。

步骤二　确定退休期间的投资产品

老年人理财选择正规大平台很重要，获得安心收益的同时能更好地保障资金安全。不同于风险承受能力相对较高的年轻人和中年人，对大多数退休人员的理财建议是尽可能控制中高风险理财产品的配置比例，将可投资的资金用于配置低风险理财产品或是银行存款类产品。

选择了风险较低的理财产品，其收益自然低于中高风险理财产品，特别是一些主打"保本"的存款类产品，短期收益并不特别可观。有投资理财计划且手头闲钱富余的退休人员可以选择大额存单、结构性存款等本金有保障且收益较普通定期存款有优势的存款类产品。

股票型基金存在一定亏损风险，对于大多数退休人员而言，配置此类产品的比例应控制在可投资总额的 20% 以内。另外，完全没有投资经验和风险接受度较低的投资者，在选择退休理财产品时，不建议大额配置挂钩股票市场的产品，尤其要避免盲目追高而跟风买入，防止被套牢。

除了理财产品自带的风险之外，退休人员在选择理财产品的过程中也有风险存在。退休人员应选择到银行等有正规资质的机构进行理财产品的申购，不要轻易相信网络、

传单等非官方渠道上流传的"零风险、高回报"产品，避免陷入电信诈骗、非法集资骗局，造成不必要的财产损失。

步骤三　确定遗产工具

可供选择的遗产工具有遗嘱、遗产信托、人寿保险信托和赠予。遗嘱是遗嘱人在法律允许的范围内按照自己的意愿处分自己的财产和安排与此有关的其他事务，并于遗嘱人死后发生法律效力的声明。遗嘱必须符合法定的形式。遗产信托、人寿保险信托是通过购买信托产品将财产进行传承。

李先生通过代书遗嘱的方式将财产进行传承，但是法律上这样的遗嘱是无效的。代书遗嘱的设立，必须有两个以上见证人，而且见证人不能是继承人和与继承人有利害关系的人。李旺作为李先生的继承人，没有资格成为见证人。由于代书遗嘱无效，应当按照法定继承方式继承。

步骤四　确定遗产总价值

在确定李先生的遗产价值时，应分别确定李先生的资产和负债两部分内容。

负债内容包括李先生的个人负债和夫妻共同负债。李先生名下的个人债务为零，夫妻名下的共同债务为零。

资产内容包括李先生和李太太共有的房屋1套，市价约120万元。目前有退休启动金150万元。20年后，按照房屋增值率4%，复利终值计算后，增值房屋总价值为262.93万元；按照投资回报率4%，复利终值计算后，退休启动金价值为328.7万元；CPI 3%，按照年金终值系数26.87计算，20年总支出为26.87×10＝268.7万元。李先生的遗产为除去每年消费指出后所有财产的部分家庭财产。因此，李先生的遗产数额约322.93万元。

李先生的遗产为除去每年消费指出后所有财产的部分家庭财产。因此，李先生的遗产数额约322.93（＝262.93＋328.7－268.7）万元。

步骤五　合理分配遗产

如果李先生在生前立了遗嘱，遗产的分配将更科学，更能体现被继承人的意愿。在立遗嘱之前应该考虑以下因素：

（1）遗嘱继承优先于法定继承，因此立遗嘱可有效实现被继承人意愿；

（2）遗产安排应当体现照顾弱者的特点，李太太年迈，应多考虑李太太的实际生活情况；

（3）考虑到两个儿子对整个家庭的贡献程度，贡献大的应酌情考虑多分配遗产。

但是由于遗嘱无效，按照法定继承的一般原则，由李太太和两个儿子平均分配李先生的遗产，每个人约108万元。

各继承人也可以对遗产分配数额及具体分配方式进行协商。

◀ 理财与育人 ▶

退休理财，谨防诈骗

一直以来，领取养老金都是退休人员的一件大事。随着收入的增加和意识的提升，如今，退休人员的可支配资金越来越多——如何理财，也成为这一人群的现实需求。

1. 找准"两方面"需求

退休人员的理财需求，一般表现为养老生活品质改善与重大疾病开支准备两个方面。养老生活品质改善包括衣食住行等资金安排，还包括一些旅行出游计划，以及为个人兴趣爱好而支出的资金。重大疾病开支准备，则是由于退休人员普遍会遇到一些与年龄高度相关的疾病，在现行医疗保障体系下，还需个人准备一些补充资金应对。

综合来看，退休人员的理财需求是在收入来源以退休工资为主的基础上，对现有资金合理分配和投资，使其获得略高于通货膨胀的回报，令退休后生活能够保持在当前水平，以及在得大病时有所应对。由于退休人员风险承受能力明显下降，理财重点应是优先保证本金安全。

所以，"稳"字当先是业内人士给出的普遍建议。建议退休人员理财以"安全稳健、产品多元"为目标实现资产的保值增值。个人商业养老保险、银行理财产品、实物黄金等理财工具，均具有安全性较高的特点，非常适合退休规划的投资使用。

这些产品在收益性、流动性和操作便易性上有所区别，投资者要根据自身情况选择不同的理财工具及投资组合，以达到较为理想的理财目标。首先，要做好资产盘点工作，厘清收入与支出，包括实物资产及非实物资产；其次，要筛选合适的理财产品，注意以稳健型、低风险、中长期为主；最后要制定理财规划，寻求专业理财意见，合理配置资产。

2. 把握"三了解"原则

可以看到，现今退休人员越来越崇尚高品质生活。不过，要想稳健投资，更好提高生活品质以安度晚年，还需要把握理财的原则。对退休人员来说，理财首先要把握"三了解"原则。

一是"了解机构"，理财投资必须选择自己了解的正规金融机构，不然很可能血本无归。

二是"了解产品"，退休人员对于一些新奇的金融产品难以全面了解，在不熟悉产品规则时开展投资理财，无异于赌博。相对地，商业银行各类存款和理财产品规则更加透明，且受到银保监会和央行多重监管，安全性有较好保障。

三是"了解期限"，通常来看，选对了机构和产品，投资风险就基本可控，收益也有一定保障。但即便是商业银行正规的存款和理财产品，有一部分也在期限上有强制规定。例如：结构性存款和封闭式理财，一般均不允许提前支取或赎回，这就需要退休人员对自身投资期限做出明确安排。

此外，退休人员往往闲散时间较多，掌握投资信息较少，金融专业性较差，因而在投资时，不建议选择风险过高、周期过长的理财产品。中老年人承受风险能力较低，应优先考虑本金的安全，在能防范风险的情况下，再去追求更高收益。

3. 优化"个性化"选择

需要注意的是，退休人员还需结合自身实际情况，对理财产品的选择加以区分。退休人员可根据具体退休时间考虑两种情况。对退休不久的人来说，应选择相对稳健的产品，同时考虑科学分配资金；具体投资期限可以考虑中长期，杜绝盲目消费，未来还有很长的养老生活需要筹划。而对退休时间较长人员来说，建议选择中短期稳健型产品，在流动性上比之前有所提高，以便保障品质生活对资金的需求。

具体到资产配置上，根据收入水平的不同，也有所不同。首先对家底殷实、退休收入比较高的人群而言，可以按照"100法则"理财。该法则主要用来分配客户高风险产品占总金融资产的投资比例，即一个人可以投资的高风险产品比例等于100减去其年龄。举例来说，一位70岁的退休人员，可以选择将30％的资金用于持有高风险、高收益金融产品，比如股票、基金等，也可以选择银行发行的私募类高收益理财产品，其余资金则投资于存款、国债等低风险产品。随着年龄增加，比例进行递减动态调整。

其次是一般家庭，即退休收入可以覆盖正常开支且有一定盈余的人群。"100法则"对该人群也同样适用，但高风险产品的选择范围则不同，由于股票、股票型基金波动太大，建议使用银行的理财产品或者货币市场基金替代，也可以适当配置一些投资类金条作为"压舱石"。

最后是退休后收入较低人群，即退休工资仅能够覆盖日常开销，一旦面临重大疾病就会造成家庭经济窘迫的人群。这类人员其实也存在理财必要，不过他们的目标不是赚更多钱，而是风险管理。所以强烈建议这类人群购买额外商业保险，但由于年龄的原因，重疾险已是投入大于产出，不再适用。因此，对于身体健康的退休人员，建议第一时间安排资金购买意外险。

4. 树立理财"防风险"意识

退休理财，"稳"字当先的另一个重点，即风险意识千万不能丢。退休人员的理财投资，要注意高收益陷阱。很多不正规机构会片面强调产品高收益，却忽略实现高收益的低概率，或者不提醒潜在风险，一旦投资就可能面临本金亏损的严重后果。

同时要注意营销陷阱，各类"体验金""红包""赠礼"等营销活动误导客户错误投资理财，就算事后反应过来要求撤单，也会因为收取了营销礼品而遇到各种阻力。

另外，还要注意防范"飞单"风险。"飞单"是指某些金融机构的销售人员利用其背景和身份，向客户推荐不属于其金融机构允许销售的产品。通俗一点来讲，就是"挂羊头卖狗肉"。这类风险往往比较隐蔽，因此，退休人员一定要确认所投资产品确实是属于这家金融机构可以销售的产品。一般金融机构官方网站或者对应的监管网站，均会有销售产品的公告等信息。拿银行理财产品来说，就可以在"中国理财网"的首页搜索和确认。

在投资理财前，应对产品及发行方多做了解，提高警惕，避免误导投资，造成经济损失。退休人员理财需把控资金的流动性需求，在理财投资前要充分考虑自己或家庭的收入、日常支出以及在医疗、保健等方面的需要，再适当规划，不要将全部资金用于投资理财上。

资料来源：https://baijiahao.baidu.com/s? id=1664991790575300985&wfr=spider&for=pc

◀ 习题库 ▶

一、单选题

1. 以下不属于遗嘱信托工具优点的是（　　）。

A. 保证财产独立性　　　　　　　B. 有利于发展社会福利事业

C. 延伸个人意志　　　　　　　　D. 财产管理专业化

2. 张先生和李小姐于2021年1月喜结良缘，由于双方担心财产分配问题，所以希望做一个财产约定。下列关于夫妻财产约定的描述正确的是（　　）。

A. 双方的约定，必须经过公证才有效

B. 双方的约定，对第三方无效力

C. 夫妻双方可以对婚前财产进行约定

D. 夫妻双方只能够对婚后财产进行约定

3. 以下不属于夫妻共同债务的是（　　）。

A. 丈夫在婚后借来添置家具的钱

B. 夫妻双方共同借款，用于赡养妻子的父母的钱

C. 丈夫在婚前借来用于炒股的钱

D. 丈夫在婚后借钱炒股，妻子不同意，但收益用于夫妻共同生活的钱

4. 张先生和李小姐是夫妻，婚后张先生与朋友小王、小刘共同出资创建了一家有限责任公司，现在张先生和李小姐因为感情不和离婚，双方都想要公司的股份，协商不成，小王和小刘也反对公司增加股东。下面关于张先生股份的分割，说法正确的是（　　）。

A. 张先生可以退股，然后和李小姐平分股款

B. 因为公司是由张先生自己出资，所以李小姐不能分得财产

C. 如果小王和小刘行使优先购买权，则李小姐可以得到张先生股份现金价值的一半

D. 李小姐可以获得张先生的一半股份，成为公司股东

5. 张先生（35岁）与郑女士（27岁）结婚，二人同在知名企业工作。在与郑女士结婚前，张先生和前妻李女士育有一子一女，儿子小强8岁由父亲抚养，女儿小倩4岁由母亲抚养。郑女士与张先生结婚前育有一女，女儿小青2岁。2021年张先生去世，留下一大笔遗产，张先生并未立下遗嘱。不属于张先生的第一顺序继承人的是（　　）。

A. 小倩　　　　　　B. 小强　　　　　　C. 郑女士　　　　　　D 李女士

6. 根据国务院 2005 年 12 月发布的《关于完善企业职工基本养老保险制度的决定》，个体工商户和灵活就业人员的缴费比例比企业职工低（　　）。

A. 5％　　　　　　　B. 8％　　　　　　　C. 10％　　　　　　　D. 20％

7. 小张的父亲 2018 年罹患尿毒症，需要通过透析维持生命，为了给父亲治病，小张花光了家中的积蓄，并向朋友借了 30 万元的外债。妻子王女士对此难以理解，引发矛盾，并因此起诉离婚。王女士认为小张借钱完全用于父亲治病，与家庭共同生活无关，拒绝承担 30 万元的债务。此案例中，30 万元债务属于（　　）。

A. 小张的婚前个人债务

B. 因赡养所引发的债务，虽然王女士不同意，仍是夫妻共同债务

C. 债务虽然因赡养引发，但由于王女士不同意，根据共同共有制的特点，债务是小张的个人债务

D. 该债务属于一方擅自对他人进行赡养所形成的债务，是小张的个人债务

8. 何先生与何女士 2010 年结婚，婚前何先生有 5 万元的股票资产，婚后通过不断的学习和实践，何先生操作股票的能力得到了很大的提升，2011 年用共同财产追加投入 15 万元资金，到 2019 年股票市值已经变为 200 万元。两人在婚后因为性格不合发生多次争吵，并决定协议离婚。二人对其他财产的处理没有异议，但对股票不知如何处理，针对股票资产，下列（　　）建议是合适的。

A. 其中 5 万元是何先生的婚前个人资产，其余是夫妻共同财产

B. 何女士可以分得 7.5 万元的股票资产

C. 何女士可以分得 100 万元的股票资产

D. 何女士可以分得 107.5 万元的股票资产

9. 在各种遗嘱形式中，不需要见证人的遗嘱形式是（　　）。

A. 公证遗嘱　　　B. 自书遗嘱　　　C. 代书遗嘱　　　D. 口头遗嘱

10. 小马在婴儿时期即被养父母抱养，后来养父与养母离婚，小马跟着养父生活。2015 年小马 10 岁时养父与赵女士再婚。再婚后赵女士对小马照顾有加。2019 年赵女士突发意外去世，则赵女士的法定继承人是（　　）。

A. 养父　　　　　B. 小马　　　　　C. 赵女士的前夫　　　D. 养父、小马

二、多选题

1. 下列关于理财原则的说法中，（　　）体现了理财的整体规划原则。

A. 整体规划原则是指规划思想的整体性

B. 为了防范客户家庭遭受风险的可能性，需要为客户家庭建立风险储备

C. 作为理财规划师，需要综合考虑客户的财务状况与非财务状况

D. 只有综合考虑客户整体状况，才能提出符合客户实际和目标预期的规划

E. 应将客户的消费与投资结合进行分析

2. 我国夫妻财产约定制度的主要内容包括（　　）。

A. 约定的主体　　　　　　　　　B. 约定的内容

C. 约定的形式　　　　　　　　　D. 约定的时间

E. 约定的效力

3. 制定遗产分配与传承规划的原则包括（　　　）。

A. 为继承人遗留尽可能多的遗产　　　B. 保证公平、兼顾效率原则

C. 保证财产传承规划的可变通性　　　D. 确保财产传承规划的现金流动性

E. 遗产传承时应把遗产分配给对自己好的人

4. 财产传承规划的工具有（　　　）。

A. 遗嘱　　　　　B. 人寿保险信托　　C. 税收递延

D. 基金会　　　　E. 联名账户

三、判断题

1. 公证遗嘱是经过公证机关公证的遗嘱，公证遗嘱不能撤销。（　　　）

2. 退休养老规划中社会养老保险的可规划性较强。（　　　）

3. 养子女和生父母之间的权利和义务，因收养关系的成立而消除。（　　　）

4. 客户的婚姻状况信息一般包括未婚、已婚和再婚三种情况。（　　　）

四、案例分析

案例一：冯老先生现年 78 岁，和老伴相依为命，膝下有三个孩子：冯老大、冯老二、冯老三。冯老二三年前因为车祸去世，留下两个儿子冯枫与冯强。冯老先生感到自己身体日渐虚弱，决定通过遗嘱分配自己的遗产。他先后留下两份遗嘱，第一份自书遗嘱将二老居住的价值 40 万元的房屋留给冯老大，并由冯老大赡养老伴。第二份代书遗嘱将家中全部存款 20 万元平均分配给二儿媳妇和冯老三。2019 年 12 月 30 日，冯老先生突发脑溢血，被送往医院抢救，在治疗期间冯老先生曾一度清醒，并留下口头遗嘱，将自己的全部遗产留给老伴，对此医院的医生与护士均可证明。后冯老先生因抢救无效死亡。

1. 此案例没有涉及（　　　）。

A. 法定继承　　　　B. 遗嘱继承　　　　C. 遗赠　　　　　　D. 代位继承

2. 冯老先生的口头遗嘱（　　　）。

A. 有效，个人可以根据自己的意愿处理财产

B. 有效，有医生和护士作为见证人

C. 无效，因为遗产已经通过自书和代书遗嘱分配

D. 无效，因为没有指定见证人

3. 冯老先生的遗产总计（　　　）。

A. 40 万元房产，存款 20 万元　　　B. 40 万元房产，存款 10 万元

C. 20 万元房产，存款 10 万元　　　D. 存款 10 万元

4. 冯老先生的遗产应按照（　　　）继承。

A. 法定原则　　　　　　　　　　　B. 自书遗嘱

C. 口头遗嘱　　　　　　　　　　　D. 自书遗嘱、代书遗嘱、口头遗嘱

5. 冯老先生的老伴可以分得（　　　）的财产。

A. 24 万元房产，12.5 万元存款　　　　B. 25 万元房产，12.5 万元存款

C. 5 万元房产，2.5 万元存款　　　　D. 24 万元房产，10 万元存款

案例二：老王今年 52 岁，某公司中层管理人员，月税后收入 8 000 元，离异，与儿子小王共同生活。小王大专毕业，现为某超市财务人员，月税后收入 3 000 元。他们目前居住的两居室市价为 90 万元。老王目前有 60 万元的储蓄，他预计 60 岁退休后每月生活费 5 000 元。假设老王预期寿命为 85 岁，不考虑他的社保，目前的储蓄包括一些基金证券，退休前整体收益率为 5%，退休后全部转化为存款，年收益为 3%。

1. 老王退休时的养老金缺口为（　　）元。

A. 170 545　　　　B. 167 909　　　　C. 613 527　　　　D. 296 956

2. 为了弥补资金缺口，老王每月工资最多能够消费的金额为（　　）元。

A. 5 478　　　　B. 2 789　　　　C. 6 574　　　　D. 6 552

3. 考虑到儿子的收入水平，老王打算帮儿子购买一套房子，以备将来结婚之用，如果将小王目前税后收入的一半拿来付月供，按照 25 年期，6% 的贷款利率，贷款二成，则老王需要为儿子支付（　　）元的首付款。

A. 1 046 855　　　　B. 837 484　　　　C. 1 164 050　　　　D. 931 240

4. 考虑到为儿子买房子需要支付上述金额，并且小王的月供压力也较大，老王决定把现有的房子卖掉，同时将其 60 万元的储蓄拿出一半，一共 120 万元，为小王支付房款，则此时，老王的养老金缺口为（　　）元。

A. 613 781　　　　B. 676 987　　　　C. 611 145　　　　D. 674 351

5. 既然已经没有房子，老王考虑退休后回老家县城生活，这样就可以节省开支，届时每月退休生活费为 2 500 元（含租费），则其每月还需要向其基金证券投入（　　）元。

A. 713　　　　B. 724　　　　C. 1 250　　　　D. 1 261

参考文献

[1] 胡君晖. 个人理财规划：第二版 [M]. 北京：中国金融出版社，2017.

[2] 银行业专业人员职业资格考试办公室. 银行从业资格考试教材 [M]. 北京：中国金融出版社，2017.

[3] [美] 卡普尔，等. 个人理财：理财技能培养方法 [M]. 刘春生，等译. 北京：中国人民大学出版社，2013.

[4] 张智勇，朱晓. 保险理财规划 [M]. 北京：清华大学出版社，2015.

[5] 李文龙，徐湘江. 客户关系管理实务：第 2 版 [M]. 北京：清华大学出版社，2013.

[6] 林晓梅. 居民个人投资理财规划 [J]. 财会通讯，2014 (12).

[7] 袁娟. 关于我国"421"家庭理财规划的研究 [D]. 首都经济贸易大学，2014－03.

[8] 马盼. 浅析基于生命周期理论的理财规划 [J]. 时代金融，2015 (07).

[9] 魏伟. 浅析香港与内地保险理财市场之差异及发展现状 [J]. 财经界（学术版），2014 (01).

[10] 税务总局. 个税零申报并不影响纳税记录连续性 [N/OL]. 人民网，2019－02－17. http：//finance. people. com. cn/n1/2019/0216/c1004－30736788. html

[11] 潘静波. 个人理财：第三版 [M]. 北京：高等教育出版社，2018.

[12] 事关"一老一小"！国家将有大动作！[N/OL]. 腾讯网，2021－03－09. https：//new. qq. com/rain/a/20210309A0F59B00

[13] 赵晓丽，李岩. 理财规划教育对防范大学生非理性消费有效性的探索 [J]. 华东科技，2022 (05)：134－136.

[14] 吴卫星，张旭阳，吴锟. 金融素养与家庭储蓄率：基于理财规划与借贷约束的解释 [J]. 金融研究，2021 (08)：119－137.

[15] 曾婕. 关于新形态下的理财规划的趋势分析 [J]. 营销界，2020 (51)：21－22.

[16] 李盼盼，郭雅晋. 浅议我国居民个人投资理财规划方式 [J]. 全国流通经济，2020 (08)：148－151.

图书在版编目（CIP）数据

理财规划实务 / 叶梦琪主编 . --2 版 . --北京：
中国人民大学出版社，2023.1
新编 21 世纪高等职业教育精品教材 . 金融类
ISBN 978-7-300-30564-6

Ⅰ. ①理… Ⅱ. ①叶… Ⅲ. ①投资-高等职业教育-
教材 Ⅳ. ①F830.59

中国版本图书馆 CIP 数据核字（2022）第 061996 号

浙江省普通高校"十三五"新形态教材
新编 21 世纪高等职业教育精品教材·金融类
理财规划实务（第 2 版）
主　编　叶梦琪
副主编　王琳玲　马杰妮　贺佳丹　孟佳凡
Licai Guihua Shiwu

出版发行	中国人民大学出版社			
社　　址	北京中关村大街 31 号		邮政编码	100080
电　　话	010－62511242（总编室）		010－62511770（质管部）	
	010－82501766（邮购部）		010－62514148（门市部）	
	010－62515195（发行公司）		010－62515275（盗版举报）	
网　　址	http://www.crup.com.cn			
经　　销	新华书店			
印　　刷	天津中印联印务有限公司		版　　次	2018 年 8 月第 1 版
规　　格	185 mm×260 mm　16 开本			2023 年 1 月第 2 版
印　　张	14.5 插页 1		印　　次	2024 年 8 月第 2 次印刷
字　　数	311 000		定　　价	40.00 元